大方廣佛華嚴經

八十華嚴講述 8

淨行品

夢參老和尚主講

方廣編輯部整理

目錄

夢參老和尚略傳

夢參老和尚生於西元一九一五年，中國黑龍江省開通縣人。

一九三一年在北京房山縣上方山兜率寺出家，法名為「覺醒」。但是他認為自己沒有覺也沒有醒，再加上是作夢的因緣出家，便給自己取名為「夢參」。

出家後先到福建鼓山佛學院，依止慈舟老法師學習《華嚴經》，該佛學院是虛雲老和尚創辦的；之後又到青島湛山寺學習倓虛老法師的天台四教。

一九三七年奉倓老命赴廈門迎請弘老到湛山寺，夢參作弘老侍者，以護弘老生活起居半年，深受弘一大師身教的啓發。

一九四〇年起赴西藏色拉寺及西康等地，住色拉寺依止夏巴仁波切學習西藏黃教修法次第，長達十年之久。

一九五〇年元月二日即被令政治學習，錯判入獄長達三十三年。在獄中，他經常觀想：「假使熱鐵輪，於我頂上旋，終不以此苦，退失菩提心。」這句偈頌，自我勉勵，堅定信心，度過了漫長歲月。

一九八二年平反，回北京任教於北京中國佛學院。

一九八四年接受福建南普陀寺妙湛老和尚、圓拙長老之請，離開北京到廈門南普陀寺，協助恢復閩南佛學院，並任教務長。

一九八八年旅居美國，並數度應弟子邀請至加拿大、紐西蘭、新加坡、香港、台灣等地區弘法。

二〇〇四年住五台山靜修，農曆二月二日應五台山普壽寺之請，開講《大方廣佛華嚴經》（八十華嚴），二〇〇七年圓滿。

二〇〇九年以華梵大學榮譽講座教授身份來台弘法，法緣鼎盛。

二〇一七年十一月二十七日（農曆丁酉年十月初十申時），圓寂於五台山真容寺，享年一〇三歲。十二月三日午時，在五台山碧山寺塔林化身窯荼毗。

八十華嚴講述　總敘

二〇〇四年早春，夢參老和尚以九十嵩壽之高齡，在五台山普壽寺如瑞法師請法下，發願講述《大方廣佛華嚴經》；前後又輔以〈大乘起信論〉、《大乘大集地藏十輪經》、《法華經》、《楞嚴經》等大乘經論，完整開演華嚴甚深奧義，實為中國近代百年難得一遇的殊勝法緣。

回顧　夢參老和尚一生學法、求法、受難，乃至發願弘法度生，儼然是一部中國近代佛教史的縮影；而老和尚此次開講《華嚴經》，剛毅內斂，猶如屋漏痕渾然天成，將他畢生所學之顯密經論、華嚴、天台義理，搭配清涼國師、李通玄長者的疏論，交插貫穿於其中，層層疊疊，彷若千年古藤，最終將華嚴七處九會不思議境界全盤托出。

夢參老和尚為圓滿整部《華嚴經》，以堅忍卓絕的意志力，克服身心的重重障礙；他不畏五台深山的大風大雪，縱使在耳疾的折磨下，也能夠對治一切病苦，包容一切的順逆境界，堅持講經說法不令中斷，寫下中國近代佛教史上九十歲僧人開講《華嚴經》的紀錄。

老和尚雖老耄已至，神智依舊朗澈分明，講法次第有序，弘法音聲偉岸，陞座講經氣勢十足，宛如文殊菩薩來臨法座加持，令親臨法會者信心增長；無緣親臨法會者，相信透過閱讀整套的八十華嚴講述，也能如臨現場親聞法義。

惟華嚴玄理過於高遠，聞法者程度不一，老和尚為方便接引初入門者，往往費盡心思，委委曲曲，勤勤懇懇，當機裁剪玄義，又輔之以俚語民間典故，情無不周，辭無不達，俾使初學者聽聞華嚴境界生起學法的信心；間或有不識老和尚悲心者，輕易檢點過失，如指窮於為薪，闇然不知薪燼火傳的法界奧義。

如今海內外各地學習華嚴經論者與日俱增，持誦《大方廣佛華嚴經》的道場方興未艾，方廣文化繼出版整套八十華嚴講述DVD光碟之後，秉承 夢參老和尚殷重之交付囑託，在專修華嚴法門出家法師的協助下，將陸續出版全套八十華嚴講述書籍。

最後願此印經功德，迴向真如實際、菩提佛果、法界眾生。

祈願 夢參老和尚法身常住，廣利群生；

所有發心參與製作、聽聞華嚴法義者，福慧增長，同圓種智！

願此功德殊勝行
無邊勝福皆迴向
普願沉溺諸有情
速往無量光佛剎

凡例

本書的科判大綱是以〈華嚴經疏論纂要〉爲參考架構，力求簡要易解，如欲學習詳密的科判，請進一步參考清涼國師〈華嚴疏鈔〉與李通玄〈華嚴經合論〉。

書中的經論文句，以民初鉛字版《大方廣佛華嚴經》（方廣校正版《八十華嚴》）暨〈華嚴經疏論纂要〉爲底本；惟華嚴經論的名相用典，屬唐代古雅風格，與現代習慣用詞大相逕庭，尚祈讀者閱讀之餘，詳加簡擇。

凡書中列舉的傳說典故，係方便善巧，以得魚忘筌爲旨趣；有關文獻考證，僅在必要處以編者按語方式，註明出處。

夢參老和尚主講之〈八十華嚴講述〉正體中文版DVD光盤，業已製作完成，流通日久；惟影像的講經說法與書籍的文字書寫，呈現方式有所差異，爲求義理結構的完整敘述，書中文字略經刪改潤飾，如有誤植錯謬之處，尚祈不吝指正，是爲禱！

方廣文化編輯部　謹誌

淨行品

◯來意 釋名 宗趣 解妨

在《華嚴經》的四分當中，這一品屬於「修因契果生解分」。前面是〈菩薩問明品〉，「問明」就是有智慧，明白了。那是屬於十信位。「問明」是在理上產生眞正的理解，在理上相信自己是佛，相信自己能成佛。佛是什麼呢？就是「明」。如果我們明白了就是佛，沒有明白就是衆生。我們怎麼樣能「修因契果」？「修因」是求明白；「契果」成就了明，眞正能明了。但是必須先從慧解而後才能修，沒有慧解你不能修。在〈菩薩問明品〉當中，你正確理解一切事物的本質；現在我們所見到的一切事物，包括有情、無情、山河大地，你並不理解；等你理解了，而後能夠明白。從〈菩薩問明品〉之後，光明白不行，還得隨緣，隨著你的願力，讓它變成事實，那就叫「行」。

爲什麼叫「淨行」？在我們平常的動作當中缺乏願，沒有願來導你的行，所行沒有結果。舉例說，我們參加勞動，乃至於上殿、過堂、打佛七，這都是行，你有沒有發願？如果沒有願，你所行的達不到目的。「淨行」是隨著緣，隨著你的願力而去做，這是菩薩修學的初發心處。

在《華嚴經》七處九會，〈淨行品〉屬於第二會。在什麼處所呢？在普光明殿。

主持這場會議的，還是文殊師利菩薩。〈淨行品〉的來意是，成就佛果必須有殊勝的修行。〈問明品〉只是明白，就像我們到一座城市，先看看地圖。我在美國一下了飛機，先拿一本城市的導引圖，這個城市哪個街道哪個街道，你都知道了，怎麼去走、怎麼去作、怎麼開車。修行、入佛門也如是，先了解這品的大意是什麼。要想成就佛果，必須有殊勝的行爲，行就是去作。這個城市的示意圖你有了，再依這個圖的解釋去作。不然經上所教導我們的不去作，等於沒有效果的。不過佛經上講，聞有聞慧，聞有聞的功德，那功德盡了，消失了就沒有了，不能解決你的實際問題。

這一品是辨別你的修行，前一品是如理的觀行。這一品是隨你所觀的去做，還要發願，願是有次第的。讓眾生解了之後，有聞必須要思，思就是觀照，想一想，或者聽見人家說一句話，這句話是什麼意思？這叫思，在你腦子裡想一想，思而後修。如果沒有思修，聞不起作用，起作用的是在明後，了解以後去進修，才能有作用。

前一品〈問明品〉，使一切眾生在理上明白，我們要起觀照。觀照就是思惟，佛經的術語叫「觀」，用我們普通的話，你在想什麼。你就想，佛教導我們怎麼樣明！我們多生不明白，三世應該明白。我們今生，今生的前生，都做些什麼？今生捨報命終之後，未來生我又要做什麼？起碼得明三世！若功力深的，得明三十世，乃至明到無量劫。我們說大阿羅漢，得道的聖僧，只明八萬四千劫，他不能明了無量劫、無量生。隨你一天所作的事發願，發願就是修行。有願，才能引導你的行不會犯錯誤，這叫次第。

至於說「不歷僧祇獲法身」，不需要經過很多劫、不需要經過次第，頓超直入，這也是方便善巧，直觀心地，這叫心地法門。但是，這是從理上入，一般眾生是入不到的。沒有多生累劫的修煉，想一下子直至成佛是辦不到的。不過禪宗告訴你，頓超直入，立證菩提。這種根機是很少的！禪宗說開悟，但開悟並不代表你修行，只是明白理體。明白理體了，還得重新開始修。開悟並不是能成佛！頓超直入、立證菩提，這是形容詞。我們都知道六祖大師開悟了，頓悟的是理，在事上，你請他講經，他不認識字，你給他念經文，他就能給你講。

我們的身、口、意三業，所經過的事例，在生活中所經過的這些事，歷事驗心，經過事再鍛煉你的心，在身口意歷事的時候，這就叫行。行的時候必須發願，願就是我們的希望，我們要達到什麼目的？從小孩的時候，必須入小學，之後讀中學、讀大學，學習將來怎麼做人？怎麼做事？這都叫行，你希望達到什麼目的？在這個希望當中，中間會有些障礙，不是一帆風順的。怎麼樣消除這些障礙，讓你達到成就？讀書有什麼障礙？讀不成！家庭的貧困，學費繳不起，怎麼讀書！我曾經遇到，小孩的媽媽生病了，父親的工作沒有了，小孩念書，沒錢繳學費了，家裡吃飯都成問題，這不叫障礙嗎？因此，在行的當中，你要立志、發願，怎麼樣離開這些過錯，把非變成是，把過變成德，把污染變成清淨。

所謂的污染是什麼？是心地上有很多障礙。在三業當中，口裡經常罵人，是惡口；或者說瞎話，是妄言；在人與人之間挑撥是非，是兩舌；還有說些沒有意義的話，就叫綺語。妄言、兩舌、綺語、惡口，口有這四種業。心裡貪、瞋、癡，這是意業，身體作的殺、盜、淫，這叫十業。隨緣，遇到什麼事都有個因緣的，隨緣歷事。緣不見都是好的，我們都知道黑道不好，沒辦法，他遇到這個緣，陷入那個境界。

我們都知道做壞事不好，一個小村落，乃至一個小縣城，乃至一個省城，關了好多做壞事的人！爲什麼他要做這些事？緣的關係，他遇到的因緣是這樣的。有沒有心地善良的、很好的人也做了很多錯事？像現在信佛的四衆，比丘、比丘尼、優婆塞、優婆夷，心裡所想的，有沒有嫉妒障礙？人若在順境當中，生活很愉快，心情很好，做好事的時候多，要是心情不好，什麼心眼都生出來，這叫逼迫！苦的逼迫，清淨不了，不是他想做壞事，是他那個環境促使他不做也不行，這是一種。

還有一種是意念。舉例說，我們現在在普壽寺住，這個地方很好，突然間發煩惱要離開！一離開了，或者回家到社會，或者到另一間廟，緣就不這麼好了。他這一念想離開，因是怎麼起的？這是佛教經常說的業障，宿業發現。還有鬼神惡神，過去的惡因緣，你欠人家債，他來干擾你，你想清淨，他不讓你清淨。有這些事物的干擾，必須得發願，願這些事物消失，願自己一定達成任務，促使自己作好這件事。因爲這是了生死的事！想到這個大問題，之後發心，發願不退，先讓心不退。

你在順境當中，別變成逆境。在逆境當中，最容易墮落，在逆境中把他變成順境，在困難的時候，能夠克服一切困難，達到你所要成就的事業，這叫願。願，有惡願、有善願，但是我們這個行都是善願。在修道當中，例如我們學習《阿含經》，學習〈俱舍論〉，學習戒律，止惡行善，這都叫二乘法。二乘是無漏，無漏是不在六道輪廻輪轉，不再落入三塗，所以叫無漏。但是，只能幫助自己，自己驅使自己這樣做，不能夠幫助他人。

在《華嚴經》講，這不是眞淨的清淨行，非此品的意思。〈淨行品〉要超出阿羅漢，超出聲聞，超出權教的菩薩！菩薩也分成很多等級。權教菩薩不是目的，那讓我們達到什麼目的？舉足下足，起心動念，都跟文殊師利菩薩的心相合。心與智合，你的心跟文殊師利菩薩的智慧相合，這個時候眼睛看見的、耳朵聽到的、心裡所覺察到的、心裡覺知到的，見聞覺知成就的是普賢行願，是文殊師利菩薩智慧的心。這個時候，你的心沒有渾濁，沒有雜亂，這叫清淨。普賢行，是一切諸佛在沒成佛之前所修的，一定要依照普賢行願去修。一切諸大菩薩，發大心的菩薩同所行，都是行普賢願。行就是清淨，你所作都是清淨的。這是這一品的涵義。

我們想要達到目的，必須有宗旨、有趣向，隨遇著任何事情，以文殊師智慧，發普賢行願，防範你的心，既不散亂也不沈寂，增長你的大菩提心，增長你的大悲、大智、大行、大願，成就普賢菩薩的德，這一品就是引導我們達到這個目的。我們一發心就是行，這一共有一百四十一願，從一睜開眼睛到睡眠，每一個動作都發願。中國人講「家」字，上頭有個寶字蓋「宀」，底下是個「豕」，「豕」是什麼呢？是豬，「家」就是把你關到圈裡頭，這是從中國文字象形上的解釋。家是共同生活的小集體，我們經常說安家立業；但是我們懂得，家庭是性空的，在體上沒有。你這一生是臨時的，再一生又變化了。出家二衆弟子，選擇離開家，因爲家是枷鎖，就像帶枷鎖一樣，把你束縛住，讓你解脫不了。你出了家，離開了，出那個家，又入一個家！但是這個家不同，你入到寺廟裡，這也是大家庭，他叫你達到空，達到理，理要成到心。

能夠遇到境界再不迷惑，能明達事和理，這得有智慧，這叫智行。發願就是智慧，發願又引導你的智慧，以你的智慧又再發願，發什麼願呢？不只利益自己，專爲別人，這叫大悲行。處境不迷，這是智行，以願導智是大悲，悲智雙運。悲和智，悲即是智慧，智慧就含著大悲。我們說幫助別人，實際也救度自己，既救他也救自己，自他兩利。特別是當生活當中遇到順境，不要放逸。生活很美滿的，這個時候你要注意，不要放逸，不要忘記本修。

遇到逆境怎麼辦？要克服，要想到佛的教導。這是消除往業，過去的宿世罪業都消失了，業障消失了智慧就增長。修觀行的人，智者不沈沒，不落於昏沈當中，就是不迷惑。不迷惑就是我們讀《心經》上的「觀」，「觀自在」，遇到一切境界相，你有智慧照了，既不沈寂也不散亂。「觀」的時候就有定的涵義，定就是止，觀就是照，以定來起觀照就是智和悲雙運！對外面所遇到的什麼事，遇到什麼境界，要分析一下，是邪的？是正的？觀一切眾生沒有一樣眞實的，這是假觀，觀一切諸法皆是假的，虛妄安立，不是眞實的。觀自己的身，觀自己的心，空寂！好多的事理應當這樣想，這樣子你的心才沒有染著。若能心無染著，對任何都不貪戀，空觀修成了。本來一切事物都是假的，貪不到的，戀也戀不到的，何必再貪。放下吧，看破了，心無染著；你能見到眞實的道理，明眞心，這叫「明」，也就是上一品講的「明」，能見到如實理。

能見到如實理，這叫中觀。心無染著，這是空觀。能明事理，就叫中觀。中觀觀理，空、假、中，在天臺宗四教就叫三觀。而《華嚴經》講的三觀，空觀，眞空絕相！中觀，理事無礙！之後達到事法界、究竟的事事無礙，這是華嚴三觀。眞空絕相觀、理事無礙觀、周徧含容觀，沒有一事不是法界的。這又叫俗諦、眞諦、中諦三諦，諦觀空、假、中。一切教義是讓眾生都能夠成佛，不起二乘的心，不起緣覺聲聞的心，那個心對眾生沒有利益，光為了自己。同時在生活當中，遇到強冤家、軟冤家，你要克服。強冤家就是迫害你的冤敵，軟冤家就是你的六親眷屬，特別是父母、夫妻、子女，軟冤家是軟纏，軟的比硬的還厲害，使你脫離不了。你必須把這些關都過了，善業才能成就。

心是實際理體，就是「性空」！還有「緣起」，心不遇緣，妙達性空，你微妙的思想觀照，這是佛教導的。善達性空的道理，不要隨緣就變，給他來個隨緣不變。這裡頭必須有方便善巧，得有智慧！沒有智慧，你不能順應這個事理。特別是在逆境當中，觀照你的心。把大願大智廻向給衆生，願一切衆生能無障礙的達到成佛。把握你的心不被二乘所動，不爲天魔所動。有人說，不要發願生極樂世界，梵天很好的，特別是六欲天，光享受快樂，人間有苦有樂，生到天堂，光樂不苦，但是容易墮落；若業報現前，仍然墮落六道之內。六欲天墮落的多，梵天以上的，十八梵天、四禪天、四空天，墮落的就少了一點，但是也照樣墮落。

我們這品的經文，是智首菩薩提問，必須有智慧，他才能做如是問。文殊菩薩以智慧答覆他，「善用其心」，你好好用心。惡必令其斷，凡是惡的境界，惡的思念，馬上讓它斷，凡是善念一定具足。我們念經，發四弘誓願，「衆生無邊誓願度，煩惱無邊誓願斷」，衆生無邊是善，一定要完成度衆生。煩惱是惡，我一定斷除淨盡，怎麼能做得到？「法門無量誓願學」，佛一切的教法我都誓願學，學了就做得到了，就能斷惡行善，那我一定能成佛道，「佛道無上誓願成」，就是這個道理。未講經文前，先給大家介紹這一品的大意。

從無始惑業以來，我們生活當中，就在無明煩惱貪瞋癡，一天都沒有離開過。每位道友回憶一下，你離開貪瞋癡了嗎？貪瞋癡愛，愛屬於情感的意思，不要一說到愛就想到男性女性！愛是很普遍的，看這個東西喜歡，這是愛，看這個東西討厭，這是瞋。如果沒有斷煩惱，愛憎心必有。有愛憎，這個是迷惑，叫愚癡。你不喜歡，強加給你，一定煩惱，那就生起瞋恨。你喜歡，得不到，這叫貪求，這裡的障礙就多了。爲了貪求這個，你造了很多的罪，貪瞋癡愛都是無明。這個無明的時間太長了，不只是億萬萬年，而是無量的億萬萬年。

現在我們聞到佛法，第一個發菩提心，菩提心是覺悟的心，從現在開始覺悟，這叫發菩提心。菩提心厭離世間，一切世間的相，從不貪戀，意也不顛倒。發大悲心，凡是見到貪戀世間的，幫助他解除，但是必須得有般若，所以你必須得學智慧。厭離、大悲、智慧這三心結合起來，才叫發菩提心。發菩提心，相信佛所說的法，佛所說的是正法，把不正確的見，乃至邪知邪見，把這個見轉變一下，怎麼轉變？依著佛的教導來轉變。正知正見，成就我們大願、大悲。人我空、法我空，人法俱空，一切俱空，一切無相；這樣能生起大慈大悲心，成就普賢的行願。所有見到的、覺得到的、聽得到的、知得到的，一切都讓它清淨，見聞覺知，達到清淨。

清淨了才能以文殊智入普賢行，這叫〈淨行品〉。「淨行（ㄏㄥˋ hèng）」是指法門說的，「淨行（ㄒㄧㄥˊ xíng）」是指修行說的，「行（ㄒㄧㄥˊ xíng）」是動作義。「行（ㄏㄥˋ hèng）」是所要做的行願。那就是經的名，變成事實，這叫淨行。要是沒有願，即或能斷煩惱，也入到二乘。假使是初發心菩薩，發心成佛，發大心利益一切眾生。

所以用此一百四十一大願，能清淨現在所沾染的一切塵勞。這一品的來意，就是把這一百四十一願都能誦好，成就菩提心，成就菩薩道的事業。因爲這品是補（輔）助〈問明品〉，十信已經了解了，十信之後，而加以行。行是清淨行，行達到究竟，因行果滿，達到成佛。

這品的來意是因爲智首菩薩啓問，智首菩薩是玻璃色世界梵志如來座下的大弟子，就像娑婆世界釋迦牟尼佛的大弟子，文殊、普賢。玻璃色世界梵音佛座下的大弟子叫智首，他參加華嚴海會來問文殊師利菩薩。文殊師利菩薩是南方世界的不動如來，總說是一切諸佛的妙慧。因爲在這一會他是說法主，問答的主伴，能問的是智首菩薩，所答的是文殊師利菩薩。

問什麼呢？問一百四十一個大願的門，這個門怎麼走？怎麼開？這一百四十一大願，通於十信、十住、十行、十迴向、十地、十一地無邊法界的行海，一共是六位，每一位的煩惱都能斷除。六位，一位是二十，六位是一百二十，加上身見、邊見各有二十，一百二十加二十就是一百四十，再加上根本無明，是一百四十一。隨位進修，斷除染淨一切諸煩惱。能進修的人就是發願，從信心開始能達到理，能夠成事，能夠顯事，事能夠成理，理事不相違。達到願的本體，使自心根本清淨的智慧寂然不動。發願的時候、行爲的時候是動，動寂都是眞的。不偏趣於寂，也不偏趣於觀，這就是華藏世界所修行的法門。

◯釋文

◎智首問 舉德徵因

以下我們開始學經文，先解釋〈淨行品〉的大意，再說問答的經文。

爾時智首菩薩。問文殊師利菩薩言。

「爾時」是承上文說的，〈問明品〉結束之後，智首菩薩就向文殊師利菩薩發問，也就是請他答覆。這跟〈問明品〉是相銜接的，上面說九首菩薩，智首菩薩是九首菩薩裡的一位。文殊師利跟智首菩薩，他們互相問答，問答當中表示如何是圓滿行。行，怎麼樣能夠圓滿？能夠圓修？每歷一件事情，都要善巧發願，以智慧爲主導，在事上不迷理，在理上能成事。

每一位中有二十，一共是十一段，每一段有十句來解釋這個涵義。所以身口意三業，離開過錯了，成了德！若能如是修，就是佛的眞弟子，是法器。能夠成就智慧，成就一切衆生的智慧，這是具足成佛的因緣，叫具道因緣，具足菩提道。因是發誓願，緣是促成。於一切法能夠善巧方便完成，這是修不生不滅的因，得到不生不滅的果，能夠滿足一切菩薩的行，得到十力的智慧。佛有十力智。

第一個二十句問的是因果福報，什麼是福的因？什麼是福的果？大多數是先因後果。

第二個二十句問的是慧因慧果，福慧兩足尊，怎麼樣種的慧因、成就的慧果？前面是先因後果，必須有這個因。現在問的是慧因，慧果是先果而後因，先果是舉的佛果因緣，發起這個心是因，將來成道果。

第三個二十句問的是善巧解釋這個因，以觀行為果。以善巧解釋為因，以觀行成就為果。

第四個二十句，修行的因行，成就果德。淨行的因，只為因異，問的行，淨行的所得就是果。每一句都是云何得、云何修，怎麼樣修才能得，問號都如是。下面先說問，問之後才答。

佛子。菩薩云何得無過失身語意業。

這是一個問號。云何才能得到身口意三業，身語意三業無過失？讓身語意一點過錯都沒有。

云何得不害身語意業。

第二個問號，云何得不害的身語意業，既不傷害自己也不傷害衆生。

云何得不可毀身語意業。

身語意業永遠立得住，不被毀壞。

云何得不可壞身語意業。云何得不退轉身語意業。云何得不可動身語意業。云何得殊勝身語意業。云何得清淨身語意業。云何得無染身語意業。云何得智為先導身語意業。

一共問十個問號，都是說身語意業清淨無染，具足福德，超勝的、尊貴的、不毀壞的、常爲饒益一切衆生的。第一個十句，由於惡緣壞不了你所發了的心，之後你得到佛的十力。由於得到了佛力，再不退轉，修行不退。我們修行是進進退退，信無根、行無本，進進退退。要達到行菩薩道永不退轉，遇到什麼樣的挫折都不退轉，永遠發心。佛教授我們的，遇著什麼惡緣、什麼痛苦，要常常觀想：「猶如熱鐵輪，於汝頂上旋，終不於此苦，退失菩提心。」遇著什麼惡緣、什麼苦難，菩提心不退，也就是道心不退。一切諸相的干擾，遠離諸相，如如不動，任何干擾必須得大定。靠什麼呢？靠著願。文殊菩薩答怎麼樣能成就這些？就是後面一百四十一大願。這些成就涅槃的因，一定得到涅槃果。你行道有得於心，就是修行的，你聞法也好，修行也好，你心裡轉化了，德行殊勝，對法的善巧能夠理解。

「由體清淨如虛空，故成具道緣。」自體的清淨，像虛空一樣，這是指法身說的，我們能把我們的肉身，具足修道的德，聞法修行具足這種道德，有具道的因緣，緣就助成了，清淨像虛空一樣。因爲聞法、修行、發願，等你歷一切境界的時候，不論什麼境界相，貪瞋癡境界相來了，或者遇到愛別離，相愛的非離開不可，在世間上，這叫愛別離苦！你能以法的善巧力轉化，涉境無染，決定能成道。因爲以文殊師利菩薩的智慧來做爲主導，你成就了一切智慧，這樣子三世的業報，使它沒有過失；不論過去、現在、未來！現在受的是果，這個果是由過去因，我們有智慧能夠判斷、能夠理解，這樣使你的身口意業沒有過失。有智慧給你做先導，離了過。

常這樣觀想，就能做得到。在世間相上說，這些都是有爲法。我們遇到障礙的時候，用無爲法來對治有爲。你說念佛要修道，不是散亂就是沈寂，這兩者就給你破壞了，念佛的心就不能堅定。本來發願今天要念一萬聲或五萬聲，中間有很多的障緣克服不了，一會這個事出來了，不去不行！如果在家的話，媽媽病了或者六親眷屬出了事，小孩子在學校出了什麼事，你得去處理，不能念了，這是在家。出家也不行，單住吧？自己還得忙生活，住叢林吧？得聽指揮，一會常住有事，佛號念不成了。怎麼辦？別生煩惱。補，怎麼補？只有減少睡眠，把一切的時間都利用上。下面問的又是十個。

云何得生處具足。種族具足。家具足。色具足。相具足。念具足。慧具足。行具足。無畏具足。覺悟具足。

要求的好高！問號就是要求的很高。想「生處具足」，在印度說的是四大種姓，刹帝利、婆羅門，但是不生到下賤兩種姓，要生到貴族。刹帝利是王種，殺豬、宰羊的屠劊叫「吠舍」；還有「首陀羅」，就是做雜業的。「種族」就是生到貴族的種族，第一個種族具足就是生到有佛法的地方，有佛法是最具足的，能夠聞到佛法的。說家，家庭美好，色相端莊，相貌圓滿，這是外表。念慧就不同，有智慧心念，處處的都是在智慧上，在道德上，所有的行為都具足，具足十四種無畏，再具足覺悟，這要求很高的。「生處」，就告訴你生到有佛法的地方，也就是生處中國。在佛教講的中國，是哪有佛法哪是中國，是指有佛法的處所。

「種族具足」，是種族尊貴，不是下賤種姓。在印度，佛出世的時候，下賤種姓很難得進到佛的跟前，聞不到法。生信三寶修善之家，「家具足」。生到什麼家，說這個家庭裡頭信奉三寶，信仰佛法，可別生到外道家，生到外道家裡倒楣了，永遠聞不到佛法，聞不到佛法入了邪知邪見。發願生生世世，生在三寶的家庭。

「色具足」、「相具足」，相貌不是醜陋相，不是六根不全，俗話說「姥姥不疼、舅舅不愛」，長得醜八怪，誰見著也不喜歡。發願要色相具足，不是醜陋相，具大丈夫相。具大丈夫相是什麼呢？六根不缺。有人把具大丈夫相解成生男相、不生女相，不是這個涵義。諸根不缺，是丈夫相。現在我們比丘尼師父，現的是丈夫相，不是女人相。「念具足」，正念不忘，宿世所有修道的因緣，三寶因緣產生的正知正見不忘，能夠現前。

「慧具足」，慧悟高明，一切世間法都能通達。「行具足」，柔和調順，無有過患。「無畏具足」，心智堅強，力量堅強，任何事物不怯弱，也就是勇猛的意思。這個勇猛是柔和的忍辱，能調善、離一切諸過，能夠修行。「無畏具足」就是智力堅強無有怯弱，任何事物現前，沒有恐怖感。《心經》上說，心無罣礙，無有恐怖。「覺悟具足」，性自開覺，不染世法，這就是覺悟，世間法不沾染。特別是第九「無畏具足」，合到法上來說，總一切法，持無量義，無有畏懼，從來不畏，不會忘失，記憶力非常的好，不要恐懼忘失，這是第一種無畏。知根無懼，知道衆生的根，因根而受法，不要懷疑，也不要恐懼，說錯了怎麼辦，說沒根據了怎麼辦？沒有關係，不會差失，第二種無畏。

第三種決疑，有人向你問難，從來不畏懼，有問必答。隨問能答，這是法師必具的條件。我們在這兒學習的諸位法師，人家問，答不上來，回來你對著文殊菩薩求，天天求，隨問就答，答難無畏，所問皆通。這裡頭有個問題，有的答是就理上答的。問，好多差別的事，這個事你沒見到，你答的他接受了。

有一位老修行在山裡頭，他的修行非常好，在家的皈依徒弟，經常找師父的漏眼，故意問一些事，但是問他什麼都能答覆上。這一天，皈依徒弟上山來又故意的問他師父，這叫問難。問了很多，我只舉兩件事。

一個是他看見放馬的，人不在那看著馬，釘椿子把馬拿根很長的繩子拴上，那馬可以在周邊吃草，跑是跑不了，因爲有繩子拴著。他的皈依弟子心想，這個師父沒看見，以現在看見的事，他是答不上來。另一件事是過一座橋，那橋是獨木橋，橋不寬，只有一塊板子，板子不平正，還是是偏的，但是人可以走過去！他心想這個也可以問師父，因爲他師父也沒有看見。

他到山裡問他師父說：「如何是團團轉？」那馬吃草是團團轉，用繩子把牠拴著，跑不了。他師父回答：「只因繩不斷！」繩子沒斷，繩子斷了就跑了。他這一聽，師父答的對。他又問第二個問題：「如何是度人不度馬？」他師父回答：「只因橋半邊。」這個橋不是全的，是半邊，還偏著的，所以人過得去馬不行。他皈依徒弟說：「師父眞不得了！」磕個頭道謝下去了。

之後侍者就問這位居士：「你問師父都是什麼？」他說：「我上山看見那匹馬

拴著在那吃草，跑不了拴著，繩子沒斷，師父答說繩子沒斷，繩子斷了牠就跑了，對。」侍者又說：「你問的第二個問題呢？」他說：「我看那座橋，人過得來，馬過不來，因爲橋偏了，師父答的對，只因橋半邊，是半邊橋。我們師父了不起，有神通！」

這位小和尚就問他師父：「今天那個居士問的，您是怎麼答的？」他師父說：「一切衆生，在六道輪迴被六道業繩所繫，那個業繩把他繫縛住，脫離不了六道輪迴。」小和尚一聽簡直是兩回事，根本不相干。小和尚又問：「什麼叫度人不度馬？」他師父說：「二乘人不發大心，光度自己不度衆生！」這也是兩回事。爲什麼這位居士謝恩了？這叫如理上答的，事有千差、理無二致，在事上千差萬別，從理上答只有一個。

大家看禪宗公案，有一位老和尚是開悟成道的。所有來參學的人，問：「如何是祖師西來大意？」不論問什麼，他都舉個手指頭。有一天他有事出去了，他有個小徒弟十幾歲，不太大。人家又來請開示，他小徒弟不管三七二十一，也像他師父一樣的，把手指頭這麼一伸，那個人也磕頭了，也道謝了，也領悟了，走了。他師父回來問小和尚：「今天有沒有客人？」他說：「有！」「問什麼？」「也是問，如何是祖師西來大意？」「你怎麼答覆的？」「我學您，您不是天天這麼一舉，我也舉了。」「你一舉，人家怎麼說？」「他沒說，磕個頭就走了。」

他師父到廚房拿把大菜刀來，「我問你，如何是祖師西來大意？」那小和尚又這麼一舉手，他師父一刀就給他砍下來，「哎呦！」小和尚又痛又跳又哭又鬧。他說：「你別哭別鬧！我再問你，你再舉。如何是祖師西來大意？」小和尚一舉，開悟了，不哭不鬧了，明心見性，不痛了。問跟答的涵義就如是。

一切慧，慧跟智不同，慧是簡擇的意思，慧能夠簡擇一切，「慧爲簡（揀）擇」。力呢？「力謂修習」，必須得經過修行，有了力度。「善巧謂智」，善巧就叫智。第四種叫道，「道品助修」，三十七道品，四正勤、四如意足，都叫助道品，幫助三業成就，這就是慧的體。這個不是世間所能有的，也能超過二乘，勝世間過二乘，這種慧不容易得的。因此，佛超過一切因果，佛果超因。

云何得勝慧。第一慧。最上慧。最勝慧。無量慧。無數慧。不思議慧。無與等慧。不可量慧。不可說慧。

十個慧，分別簡擇不同。但是問這些問號，文殊菩薩在答的時候沒有按照問號答，只是告訴你怎麼做。這是問智慧。智首菩薩問的涵義，是說要想在世間成道，要修行、斷煩惱、證菩提，怎麼能做得到？怎麼能得到勝慧？怎麼能得到第一慧？乃至得到不可說慧？

文殊師利菩薩答的時候，普徧的做，就可以得到。行，你得去做！答到最後，到睡覺的時候，你應該觀想，念個偈頌，「以時寢息」，這個時候該休息，不要忘了發願，「當願衆生，身得安穩，心無動亂。」我們睡覺睡不著，是因爲想事，還不停的思惟。你的思惟停下來，不要胡思亂想，自然就睡得著。在修道的時候，千萬不要散心，散心就不能集中。睡眠的時候是這樣答，醒的時候呢？剛一醒的時候，你恢復知覺，「睡眠始寤，當願衆生，一切智覺，周顧十方。」別只想到自己，要想到一切衆生。

理不能離開事，從早晨一睜開眼睛醒了，一直到晚上睡覺，這一天中間你所經過的事，遇一件事發願，遇一件事發願，遇一件事發願，這叫淨行，所行的全部是清淨的。諸位道友在學〈淨行品〉的時候，若不知道怎麼修行，你這樣念就是修行。一舉一動，第一句是現前所做的事，第二句是當願衆生，第三句是轉一切衆生事，第四句是成就，每個答覆都如是。一天當中遇到什麼事，走路、喝水，乃至於屙尿，屙尿也發願，「大小便時，當願衆生，棄貪瞋癡」，把貪瞋癡都丟掉。「蠲除罪法」，一切犯罪的事，都把它蠲掉。一舉一動，起心動念都在文殊智慧當中、在普賢大願當中。這不但能斷支末的煩惱，連根本的煩惱都斷除，這叫文殊智慧的指導。

現在所學的這一品叫「淨行」，爲什麼？因爲行才能感果。堅持發願，願能產生力度，假使沒願，行不成，修行什麼都不成。我們現在所居的華藏世界，是從普賢行願力而建成的，如果沒願，修什麼法都修不成，莊嚴的境界也不現前。因爲沒有感，行是感果的，由這種義，行能使你的信心更加堅固。

前面〈光明覺品〉、〈菩薩問明品〉，是舉佛的果德讓你生起信心。現在我們稱法性而起的悲、智，以這種妙行來修一切行門，也是舉佛的果德，依佛的果德去進修，信心成就了。信佛的果德，你要進修。

前面講信心、講勝解，是讓你成就修行。佛、眾生、心，三無差別；信佛了，信心成了，那要起行了，邊行邊解，邊解邊行，解就是智慧，要是沒有行，成就不了。儘管行苦行、行精勤、行精進，如果不依照佛的教授，離開心外去求法，叫邪精進。儘管累劫的勤苦，只能生人道、生天道，沒有想要成佛的心。但是這種的功德，只要你一念貪瞋起，一念貪瞋起把你的功德全部泯滅了，一念貪心起百萬障門開，一念貪瞋心起，就像火焚森林似的，一根火材能把整片森林燒盡，那是有漏的。只要依著願行所起的，這是無漏的。過去、現在、未來，三世諸佛的道，永遠隨著眾生，諸佛恆不捨離眾生。如果通達這種道理，能夠斷一切惡、具足一切善，以普賢大行，依著文殊大智一切具足，一切行願都具足了。那個時候，你心裡所執著的、種種差別的業，業行皆消失。智首菩薩所問的都是佛的果德，依佛的果德。智首是一切智慧之首，在文殊大智的智力，二智互相酬暢，讓我們相信佛的果德，信了之後而起修，所以叫「淨行」。

這種修，看來是一行一願，日常生活、吃飯穿衣，這是圓修。立一切事，善巧發大願，善巧就是智慧。智是先導，智是引導一切，我們在做事的時候是眼前的事，發願成佛是未來的事，眼前跟未來，圓融無礙，這就是文殊師利的智慧。文殊師利的名號，又叫妙德、妙吉祥。文殊師利菩薩的智慧是讓我們觀空，智慧是觀空的，是照理的。智首菩薩告訴我們，他是合事的，每一件事都是理。在事上行動的時候，不迷於理，對理不迷，吃飯穿衣、拉屎撒尿，這是事，事即是理。智首菩薩說，遇見這個事應當怎麼樣做，佛是這樣成就的。他問了一百一十一問題，文殊菩薩答了一百四十一願，兩者智慧結合，一個根本智，一個觀事理的智，觀空而不能遺事，照事的時候而不能離開理，智首菩薩跟文殊師利結合到一起的，這問答是假設的。

涉事的時候不迷理，所以要發願。觀空的時候也不離於事，觀空而不證空，這是大菩薩，大家要注意這個問題，這是教義上最重要的。觀空而不證空，觀事而不迷理，觀事不迷理，觀空不證空，這叫什麼？權實雙修，權實雙運。這個意思含著兩種，一種是方便善巧，涉事的時候都是方便善巧，涉理的時候，文殊的大智照空而不礙事，而且成就事，這就是諸法實相，謂之般若。證，不是行證，不是身體形相的證，證得是意證。事是有功、有行，理上是都沒有。歷事而不染，不染什麼呢？不染塵累，一切世間相不受他的連累，這就是般若的力量。般若是空門，是觀空的。一切事是攝理的，攝有的，攝有而不迷於空，觀空而能成就事。怎麼叫觀空不證呢？一證了就不利益眾生，觀空而不證是不落二乘。

這些都在一念之間！一念的力量，權慧實慧具足，這就是華嚴境界。我們的身口意三業，把塵勞變成佛德，離三業的過，把三業變成德。有這種觀念，就是眞佛子，眞正的法器。法器是盛法的，這個法器成就一切法。轉三業成德，把身口意三業轉成了成就佛德。佛是果，我們是因，這樣才能夠接受佛的諸法，才能成就一切智慧，也具足得道的因緣。能夠在法上有智慧，善巧通達實相，不要執著。以善巧的智慧修涅槃因，涅槃是不生不滅，非空非有，空有不二。這樣才滿了菩薩的行，才能得到佛的智慧，得到佛的十力智。

到這個時候，國王、天王、梵王、修魔羅王，一共有十王，都來敬禮護持你，得大成就，能饒益一切衆生，究竟成就佛果。有的是顯你的相，由相上顯；有的是講因，有的通因通果。這個道理大家多思惟，思惟才出智慧。我們做世間事，跟人定合同，或者商量什麼事，買賣房地產，在交涉當中，「等我想一想再決定！」多思有智慧，「想一想」就是觀，世間事都如是。成就世間法如是，成就佛的聖道也如是，前面講「問明」、「覺明」都是講佛的果德。在佛修因的時候很少講。果必須由因成，沒有因怎麼有果呢？現在我們用智慧因，成就的是智慧果。但是我們講佛的果德，先講果德，後講因心，因心就是我們信，信這個果是怎麼證得，之後修因契果。修因才能達到果，這樣來理解，這樣來證入。

智首菩薩問的是什麼意思？他問的都是舉佛的果德，唯有究竟了，身語意業才能夠永遠沒有過失。這是佛的果德，一切衆生都做不到的，無論阿羅漢、菩薩都做不到。「云何得不害身語意業？」都是給衆生作利益，沒有傷害衆生的，只有佛的身語意業才能達到「云何得不可毀身語意業？」誰也毀壞不了，一切天魔衆生，毀壞不了佛的身語意業，這是聖境。凡夫、二乘、菩薩的身語意業不行，達不到這種境界。這是舉的果德。

「云何得無過失身語意業？云何得不害身語意業？云何得不可毀身語意業？云何得不可壞身語意業？云何得不退轉身語意業？云何得不可動身語意業？云何得殊勝身語意業？云何得清淨身語意業？云何得無染身語意業？云何得智爲先導身語意業？」這是十種。說什麼？只說身口意三業。超勝尊貴，不但不會害衆生，身口意業常時饒益。不但佛住世的時候，佛入涅槃之後，他的化身、他的形相，都能給衆生消除業障。那只是形相身業，你一看見佛的法，一打開經本，佛業就現前了，三業現前。因爲你看經就想到佛的形相，每部經都有佛的相，不是如是嗎？你打開經本是文字，文字是佛所說的話，佛的語言從什麼地方發出的？從意業發出的，這就是身口意業，殊勝的身口意業，不但不會害衆生，還饒益一切衆生。

每一段經文，你都如是想。佛的十力，一切的惡緣，幫助我們一切衆生。不管有什麼惡緣、什麼樣惱害，一念佛，一觀想佛，一打開經本，如果誠心正意，就是佛對著你說法。這不是讓你生起信心，而是讓你如是去做，因爲這是講行，不是前面的信。很多道友問我怎麼樣修行？我就跟他說，一打開經本，佛的三業現前。你看的經本是佛說的話，佛說的話是語業，這個話是從佛口業說出來的，當初佛說法的時候是身業、口業，佛的智慧就是佛的意業，這就是最上的修行。想見佛，想見文殊師利菩薩，天天文殊師利菩薩給你說，不是天天給你現前嗎？你另外還想找一個，這是邪覺觀。任何惡緣干擾，你心裡頭觀想佛，觀想佛的十力，或者觀想《金剛經》上所說的話，任何的現相都不是實的，都是假的。須菩提問佛，云何住心？云何降伏其心？當你打開經本，你現在念《金剛經》就住在《金剛經》，學《華嚴經》就住在《華嚴經》上。這個住是無住，住即無住，無住生心，生即不生，這跟佛經上所教導的意義，合而為一。

修行要精勤，要不退轉，好比你念一卷《阿彌陀經》，念一卷〈普門品〉，天天定時定量一定念，這就叫不退轉。你今天念，明天不念，就退轉了。佛經上有些話，要顯深切的道理，但不必顯很深，就在日常的身口意行動當中，你若能領會，這就甚深了。佛的身口意在我的身口意當中，我的身口意就變成佛的身口意，我們念密宗的話，「唵（嗡）、阿、吽」，這是佛的身口意，你想到「唵（嗡）、阿、吽」就是我們的身口意，我們的身口意也是「唵（嗡）、阿、吽」，跟諸佛相合。這樣子才能遠離諸相，如如不動。這只是觀想，現在我們還是煩惱的凡夫。

但是這樣的觀想，這樣的思惟，是成就不生不滅的涅槃因，證佛究竟涅槃。

以這種的智慧、觀察力，你所行的都是德，不落業，這叫於法善巧。這樣你才能夠遠離諸相，但有形相都是虛妄！為什麼？它的體清淨如虛空。儘管〈淨行品〉一問一答，都是清淨的淨行，說的是有，實際上是空。如果我們上廁所，觀想大小便時，當願眾生，不是自己，第一句對著這個事，一定想到眾生，普利一切眾生，這是大菩薩所行的。「棄貪瞋癡，蠲除罪法。」僅僅舉這麼一個，文殊菩薩達到一百四十一願都是這樣，這是願。有人說念這句話不是虛的嗎？是虛的。虛的可以顯到眞實，跟眞實相吻合，這叫善巧。為什麼？體是虛空的，如虛空，但是成就一切助道因緣。聽起來好笑，說上廁所、進洗手間、大小便，都是助道因緣，上廁所大小便不是，而是因為你念：「當願眾生，棄貪瞋癡」，問題在蠲除一切罪法。

凡是涉到境界、涉到相的時候，境界就是外在的一切相，不管作什麼事，必須依法，具足法德，這就叫法器。可以傳授給他法，但是，得靠智慧為先導，成就眾慧，才能成就一切慧。你若懂得這種道理，做任何事，一舉一動都是眞修行，不是坐在這兒冥想，才叫修行。念阿彌陀佛，念佛的時候，這叫修行？就像我剛才看見初發心的道友，在後面挖土，我說她們發願沒發願？如果沒發願，你所行的，勞動就是勞動，挖土就是挖土。說發願了，發什麼願？「莊嚴佛國土，利樂一切有情」，你若這樣想，事情完全變了。再翻過來說，你在這兒是聽《華嚴經》，心裡想到我媽媽生病，在醫院看不好，這個也完全變了。你想到世間事，這還算好，還有點孝心！

若想到貪瞋癡，女的想到男朋友，男的想到女朋友，貪瞋癡！那不是《華嚴經》，而是《華嚴經》的反面。有智慧者跟沒智慧者完全不同，有智慧者的一舉一動都在願行，發願、行動，任何事都利益衆生。受苦受難的時候，也是給衆生示範，常時如是想。因爲你不可能獨立的生活，任何人、任何事物，都不能單獨存在的，是衆緣合和而成。

我們有位道友，住在終南山的山洞。他跟我辯論說：「我無所求，不沾任何人。」我說：「不可能，沒有這樣的人，也沒有這樣的事物，任何事物是衆緣和合而成。」他說：「我就不。」我說：「你種地沒有？」他瞅瞅我：「沒有種地。」我說：「你做工業沒有？」，他說：「沒有。我哪能做這個，我在山裡頭住。」

我說：「你穿衣服不穿衣服？身上穿的布是你自己織的嗎？棉花是你自己種的嗎？你一天吃糧食不吃糧食？哪來的？」沒有獨立的！凡是獨立一法，不成就了，都是相對的。到什麼時候才絕對呢？到你成就佛果，絕對了。成就佛果了，他要利益一切衆生。成就佛果，爲什麼？爲了度衆生，才求成佛。懂得這個道理，沒有一件事物是獨立的，而是相輔相成的，這是絕對的。把相對的說成是絕對的，絕對的是相對的，這要有智慧。一切的惡緣也是緣起諸法，你怎麼能把一切惡緣壞了，令他消失，得仗佛的十力，這就是智首菩薩所問的。

修行精勤不懈，靠什麼？靠著菩提心督促你，行菩薩行，滿菩薩行，也是由你發大願、大智來的。這樣子才能夠遠離一切諸相，如如不動，成就涅槃因。我們一般把「德」都講成是功德，做好事得好報，這樣理解是一方面。眞正的理解了，「德」就是行道、觀照的智慧有得於心，就叫「德」；以智慧心，來行殊勝行，這叫「德」。一切諸法皆能善巧，通達無礙。觀想你這個體，清淨如虛空，這就是助你成道的因緣，你發大願的那個心，假助道的因緣，究竟成就了。

無論遇著什麼境界相，無染！這不是一般人，也不是一般的菩薩，得像文殊大智，普賢大願的菩薩。諸位道友，你把自己定個位置，定到什麼位置？你把自己定到二乘位，不可能！因爲你還沒有斷煩惱，初果還沒有證到，證到初果了，也得斷現行煩惱。見惑都斷了，才能證到初果。從初果到四果，需要很長的時間，但是這不是勘受的法器，我們講的普賢行願，就落於空了，沈空滯寂，滯流於寂靜上，入定了很舒服，不是人天的快樂。在這個時候進一步，能夠以智慧爲先導，要利益衆生，把一切的力量全用在度衆生上，那是大菩薩。

但是你得有智慧，也得有願力。你修行到了圓滿不退轉，你才能遠離諸相，才能如如不動。由你這種德行殊勝，越得道越有大行，越大行越得道，這兩者是旋轉的！這時候你產生一種善巧的方便智。本體像虛空一樣，但是具足一切道緣，這時候你再涉歷任何境界相，不被染汙所染，沒有貪愛、沒有瞋恚、沒有愚癡。遇事成智，遇事皆空，空而遇事，遇事不迷，遇著任何事、任何境界相，你不會迷惑。到了涉境無染的時候，眞正能夠繼承佛位，這時候堪稱爲法子，佛的眞子，一定要懂這種道理。我們先明白，明白了之後，信！信到堅固才能起行。行的時候照佛果德，佛所成就的那樣去做。

智首菩薩所問的、文殊師利答覆的，就是這個道理。但是一定要知道智首菩薩所舉的都是佛的果德，唯佛與佛才能達到清淨。這種清淨行，是普賢菩薩的大願、大行。這樣使你能夠達到什麼呢？達到了究竟清淨。〈淨行品〉只是修行的開始，告訴你心裡要想什麼、身體要做什麼、口裡要說什麼。文殊師利菩薩教你做的一百四十一願，可以把你的煩惱除盡。你把一百四十一種都做到了，眞正達到清淨行。這個裡頭沒給定位，沒說清淨行都修圓滿了，修成就了，到了什麼位置，到了成佛？這一百四十一願，前面智首菩薩所問的，要想成佛我該做什麼事？該怎麼做？才能成就？如果讀經、念經的時候，這個問題是你首要觀想的。

例如讀《彌陀經》，《彌陀經》只是舉境界殊勝，讓你希望嚮往，生起希求心，那怎樣才能達到？眞正的修行用功，怎麼樣做？《彌陀經》主要是說要你念佛，念到一心不亂。沒有能念所念，境界一如，心跟阿彌陀佛結合到一體。《彌陀經》所說的話，只是給你說，讓你羨慕，娑婆世界這麼苦，極樂世界這麼樂，讓你去。怎麼去？你得假行，怎麼行？念佛。大家都知道念阿彌陀佛，可是用心念的人很少，都是用口念。能夠一邊念一邊觀想佛相，或者一邊念一邊觀想佛號，這是一般的。

如果像《華嚴經》念阿彌陀佛，這是淨行，怎麼念？我們說念佛很簡單，念阿彌陀佛就生到極樂世界。這是對老年人、不學教義的人、對佛法沒有深入學習的人，一種方便善巧而已。念佛只是一個法門，念佛的目的是什麼？是成佛！我們念佛的目的是生極樂世界！生了極樂世界還是得修行，不修行是成不到佛。你生到極樂世界，那裡環境好一點，作三惡業的因緣少一點，僅僅如此。如果你是心念，當下在這個世界就成就了！你生到極樂世界，極樂世界有品位，你生到了，只是凡聖同居土，還是凡夫，不是聖人。還得如是修，不過助成的緣好。你念佛，念佛的方法很多，觀想念佛、持名號念佛、禮拜念佛，方法很多，看你從哪門入！也要觀想佛的功德，這裡所講的包括阿彌陀佛在內，都是佛的果德，讓我們去行。

眞正大丈夫，自己應該建一個依報！極樂世界，那是阿彌陀佛的依報，你現在所住的是釋迦牟尼佛的依報，不是你的！那你自己去成就，自己去修行，你也有個依報。依報，你現在還沒有，住普壽寺就是你的依報，你得有緣，沒緣你在這兒住不了，這叫緣起。這個緣起建立在什麼地方？建立在性空。必須悟得體性是空的，依正二報都是空的，當體即空，見變即空，什麼也不屬於你的。但是你又轉業，隨業又生了。是你的心不空、識不空、業不空，你所作的業不空。但是你這個修行，依著淨行，天天如是做，做久了，你自己的依報成就了，因爲正報成就，依報也隨著你成就。

比如五臺山，這是文殊菩薩善巧方便化度衆生的道場。道場是行道、說道的地方，說道就是解說，行道就是修行。來朝五臺山就是修行，因爲要朝五臺山，得羨慕文殊師利菩薩。有些人只是來玩風景的，看吧！看不好，心裡生壞心眼，出了車禍。最近車禍出了不少，我們把五臺山封了，不能上臺了。有的喝得醉醺醺來朝五臺山，那車翻車了。一邊喝酒一邊開車，那不出問題嗎？在現實生活當中，如果〈淨行品〉學會了，照著文殊師利菩薩教導我們的去做，就有德了，有什麼德呢？在現實的生活當中得到福德，遠離一切災害，一切幸福降到你的頭上。對於幸福你不貪戀，那福更增勝。

以下智首菩薩說，怎麼樣能得到像佛一樣的，生處具足，國土平安，家庭國土都很吉祥的，這是說生處。但是念、慧、行、無畏、覺悟，就不同了，得靠修煉的工夫。舉淺顯的例子，在生活當中，不論哪一行哪一業，第一個得看現世的福報。第二個得看付出，什麼叫付出？沒付出你能得到嗎？你當個泥水匠，當個鐵匠木匠也得學幾年。過去我們三年當徒工，三年之後才能掙錢。當和尚可不是，而是億萬年。你想得到生處美滿，富貴的家庭。現在有很多人都是自己創業，自己創業有那本事嗎？這是一個本事。本事有了，有這個福報嗎？同等的，效果不一樣。這個道理是說，你要想果報好，必須得有因。

人跟人要比什麼？比德。我們講道德，「道德」兩字怎麼講呢？說你走的道，不對，你得不到。他走的道，很對，就得到了。我們走的是菩提道，我們要得的是德，德是得到，得到什麼呢？達到生處具足、種族具族、家具足、色具足、相具足、念具足、慧具足、行具足、無畏具足、覺悟具足。智首菩薩問文殊師利菩薩，要想得到，最後成佛。怎麼辦？這是問號，像這樣的問號，一問就是十個，大家讀〈淨行品〉就知道。像我們要是提出問號，兩個加三個是幾個？等到答覆的時候，答覆是五個就對了，答覆其他的就不對了。〈淨行品〉不是這樣，他問了這麼多問題，文殊菩薩並沒有答覆他怎麼樣才能家具足，不是這樣答覆的。問的是枝末，答的是根本。告訴他應該怎麼樣做，若這樣做，你的問號都解決了，一定能成佛。家具足、種族具足，最後是覺悟具足，覺悟若具足了，前面九個都具足了，看你覺悟不覺悟。他問的這十個問號，跟上廁所有什麼關係？跟吃飯又有什麼關係？上廁所跟吃飯，就是能達到生處具足，乃至覺悟具足，要這樣理解。

大家想想看。當你大小便的時候，到廁所時，把大小便的事忘了，沒有大小便，想的是什麼？「大小便時，當願衆生」，連大小便時都是當願衆生，腦子想的是什麼？沒有自己，教衆生棄貪瞋癡，大小便是穢物，你那心裡想的貪瞋癡，比那大小便的味道還難聞，把它丟掉吧！願衆生都把這個丟掉，犯罪的事別做。「蠲除罪法」，千萬莫做一切不利益衆生的事，連這個思想都不要動，連這個念頭都不要有，願衆生都把貪瞋癡去掉。一切衆生若把貪瞋癡去掉了，一切衆生不就都達到生處具足、種族具足、家具足嗎？他是這麼樣答的。看來是問答兩不相合，問的跟答的不一樣，可是，你要達到的目的是一樣的。這叫善巧智。從文字上，那簡直是所問非所答，問的跟答的不一樣，但是從理上講，答的比問的還究竟。

〈淨行品〉是淺顯的，這是《華嚴經》開始修行的入手處。等到〈離世間品〉，普慧菩薩問普賢菩薩二百，問的問題有二百個問題，非常之多，一個問題包括很多內容。普賢菩薩的答覆是問一個答十個，普慧問了二百，普賢答覆了兩千。讀《華嚴經》的道友們都很清楚，問一答十，那是大菩薩境界。那跟〈淨行品〉的問答是相同？是不相同？〈淨行品〉，看似很簡單，誰都能懂得。生處很好，種族很高貴的，都是受人尊敬的，家裡也很具足，種族具足，長得色像莊嚴，相貌好，智慧大。念、慧就不同了，念、慧、行、無畏、覺悟，這是成道的事。從生處好、住處好、環境好、發展事業好，乃至到最後成佛。前五句是世間法，後五句是出世間法。念，念念增長的是智慧，是聰明，是才智。慧，是善巧方便。行就是修行，成道，得到十四種無畏。覺悟，就是究竟成佛。

智首菩薩問文殊師利菩薩，在世間法當中，達到「相具足」。出世間法，念念走菩提道，念念發菩提心，行菩提道。「慧具足」，跟文殊菩薩相等，跟智首菩薩相等。「行具足」，跟普賢菩薩一樣。「無畏具足」，就是佛。大家會唱〈觀音靈感歌〉嗎？十四種無畏，一切無所畏懼！必須到成佛的階段，覺悟、明白了，悟得了，那個悟得是悟證，不是明心，而是證心，證到眞如境界。

我剛才引證〈離世間品〉，普慧菩薩問的是大菩薩行菩薩道時遇到種種衆生，一切衆生每個人有每個人的思想，每個人有每個人的願望。像我們要求成道，要求建寺廟，想當法師。像在家弟子來這兒，有經營公司想發財的，有醫院治不好的各種癌，長期的慢性病，想佛法能使他消災免難，讓他病好的，這都是所願。我們學佛的人，希望能夠達到，這個願能滿到不能滿到呢？爲什麼〈淨行品〉叫我們發淨行？像我們剛才所發的這些願都不清淨的。

不清淨的願能不能滿呢？能滿，感應道交是不可思議的。我知道好多道友，癌症到第三期，癌細胞都擴散了，醫院醫生告訴他沒辦法治療。他這時候來信佛，我們叫他拜懺，他就拜占察懺，天天拜。最初的時候，他不能進食，身上還浮腫，臉的氣色是黑的，將近死亡了。讓他拜拜懺，修行修行，天天想地藏菩薩，他好了，癌細胞沒有了。你說是靈還是不靈？靈，他還是得死。好了就不死了？只是這個病好了，別的病又來了。說不靈，不靈他好了！醫生再檢查，醫生莫名其妙的擺擺腦殼，說你沒病了。地藏菩薩就有這麼大的功力，信嗎？信不信，那是另外一回事。信者，得到了；不信者，得不到的，乃至於連聞都沒有聞到，聽都沒有聽到。

我們的道友當中，他有兩個子女，在高中的時候，不大什麼修行，不大用功。高中畢業考得很不好，勉強拿到高中畢業證書。我這個弟子在北京，他讓子女考科技大學，科技大學要求考試的分數高到六百幾十分。據事實論斷，這兩個子女連四百幾十分都考不到，這不是作夢嗎？想入非非。他媽媽求我加持，我說我哪有這個力量？我沒有這個力量，只是個介紹所。你有這個要求，我給你介紹，念念觀世音菩薩！念念地藏菩薩！念念兩位菩薩也許能行，那就看你感得如何。也許不行，這不肯定的，靠你自己。那時候我在外地，在美國，說說我就走了，也沒有想到這個事。後來隔了好幾年，我又回到北京，他兩個子女都在科技大學讀書。你說靈不靈？不靈，是事實。靈，是不是考不上大學的，都來念念觀世音菩薩、地藏菩薩就靈？不見得。有好多念的還是考不上。

智首菩薩問，如果是希望達到生處美滿，一生從凡夫地乃至到成佛，怎麼辦？這是問號。就像我剛才舉那個，到了廁所，觀想那個偈頌，文殊師利菩薩所教導的，你照著去做都能達到，達到什麼呢？滿你的願。但是這不是短時間，我們要想成佛，今天聽到佛法、明天就成佛，這是辦不到的，佛也辦不到。佛只能告訴你一個方法，佛不能代替你去修行，也不能代替你去信。佛只能告訴你方法，照這個方法去做，你所希望能達到。如果你聞到這個方法不去做，等於零。

我們這裡所說的，生處怎麼樣具足？我投生，自己能做得了主嗎？我們今生死了，我要投生一個好地方，乃至處所，我選擇的父母，乃至家庭的情況，種族的情況。大家設想，我們來這個世界投生的時候，怎麼來的？誰也不知道，糊裡糊塗就來了。

死的時候怎麼死？來的時候你不明白，走的時候更不明白了。走的時候不想死，非死不可了，四肢已經壞了，那還不是糊裡糊塗死了。

生與死，你做不了主。說我生到哪個家庭，我要選擇哪個父母，做得到嗎？有選擇嗎？不論問哪個人，誰都要想到自己身高一米七幾，或者一米八幾，相貌圓滿，福慧具足，又有智慧，能由自己選擇嗎？我們求職業，讀大學的時候就打下基礎，一到大學就分科了，將來到社會上做什麼？你要想做什麼，就投入哪一科。投入哪一科做得到，選擇醫務、財務，或者科技；到考試的時候，還得國家分配，學校分配，能由你自己做主嗎？即使你的願滿足了，將來的職業能好嗎？你能得到嗎？說我生處相貌堂堂的，福德智慧都具足，這是不由自己選擇的。有什麼力量阻礙你？你作的業。你想的是這樣想，你作的業不是這樣的業，就是你所作的事不是這個事，那就結果相反。發心是屬於因，在過程當中作的不對，沒有這個緣，緣是促成的，促成你這件事。因緣不和合，錯綜複雜的因緣斷除了。

我舉現實的例子，在家兩眾不說，說我們比丘、比丘尼。當你出家落髮的時候，哪個老師都告訴你，這回把貪瞋癡斷了，這就入道了，好好修行，將來一定能成佛。女眾現大人相，現的跟男人一樣的，成佛都是男相，一剃髮就是男相。我們站到一起，如果不說，誰知道是男眾是女眾？

我們發心出家，每位道友都想解脫，第一個志願達到了，不受家庭的干擾，也不受社會的干擾。過去的俗話，跳出三界外，不在五行中。三界是什麼？三惡道。你一出了家了，地獄、餓鬼、畜生沒有你的份了，三惡道斷。天、人這兩道，你還是要流轉的。

哪個出家了不想成佛？辦得到嗎？但是我們慢慢的修。解脫了，人家罵我，我聽著好像讚歎我一樣！誰毀謗我，我也不動心！做得到嗎？儘管我說，出了家了，男女一樣的。現在戒律規定的，互相遞東西都擺到桌子上，你自己來拿，我不能遞給你。還有一個戒律，持銀錢戒，不錯了，住到普壽寺裡沒問題。假使你出了門，坐汽車要汽車票，坐火車要拿錢。你跟他說，我持銀錢戒的，他讓你上車嗎？他能理你嗎？事和理不通的，沒有辦法。怎麼辦呢？在這裡如如不動，解決問題了，我哪兒也不去，持銀錢戒，在這兒辦得到的，衣食住行都有。事和理，在沒有達成一致的時候，我們辦不到。但是經上告訴我們，事和理是一致的。

有人問過我這個問題，我說我們人人都修，不要修太高了，像道濟禪師那樣，一分錢不要，吃遍天下。看病的，你找他看，他在身上搓一搓，不用另外拿藥，他永遠不洗澡，一搓搓給你一粒吃，吃了就好了。藥的名字叫什麼呢？伸腿瞪眼丸。把藥一吃，一伸腿一瞪眼就完了，病好了。有他這個本事嗎？坐船的不讓他上船，他沒有錢，他說：「我不要上船，我自己走！」他在水上就走過去了。我們有這個本事嗎？這是修得來的。

我是看書上說的。他找他的弟子說：「今天把我帶到妓女院去。」他的弟子就詫異說：「師父，你是和尚。」他說：「是和尚，和尚怎麼？不能進妓女院？」「和尚怎麼能進妓女院？」他說：「你帶我去吧，我有事。」他的弟子也沒辦法，就帶他去了。他的弟子，那個時候是大資本家，大財富、大官僚，勢力很大，常到妓女院去請客，就帶道濟禪師去了。妓女院一看來了個破和尚，大家都知道濟公又髒又爛又臭，渾身都是味道。有位妓女叫董春香，他是去度她，他是有目的的。像我這樣的和尚敢進妓女院嗎？不敢，我也沒有目的。這叫菩薩慧行，智慧的行動，我們不能學。

本來觀世音菩薩，跟文殊師利菩薩、普賢菩薩都是大菩薩，但是現個女人。爲什麼現個女人相，而且現的是美女，沒有女人比她還美的。大家看觀音像，若看到眞的現相，那更美了。美到什麼程度？美到你見了她，只有恭敬心，沒有其他的雜念穢染心。沒有跟觀世音菩薩談戀愛的、交朋友的，絕對沒有。爲什麼？誰也不敢。不論他是幹什麼的，他見了觀世音菩薩，只有合掌磕頭，沒有想到我跟觀世音菩薩交個朋友。他曾經到賣魚的那條街，看這條街造業的人太多了，去度化他們。他現個美女相，叫提籃觀音。

大家看有位觀音提個籃，籃裡頭有魚，觀音菩薩還賣魚，她是度人的。在街上走，那些青年小夥子都追住她不捨，要跟她交朋友，跟她結婚。她說：「可以，先給我背經！」最初是《心經》，會背的人很多。之後就背〈普門品〉，會背的人也很多。再背《法華經》，只限制一天。這要智慧，就難了，只有一位姓馬的青年，一天之內把《法華經》背了。背了，觀世音菩薩就跟他結婚了！結婚的初夜，一到床上，觀世音菩薩就死了。她是來去自由，結婚那天就死了，圓寂了。這位姓馬的青年一看，當下就開悟，怎麼開悟？明白了生死無常，這都是幻化的假相，她是去度他。這個道理我們理解嗎？不能理解。

有些大菩薩行菩薩道、度眾生的時候，示現種種相。目的是什麼呢？讓那個眾生緣成熟了，出離苦海。菩薩所作所爲都是利益眾生，沒有自己。說我們要發菩提心，行菩薩道。大心容易發，大事做不到。得一步一步來，等你道力到了那個程度，那才可以。發的大願，爲什麼叫清淨願呢？屬於不清淨的願，你不要發。現在以你的功力做不到，像道濟禪師、文殊菩薩所作的。大家知道寒山、拾得兩位大德，做得到嗎？文殊師利菩薩示現度豬，他化現爲豬。我們要是變豬被人殺了，那麻煩了。可是文殊菩薩變豬，沒事。

〈淨行品〉教授我們一個方式，文殊師利菩薩所答覆的一百四十一願，並不是這一百四十一願每天都要做過，沒做過的你也要讀誦，要意念。走路、上下坡、路直、路斜，都要發願。等你學到就知道了，上廁所、吃飯、穿衣，從睜開眼睛到晚上睡覺，都要發願。

一個願只有四句話，第一是說事，第二是當願眾生，在這個事馬上就聯想到一切眾生。後兩句是行道的事，當願眾生怎麼樣辦，告訴你怎麼樣去做。大家學〈淨行品〉的時候，注重的是行。

學，只是一個明了，證得才是眞實，要你去做。如果你能夠把〈淨行品〉，文殊菩薩教授我們的話都去做了，不但在五臺山能見著文殊菩薩，隨時隨地到哪兒去，文殊菩薩都在身邊，自己也變成文殊師利。文殊師利是什麼呢？妙吉祥，也就是吉祥如意，誰見了他都吉祥如意。這是不可思議的妙吉祥，所以加個「妙」字。文殊師利菩薩又叫「妙德」，他所得到的功德、智慧是不可思議的，就叫「妙」。

我現在講〈淨行品〉，希望各位道友能夠學了就去做。從早晨一睜開眼睛就發願了，「睡眠始寤」，睡眠一醒來，「當願眾生，一切智覺，周顧十方。」到晚上睡覺時，什麼事也沒有了，「以時寢息，當願眾生，心得安穩，身無亂動。」有些人睡覺睡不著，失眠，我說那才怪！我們的覺不夠睡，他的覺會失眠。他太舒服了，我說你早晨兩點鐘起來，到晚上十點鐘睡，看看你晚上睡得著不？睡不著才怪。天天如是，一天如是，一年如是，年年都如是。這就叫修行。學習的目的在於投入，投入在於行。

因爲現在我們要淨行，清淨的修行。我們經常說不會修行！不知道怎麼修行？你就照著文殊師利菩薩所教授的行。說我沒念阿彌陀佛，那就念〈淨行品〉，迴向極樂世界，絕對能生，信嗎？念阿彌陀佛的不能生，他念阿彌陀佛是口裡念，心裡不念，想上極樂世界，極樂世界是什麼處所？你現在在這兒作的是什麼？想的是什麼？口裡說的是什麼？身體做的是什麼？你的身口意三業這個樣子能生到極樂世界嗎？這個大家參一參好了。說這個法門、那個法門，法門是通的，佛所說的教法一個，大家參去吧！

「云何得勝慧、第一慧、最上慧、最勝慧、無量慧、無數慧、不思議慧、無與等慧、不可量慧、不可說慧？」智首菩薩問的意思就含著願成就。前一段說生、種族、家、色、相、念、慧、行、無畏、覺悟，都是十，一共一百一十。怎麼樣才能成就勝慧？總說，什麼叫慧？慧是簡擇爲義。對一切事物的判斷、分析，這都叫慧解，都叫慧。有沒有智慧？我們都說有智慧，把智慧連起來。有沒有慧？現在《華嚴經》把智跟慧分開，有時候各個講，有時候合攏著講。智是照義，沒有分別！慧是純粹分別，分別這個事物，之後再加上修習產生力量。有時候智跟慧分不開，但在經上要分開的。善巧方便，善巧就是智，這是一種涵義。這個問號就說是怎麼樣才能得到勝慧，這十慧是佛具足的。

一切衆生、一切發意的菩薩，要想成就佛果，得怎麼樣做才能成就呢？就這麼一個涵義。勝慧是指著世間說的，超勝世間，不但超勝世間也超過二乘，二乘的智慧，不是大智慧；甚至於超過權教的菩薩。總的說，這個智慧是指佛果說的，超一切因的慧。我們現在對慧跟智還不大清楚，我們都說聰明伶俐，世間上有人的慧解從一小到大，跟一般人不同，也就說是他前生所修的，帶到今生來。爲什麼智慧有強有弱，現生學習來的是靠不住的。悟得的智慧跟學習的智慧，兩者不同。慧除了能分辨一切事物之外，還含著有解脫的意思，慧解就是解脫。例如我們煩惱了，有智慧的人，他看得破、放得下。沒有智慧的人，就執著不捨，放不下、看不破。慧是什麼樣子？大家迴光返照一下，你的慧是什麼樣子？有形相嗎？唯證相應，證得了就相應。你想說慧是沒有形相的，等一切事物現前時，他的慧解能力是非常強的，慧是修行的本體。智首菩薩問了這麼多慧，到了究竟成就的時候，這些慧解是佛的慧，勝慧、第一慧、最上慧、無量慧，都是佛所具足的。揀別世間，揀別凡小，揀別權乘菩薩。文殊、普賢、觀音、地藏這些大菩薩，他都具足跟佛的智慧相等的，這是慧。

慧又產生一種力度，我們經常念佛的智慧，十慧、十力，以下就是慧跟力。後面的〈十地品〉、〈十通品〉、〈十忍品〉，說的都是這個問題。前面智首菩薩問的這個，從三賢位的菩薩、到十地位的菩薩，都講這個；到了地上講的更深入。在這裡是標名詞，不作任何解釋，光讓你用心學習。智首菩薩問的意思是，從凡夫地相信佛的果德，只相信不行，怎麼樣進入？也就是怎樣證入？所以他問文殊菩薩的涵義是，從〈菩薩問明品〉，信有了力量，那要解行，所以叫淨行。總說是求佛慧，這是十個分別，是指說的不同力用。後文會詳細講，這只是問號，怎麼樣從凡夫證到成佛？信心有了，不能進入，只有信你還受用不到。例如說我們相信，肚子餓了，吃東西，吃飯就飽了。不吃大米飯，吃饅頭飽不飽？但是你得用，用就是你得受用，肚子餓了，你得吃東西，吃了才能飽。你要想成佛，佛是怎麼成的？佛成就的智慧，光說慧，沒有，你要得到，這是一種。

由慧而產生力度，力是力量，你要想成就佛道，得先得有力，從發心到成佛，這是具道因緣。力者就是力度，產生的力量，能向前進。

云何得因力。欲力。方便力。緣力。所緣力。根力。觀察力。奢摩他力。毗鉢舍那力。思惟力。

這叫十力，從凡夫信具之後開始修行，修行產生力量，能夠伏惑，先把過去的惑業伏到。現在我沒有力量，心裡要打什麼妄想，胡思亂想就打了，有了力度，一作意，那個惑就沒有了。這是具道因緣。要想成佛，先有力度。力是指什麼說的呢？資助你的道業得成就。

這也有十種，第一是「因力」，「因」是指有沒有佛種性？成佛有佛的種子嗎？有佛的種性嗎？說我們本具的就有！本具的不行，中間得假修為，從發心到成佛果，產生力度。那作什麼解釋呢？資助你的道業成就。例如打妄想，你心裡有一種智力，有一種慧力，馬上就能止住，有力量了。天魔、外道、鬼神，那是小事。力度是你自心的，這個種性是從你習得來的。我們講〈起信論〉，二種觀道，一實境界，必須從修煉而得。

二種熏習，染法熏淨法，淨亦成染，我們過去每位都具足佛種性，但是這個種性沒有產生力度，已經迷了。你用淨法來熏習染法！熏習的涵義，如果我們這間屋子，燒上很多種香，你總在香裡頭，自己就熏習上，你出去了，人家聞到你渾身都是香的。在美國紐約，有一次車子開到魚市，完全是賣魚的，大的魚有幾百斤，是割著賣。你進入魚市，那種臭跟普通的臭不同，那叫魚腥。在那裡做生意、做買賣的人很多，他們不感覺。我們沒有這個熏染，到了那裡，頭昏腦脹，一直要嘔吐，這就是熏習力。他習以爲常，不感覺了，這叫習種性。一切眾生在污染的五濁惡世，他熏習慣了，生生世世這樣熏習，貪瞋癡慢疑，熏習慣了。

但是另一種，淨熏於染！像四眾弟子，每天禮佛、拜懺、念經，這是淨法熏習你的貪瞋癡；儘管我們的種子還沒有消除，但是在現行中以你每天熏習的力量，漸漸自然就消失了。雖然沒能斷，但能降伏，沒有現行境界，這個就是熏習的因。一生兩生無量生，這個因有了力量，產生力道，資助你修道能夠成就。這個因力是什麼呢？就是習種性。還有性種性，性種性是我們本具的，但是已經被無明煩惱習氣，隱沒了，覆蓋了。現在你又發菩提心，行菩薩道，這就是正因的熏習。當習種性熏習到相當的程度，跟原來本具的相結合，與性種性相合，現在這個熏習力就叫因，「因力」。

不止〈起信論〉，〈攝大乘論〉、〈現觀莊嚴論〉都講這個問題。等熏習久了，把八識田中染的種子剷除了，盡是淨種子。一切成道者，以此爲因；種性就是因，先由習種而達到性種。性種就是自性本具，就顯現了，這叫正因佛性。由於熏習力量故，有力量了，才能成爲種。等熏習的習種跟性種結合了，住到自己的性體，就叫正因佛性。你一直修行到第一義空，證得第一義空，證得涅槃了，決定爲因，熏習成性，修成性了，這叫從佛因達到佛種性，這叫「因力」。

第二種是「欲力」，你有欣樂的心，希望成就大菩提果，中間有過程，從現在發心起，發了心，漸漸希望成佛，向這個方向希求，向這個目的學，滿你所願。前面講的是，明了之後欲望更強，什麼欲望呢？成佛。光信不行，得起修。〈菩薩問明品〉之後是〈淨行品〉，但是你這樣的修行，恐怕太執著了，〈淨行品〉後面是梵行，清淨梵行，究竟達到梵行。這叫「因力」、「欲力」。

第三種是「方便」，你得有善巧方便才能達到。你只是希望，希望不等於事實，希望只是希望。來這裡的四衆弟子，都希望解脫！最起碼希望身心健康，希望諸緣具足，希望一切稱心隨意，這個希望總是有，這都叫欲。但是沒有力量做不到，必須得有力量才能達到，達到什麼呢？能做得到，雖然沒完全證得，一步一步的，希望得到大覺，大菩提就是大覺。希望自己向這方面進修、成就，但是你得有方便善巧，得有方法，沒有方法是不行的。方便就是修行的方法，要想起修，必須得有個方便。聽說有的道友想要閉關靜修，怎麼樣才能成就？起碼使我斷煩惱、證菩提、跟世間脫離！那些逃塵避世，逃離世間，躲避這個塵世，或者到終南山裡，像五臺山裡還有些住洞的，常住他都不住，常住的人很多，人一多了是非就多，就是這個涵義。「方便」，看個人的願力，令你成佛的方便道，這叫方便道。

方便有六種，一個是慈悲，慈悲不但自己想成道，還要照顧一切衆生，讓一切衆生都能成道。這一發心就是大的，不是爲了自己，還兼利益衆生，利益衆生就是大悲。大悲，必須得有智慧，沒有智慧不行，所以叫悲智。只有慈悲，就落於愛見，有了智慧，悲智雙運，必須具足慈悲！你自己所作的，隨時能夠有慧照，照了這個是正確的？是不正確的？以智慧來了知我的所行。但是這個所行，有善巧，這個善巧得跟自己的「因力」相結合。這是什麼意思？過去沒有這個種子，沒有這種根力，你勉強去做，很困難、成就不到。另外，你必須得有慧，因必須得具足智慧，因力有了智慧，才能滿足你的因，你了知你修行的方法，對你是不是適合？若是不適合，再另外換一種行門，因爲佛有八萬四千法門。

但是，你必須得訂一個目標，什麼目標呢？成佛。目標訂的大一點，訂的遠一點，不只求人間富貴，或者乃至於出世間、證到二乘果位就夠了，乃至也行菩薩道，那是權乘的菩薩，不了本性，這都叫不了知。一定要了知你所行的，跟你適合不適合？佛有八萬四千法門，有些你一修能得成就，有些你修了多少年，一點門都沒有，這是宿世沒有這個善根，一定要了知，這個了知就要靠慧。同時你把目標訂的遠一點，訂的大一點，一定要求佛的智慧，一定要求成佛的佛果。在生死法當中，你要方便善巧，借假修眞。

有人問我：「壽寧寺，北魏的太子在那裡捨身，我也發這個願捨身！」你捨身不見得斷煩惱！爲什麼？一念勇猛心發了，捨身燒死了，這是借假修眞，但是你沒有假修，就這麼燒死了，等於自殺，那就成道了嗎？這個不行。以前我剛出家的時候，想開智慧，要燃身、燃指！可是燃指了，兩手還要做事，爲什麼要燃指？虛雲老和尙、八指頭陀就燃了兩個指頭，過去的老和尙，燃指的很多，這是捨身求法。

這個時候你必須明白什麼目的呢？不捨生死，求證涅槃。這是借假修眞，沒有這個肉體，誰去修行呢？有些行苦行，行苦行就成佛果？這看你怎麼行了。佛在世的時候，大阿羅漢不是全都行苦行的，有些大阿羅漢，專化富貴的，專跟國王、大富長者接觸。迦葉尊者專門到山溝窮地方，沒有人煙的地方，到那個地方去，他是行苦行，行頭陀行。我們道友問我哪個對？哪個不對？我說哪個都對。你看跟哪個適合，你有沒有這個因緣？如果你沒有這個因緣，行苦行並不能得道，苦了就能得道？這靠不住。必須不捨生死進入涅槃，生死即涅槃，爲什麼？這叫「方便」。「方便」是說是在入道之前，哪一法跟你過去宿因相合，就依哪一法修行，不要固定。一切法，法無定法，跟你相應就好，法都是佛說的。但是得具足正知正見，要具足佛的妙智慧。

另一個方便，在染而不染，在輪迴當中都是染法，我不沾。在染而淨，在染法當中，我能清淨。在六道輪迴之中，生生世世，這得有宿因，這叫方便善巧。一定要精進，不論修哪一法，懈怠是不成的。方便包括這麼多，這叫善巧。爲什麼叫善？善於抉擇，抉擇適合自己的法門。例如現在，先學教義，學了教義去修行，念佛也好，參禪也好，修觀行也好，哪一法門都好，適合你不？跟你相應不相應？方便善巧得產生於自己，怎樣產生於自己？感覺這樣做，你不適應，就像過去唐宋明清的修行人，他爲什麼常去行腳？這間廟參學，那間廟參學，找他適應的，哪個能使他開悟，能使他修行得成。

過去趙州祖師在趙州行腳的時候，「趙州八十猶行腳，只爲心頭未了然」，到了八十歲，他到處參訪，因爲心裡的問題還沒有解決。這個問題就在方便善巧之中！換句話說，找你適合的，跟你相應的，相應就是適合的。你感覺著，防非止惡，堅持戒律。你感覺著坐禪，不拘小節，一心求得開悟，問「念佛是誰？」「父母未生我前，誰是我？」這都要參！參，追求達到眞實的稟性，眞性。悟得之後，明心而後再起修，那速度就非常快了。你的希望必須假方便去完成，「欲力」得要有「方便善巧」。善巧方便，清涼國師舉了六種，其實「方便有多門」，到成佛時，「歸元無二路」。

第四種是「緣力」，你要想修道，獨立難成，得有善友提攜。在社會你要交朋友，在出家人叫善友，學佛的人互相勉勵！當你要墮落了，善友提攜，幫助你一下，這叫緣。緣必須得有力量，感覺自己修行的力量不行，所以發願要到普壽寺來住，這個善緣好一點，比住小廟因緣殊勝一點，接觸面廣一點，接觸的善友多一點，這都叫緣。助緣的力量大，你在大眾共住的時候，有加持力，你墮落的緣沒有了。在小廟的因緣就不同，墮落的因緣多，這是「緣力」。

第五種是「所緣力」，能緣是你的心，跟你所緣的境，對照一下。第一個，你自心的觀察力，觀察你所對的境！《楞嚴經》教我們，先要防心，不被外面的境界所轉變。心要能轉境，使你的心能轉變客觀現實，心不被境轉。這個跟我們的熏習修有關係，你所待的環境，就是境，這個境非常殊勝，促成你的心，智慧能成就。如果外緣不好，緣把你牽走了，把你的心牽動了，這叫「緣力」。你所緣的力量，能緣緣於所緣，觀察你周圍的環境，使你產生大悲心、產生智慧心，這叫「所緣力」。

第六種是「根」，信、進、念、定、慧五根，這五根在你剛信的時候，沒有力量，沒有紮根，像我們種草、種花，根沒有紮下去，靠不住的。必須紮到根了，深入了，信心不動搖，有了根，他不動搖！若沒有紮根，一風吹草動，隨著境就轉了，那還能枝葉繁茂嗎？不可能的。說你的信心，信佛！知道佛法能給我們解脫，能斷煩惱；但一遇到染緣，信心沒有了，還遇到障緣，信心沒有了，沒根。我們發心想求解脫，或者發心想出家，不是那麼容易的，障緣很多，父母不許可。你正在發心出家的時候，發心出家是爲了什麼？我碰到這麼一椿，他發心出家是因爲跟女朋友吹了，他就發心出家。他不出家，這個事眞吹了！一發心出家，女朋友又找上來了，他又回去。這叫什麼呢？那信是假的，信無根。我們好多出家的，家庭來了，又把他拉回去了。

我曾經收過一個弟子，他在廈門南普陀出家之後，專門修地藏法門，我們全體僧衆都讚歎他，後來他到廣化寺圓拙老法師，在地藏殿裡住。他去了，障緣就出來了。他若出家，父親要自殺，嚇得跑回家！跑回家就結婚了，現在當醫生，在美國。他跟我說：「將來發心，還要出家。」他媽媽是比丘尼，媽媽臨死的時候，跟他媽媽保證：「妳放心走吧，我一定能出家。」辦得到嗎？殊勝因緣一過，再想碰那個因緣，下輩子再說，這輩子很困難。因爲結婚了，小孩子不能不管，有責任了。所緣的力量出問題，所緣沒有力量，心被境轉，所緣力量不足，這是助道的因緣不好，爲什麼？因爲你的信心沒有根。大家都知道虛雲老和尙，他一出家之後，七十年跟家裡斷絕關係，沒有通過信。哪像我們現在道友，放寒假，放暑假，回家裡去看看，跟六親社會的朋友交往一下，非常危險。

虛雲老和尚十八歲，他父親給他訂婚，他一出家，全家都沒了！母親一生他，媽媽就嚇死了。他結婚之後，偷跑出家了，把他父親氣死了！官也不做，回家之後沒好久，就氣死了。他結婚是訂兩個的，他繼母就把家宅改成比丘尼庵院，跟兩個媳婦都出家了。一直到老和尚在雲南祝聖寺，他的大夫人已經死了，二夫人給他寫封信，相隔六、七十年。他的道友給他帶封信，他連信打開都沒打開，就把它丟了。大家要知道一位大德的威望是那樣子的。

現在我們出家道友，要成就道業，第一關都過不去，爲什麼呢？信沒紮根！我經常鼓勵我們道友多看〈神尼傳〉，看看那些神尼怎麼修行？怎麼成就？對照一下。〈神僧傳〉就多了，這是祖師的語錄，你對比一下，感覺一下。這個信才能有根，信無根是飄蕩的，儘管你出家好多年！有人問我：「老和尚，你出家七八十年了，現在信有根了嗎？」我說：「我不敢說。」信有沒有根？信有根，道業還沒有成就，道業沒成就就是信沒紮根。這不是吹牛，吹牛不能解決問題。客觀的環境，境界現前了，道心是惟微的，很小很小的。感你過去無量劫的業緣是根深葉茂，無量劫來的根，你想一下子斷除，成就道業，沒有那麼容易。所以必須培養，怎樣培養呢？念佛也好，修觀也好，聞法也好，讓它入心。你在表面上浮著，不行的，得讓它紮根。不止信根，修道得要紮根。不是三天打魚兩天曬網，那還行嗎？沒有根。

自己應當給自己定時，無論在修行的時候，觀想的時候，誦經的時候，坐禪的時候，念佛的時候，任什麼都不動搖，這才有根。每天或者夜間三點鐘，這個時間屬於我的，還沒有上殿，就起來用功。不管什麼樣的困難，一到這個時間一定要把功課做完。最初的一年兩年三年五年，中間障礙很多，你得用力的克服，等到二十年三十年之後，有根了，不會受影響。如果我們住常住，一天的時間是屬於常住的，你的休息時間，或者三點鐘上殿，一點鐘二點鐘是屬於你的。你這個時候用功，用久了，到時候功力現前。你睡過頭了，護法神會叫你的，到用功的時間，該起來了。沒有這樣用，你體會不到的，等你用了，你就知道。有病或者有什麼障礙，你能克服過去。

第七種是「觀察」，觀察什麼呢？觀察自己，觀察事情，觀察理。謂於自他事理，要能善於簡擇。這都是發菩提心想成佛的，若不是發菩提心想成佛，自己找自己的毛病，很少的。你自己害什麼病，找醫生，醫生給你判斷，讓你吃什麼藥。你自己害過去的業障病。《大藏經》或者善友的題辭，或者自己讀誦大乘，你要善於簡擇，什麼叫善於簡擇？我讀〈普門品〉好？讀《藥師經》好？讀《彌陀經》好？這靠自己，自己選擇看哪個適應，你得有「觀察力」。另外這個道場跟我相應不相應，不要人家說好你也說好，對你不相應。你選擇對你相應的，這叫對自己、對他人、對事情、對理，你修道的眞理，這個理是指法界說的，善於觀察，善於簡擇。

第八種是「奢摩他」（按：或作「舍摩他」），就翻「止」，第九種是「毗鉢舍那」

（按：或作「毗婆舍那」），就是「觀」。修觀好？修止好？還是止觀雙運好？這個就靠自己選擇。奢摩他止就是修定，毗鉢舍那就是修觀，觀能使你定，因為定了發了智慧，才能修觀。說你的心跟佛所教導的理相合，你的心常時寂靜。大家不要把這個定，認為是坐這兒，什麼也不動，這叫習定！《華嚴經》講的定不是這樣，就在事上，勞動也好，學經也好，這都是事，大家共同活動也好，這是事！事必具理，做任何事的時候，你在定中做的。做什麼事專注一境，全心全意都在這個事上。念阿彌陀佛，這是事，我的心全注重在阿彌陀佛。那不用修十六觀嗎？想極樂世界？都不要了，那就不專注一境，心裡就容易亂。「奢摩他」就是「止」，「止」就是專注一境。

「毗鉢舍那」叫「觀」，觀的道理就多了。事合理合，這個事情本來就具足理，把一切散亂攝持到一處，這就叫「止」，就叫「定」。現在大家來聽經、來學經，是觀？是止？雖然我在聽經，心止一境，除了聽經之外，沒有其他的事。人在這兒坐著聽經，又想到太原、想到哈爾濱、想到瀋陽，心就跑了，這叫不止，也沒有觀。聽經就注重到聽經，這叫止。一會說這麼個道理，一會說那麼個道理，這是不是觀？這就是照。你不散亂，攝心一處，聽經就是聽經，這就是觀。聽經就是觀照，心無雜亂，注重到聽經上，這叫止觀雙運。止就是觀，觀就是止。止就是寂，止於寂而不去觀事，容易昏沈，寂寂的睡著了！好多打坐的，一幹什麼就落於昏沈，這不是寂。止，屬於定。定，一定清清楚楚、明明白白。參禪的問「念佛是誰」，「念佛是誰」也就是觀照，觀照使我這個心不二念，這叫止。

你的心能夠於理相合，不散亂，比如說念「南無阿彌陀佛」，這是止？是觀？你定到「南無阿彌陀佛」上，其他念頭什麼都沒有，心無二念，一心。比如我們拜懺「一心頂禮普光佛，一心頂禮普明佛」，但是，你這個心，是觀？是止？總的說你拜懺，你的心就在拜懺上，這叫止。乃至於磕頭、一切動作，都止於拜懺上。有沒有觀？觀照你的心不要走了念，沒有第二念，這就是觀。「止」不讓你滯於寂，止就是定，定不礙觀，定不妨礙你觀照。理不礙事，事皆是理，這個合起來叫止觀無礙，止就是觀，觀就是止，這叫止觀雙運。

當你修眞空絕相觀、修空觀的時候，純理，一切事都停止了，用理來奪事。當你聞法學法的時候是觀，觀即是理，所講的全是理，事成於理。我們說的寂定，可不是空，沈空滯寂，那落於頑空。眞空絕相是絕相，而不是沒觀。我們都會背《心經》，《心經》第一個字就告訴你觀，要觀才自在，不觀不自在，「觀自在」。觀什麼自在？觀般若，怎麼觀的？《心經》，大家都會背，六根六塵六識十八界全是空的，乃至於菩薩六度萬行，全是空的。般若空，行深般若波羅蜜多時，照見五蘊皆空，而且他在行觀的時候，空不空？理不礙事，當他觀這一切法，生死即涅槃，煩惱即菩提，是這樣生的。

觀不礙止，止也不礙觀，理不礙事，事也不礙理。當你顯理的時候，奪一切事，光顯理，這就叫止。當你行菩薩道，悲智雙運的時候，這是事，事不礙理，沒有理你事成就不了，這叫理事無礙。修行達到止觀雙運，就是一心法。照，觀是觀照。照也是心，止也是心。這個心，好像是一個，但是它起的理事無礙，起的定和慧。定即是慧，慧即是定。境即是心，心即是境，這得到成就。不壞一眞法界，而一眞法界所含藏的理和事，兩個是不同的，理是理，事是事。但是理也是一心，事也是一心，理事無礙還歸於一心。你所做的事，事即是理，諸佛菩薩行的，度一切眾生不見眾生相，道理就在這兒。

《金剛經》上說，無我相、無人相、無眾生相、無壽者相，但是他還是度眾生。度眾生的時候，我相、人相、眾生相、壽者相，四相宛然。這是眞正的修道達到了上乘功夫，就是止觀雙運，事理無礙。我們舉現實的例子，吃飯、上殿、過堂、聽經、拜懺，是一？是多？都是心體的運用，都是你的身體去做。你所作的都是事，事不離理，理能成事。所以眾生心、諸佛心，乃至於你自己的心，佛心眾生心你自己的心，是心無差別，心就是一個。心就是佛，佛就是你自己，佛即是眾生，眾生就是佛，都是你這個心所起的。在理上，事有千差，理無二致！在事上，事有千差萬別，在理上，非一非異。說一不可以，我們這四五百人，說一個人，行嗎？這不行。但是說到人，就是一個人，說到理就是一個人，人就是人，這裡沒有畜生，沒有馬牛羊雞犬豕，人就是人。再說大一點，馬牛羊雞犬豕，牠們的相不同，牠們的心跟我們的心，還是一個。六道輪迴是他所作的業不同，他不作業停下來了，就是一心，還歸於一心。佛經所說的，就是這麼一個理。

等你的心靜下來，心如虛空，我們說神通，神就是自然的心。通，無障礙。無障礙，回歸於一心，心境合一，這叫神通。觀和止，在你修行當中，事上不同，理上沒有差別。止即是觀，觀即是止。有時候分開是在衆生份上分開，說觀不是止，止也不是觀。觀即是止，止即是觀，這是證得了，達到究竟。說散亂了嗎？散亂就是散亂，不是寂靜，寂靜也不是散亂。因此佛所說的一切法是圓的，剛入佛門的，說佛教所說的法好像無頭無尾。是圓的，圓的在哪兒找個頭？在哪找個尾？就是無頭無尾，確實不錯的。因爲我們這個心，沒有個頭也沒有個尾，什麼是頭？什麼是尾？是無始終無內外，就是無二。這個道理甚深難明了。

講到止觀，是兩個？是一個？是二而不二。不二，是一吧？不，一非一即是二。二而不二，不二而二，不二的東西隨緣變成二，不隨緣了是一，一也不立，是對著二而說一，沒有一，還說二幹什麼！說到事上，我們講到重重無盡，《華嚴經》上盡講重重無盡，從什麼上立的？從心法上立的，重重無盡。但是，普觀一切，能觀的是一，普觀一切也是一。沒有一切就沒有一，一切沒有了，一也沒有了。一是對著一切說的，因爲有一切才說一，因爲說一才有一切，一一切都不立，這才究竟成佛。

我們以智慧爲主，頓照一切法門，《華嚴經》都講頓照。《法華經》也是這樣講，四教也是這樣講，一念三千，一念就具足三千大千世界。三千還歸一念，一念也沒有。一念是對著三千說的，沒有三千大千世界，也沒有一念。在我們講十玄門的時候，這叫主伴圓融，這一切法都是伴，伴必回歸於主，這叫無盡。《華嚴經》的止觀是這樣講的。止就是觀，觀是觀察一切事物，止是一心一念。但是止不離觀，觀也不離止。

這裡有個思惟觀察，第十種是「思惟」。前面講觀察，觀察就是思惟。我們修的觀，觀是什麼？就是思惟。思惟是什麼？就是你想。你在想什麼？想就是籌量，觀照就是籌量，說這個事，我該做不該做？這叫籌量。籌量生於什麼？生於你的自心，這叫慧解、方便。

動的時候就是靜的時候，兩者合一。例如說我們現在分工不同，有的勞動，有的上課，就是我們普壽寺的人，沒有全來聽經。分工不同，各做各的事，但是每個道友做任何事，要發願，要迴向。做任何事物，有三個是不能離開的，一個發願，一個懺悔，一個迴向。如果離開這三個，身雖出家而心不入道，身體是出家人，心裡跟道不沾邊。

我在客堂，看見我們小師父在挖土，現在我們在上課聽經，這是一個？是多個？從事上講是多個，從理上講是一個。願是一，不管做什麼，我們發願要成佛，我作的是三寶事。為什麼要懺悔呢？過去無量劫的業，障礙我不能成就，消過去的業障，同時也對眾生懺悔，願眾生的業障消失了，佛道成就了，這叫願。願裡含著懺悔，最後一定要迴向，這事做完了，比如說挖土的，工具收完了，回來了，我作這個事是為什麼作的？為了成佛，作這個事迴向佛道，之後再迴向一切苦難的眾生。關於這個問題，希望大家做任何事，一舉一動，一定要發願、懺悔、迴向。你所做的任何事，都認為是佛事，都認為是三寶事，我們是佛弟子嗎？在家兩眾是三寶弟子嗎？我在社會上打工，打工也是三寶事，你迴向到三寶，我做這個事，利益眾生，上求佛道下利眾生。做錯了，我懺悔。但是別貪污，懺悔也不行，法律會制裁你。這叫「善用其心」。文殊菩薩回答，就答覆你「善用其心」，得會用心。這裡頭還要有善巧。

云何得蘊善巧。界善巧。處善巧。緣起善巧。欲界善巧。色界善巧。無色界善巧。過去善巧。未來善巧。現在善巧。

什麼叫「善巧」呢？「巧把塵勞作佛事」，我們作的都是塵勞，但是我作的是佛事，剛才所說的發願迴向，就是這個涵義。一切事物是流轉不停的，我們這個法身的本體，是流轉在一切事物上。什麼是我們流轉的處所？就是這個世界。欲界、色界、無色界，就是我們所說的六道輪迴，過去現在未來三世，流轉不停的，常時如是。這個流轉所有的東西，你若善巧的觀察，空無所有，什麼都沒有！你在流轉當中，這可是事實。我們都有個名字，名字是假的，隨時可以換的。我們和尚的名字，在家人聽起來好笑，這個名字是假的，可以換的，隨時可以改的。小孩的時候，特別是南方，爲了好養，貓兒狗兒，什麼名字都有，這是假名。貓也不是貓，狗也不是狗，人的名字有很多；假名是因爲有個實體，一叫這個名字，想到實體。

你怎麼在其中生起善巧？在三界互相流轉的時候，「善巧」是知道這些東西假的，但是必須得標名，才好分別出來，說這個人不是那個人，才有個假名。善巧者善知一切諸法無實性，沒有實體，這叫「善巧」。空的，假的，不是眞實的，所以不壞假名而建立實相。假名不存在，但必存實意。這叫分別法相。分別法相苦，苦很多，是哪類的苦？是身上的苦？是心裡的苦？你知道了，善巧知道一切事物，都是虛假的，空的。但是隨緣！一切衆生不能空。例如我們修假觀，當苦逼迫來的時候，假觀沒修成，你假不了了，痛還是眞的。當煩惱的時候，你能不能善巧觀察，這是假的，痛苦建立到什麼地方？空的，空裡沒有痛苦。你觀你的肉體，肉體是空的，空的怎麼有痛苦？痛苦也是假的，假之中又生假。

「云何得蘊善巧」，就是五蘊。色、受、想、行、識，這五蘊法是沒有的，假名安立。五蘊法，因爲你入佛教、學佛才知道，沒學佛時你給他說五蘊，他知道什麼是五蘊？不管博士碩士，我給他講講五蘊法，他聽了茫然，什麼是五蘊？爲什麼叫「蘊」呢？「蘊」是含藏義，它含藏著很多事。舉人來說，色是色相，色相包含著很多。眼耳鼻舌身，我們身上這些零零碎碎的，手就分很多，有皮膚，有筋、指甲蓋、血、肉。肉體是一個，但是，所有的色相，它含藏著很多，所以叫蘊。蘊者，蘊藏義。

「界」呢？「界善巧」，十八界，六根是眼、耳、鼻、舌、身、意。由根而生出識，識是了別義，眼識、耳識、鼻識、舌識、身識、意識，之後又對著外邊的境界相，色、聲、香、味、觸、法，這叫十八界。怎麼理解十八界？怎麼認識十八界？怎麼安排十八界？這叫「善巧」。

「處」？或者說居住的處所，眼對著塵，這叫處，這叫十二處。「緣起」，這個非常複雜，什麼緣生起什麼法，緣是助成的。這一法在生長當中，必須假緣促成，沒有緣生不了，緣生諸法。「諸法因緣生，我說即是空」，緣起的沒有眞實，假因緣而起的。底下分開來說，前面是總說，「欲界善巧、色界善巧、無色界善巧」，這是三界。欲界諸天，色界諸天，無色界諸天。還有過去未來現在，這叫三世，過去已經過去了，沒有了。我們能忘記過去嗎？一般人閒談的時候，自己過去怎麼樣怎麼樣，特別是老頭子。人家說好漢不提當年勇，當年我怎麼樣怎麼樣，你怎麼樣？沒有了，什麼都沒有。當我十六歲到鼓山，華嚴學苑的同學、老師，現在一個也沒有了。過去沒有了，現在呢？現在還在？今天在，昨天的不是今天，今天馬上又變成過去了。未來就是明天，你再過十幾個小時，又到了明天，就是這麼輪轉。這都是假名，都是輪轉的處所，永遠如是輪轉。今天明天後天，誰定的，有嗎？時間誰給定的？時沒有定體，時有定體嗎？有定體是決定不變的。現在我們這是下午五點半，在紐約是早晨五點半。各各地區不同，你這是黑夜，他那是白天。怎麼能定？不定的，時間沒定體，沒有一定的，不變的體，處所也沒有一定不變的處所。

一切現相，虛妄不實的！我們現在普壽寺這個地方，是宋朝元佑年間的大華嚴寺，後面那幢碑還立著，也住一千多位和尚，大和尚是覺證大師。那個時候，從西安到大同，這麼多寺廟，全部沒有了，不存在了，隨業流轉，隨著聖業轉到聖的地方，隨著染業轉到染的地方，永遠停留不息，這叫「善巧」。知道這個理，也要明白這個事。事無盡，理隨事故，理能成事，理能顯事。理是一個，事有千差。佛教講一眞法界，講眞心；但是，世間法不同，現在的世間法說，聰明在腦子裡，有的說在心臟，這是兩個東西嗎？醫生用科學分析，大腦有病了，癡呆了。心意識有病了，癡呆了，都不是！他不知道還有個眞的存在，還有指揮他們的，還有上級，他們是下屬，還有個主宰者。這個恐怕要參學參學了，大家思惟修吧！

云何善修習念覺分。擇法覺分。精進覺分。喜覺分。猗覺分。定覺分。捨覺分。空。無相。無願。

智首菩薩問，怎麼樣達到佛涅槃？要修定、修慧，修慈悲喜捨。這一段是七覺支，我們道友知道，唯獨七覺分，在《華嚴經》立了個名字，爲什麼叫七覺分呢？就是輕安。因爲在沒入定之前，先獲一個輕安的境界。好多部經，本來是修禪定的、修智慧的、修空觀的，七覺三空，而後進入成佛。這些在《華嚴經》都不解釋，〈疏鈔〉、〈合論〉也沒有解釋。你要學《華嚴經》，這些前方便早都學過了，也有屬小乘教義的，也有屬中乘教義的，也有屬大乘，在《華嚴經》上都先圓滿了。

智首菩薩問文殊師利菩薩，要想達到成就，必須得經過次第。但是這個次第怎麼樣修行？這些修行很複雜的，要經過無量劫。念呢？怎樣能夠使我們念念不離三寶？經常覺照，覺是光明照的意思，使你的念不失念。擇法呢？你要知道法的善惡，哪是善法，哪是惡法，哪是佛所教授的，哪是邪知邪見，這個你要分清楚。爲什麼後面都加個「覺」？覺就是明白，我們前面講〈問明品〉，〈問明品〉的明就是覺。你要選擇，選擇哪個法適合你的，並不是佛所說的法門都能適合你，你得選擇跟你相應的，你修習起來不會唐喪，「唐喪」就是浪費功力。這法你過去沒有修過，重新學起就困難了。如果這個法以前修過，你修起來進入就快一點。

爲什麼說念佛法門三根普被？上根的、中根的、下根的，只要念一句阿彌陀佛。但是你念阿彌陀佛，也是有選擇的。念不離念，念佛的時候不要離開，這就是念覺分。講修西方極樂世界法門，有《無量壽經》、有《阿彌陀經》、還有〈普賢行願品〉。沒有念阿彌陀佛，只是念〈普賢行願品〉，普賢菩薩會送你去！在《地藏經》

上沒說，在《大乘大集地藏十輪經》上，你想生一切佛淨土，地藏菩薩都能送你去，任何佛國土都能送你去；但是這些大菩薩所教授的方法，也得與你相應才行。例如，你在大學裡學的是醫科，只能搞醫學的科研！你想發明原子彈，想進行物理的分析，你做不到，因爲你沒有學。所以必須有簡擇。

精進呢？邪覺觀的精進，像外道，事（伺）火婆羅門，乃至於所有邪門歪道的，像拜牛，因爲他在定中看見那個牛死了生天了！得向牛學習，這是錯誤的。事火婆羅門，他看火是光明義，火能去寒，精進修火觀，這不是佛的正教。像這樣的精進，你能得到什麼呢？得不到的。所以你必須有選擇、有覺悟。這個「覺」字，你必須先有明，〈問明品〉之所以跟這品前後連繫，就是這個涵義。「明」是「覺」，像慈悲喜捨四無量心，濫慈悲，慈悲要有智慧，你幫助壞人，你認爲你是慈悲，你幫助他做壞事，這個就沒有覺。這裡加個「覺分」，是讓你選擇，讓你以明照了，你所修的是不是涅槃的因？能不能得到涅槃的果？這個問題，在〈十地品〉，從初地到十地都要修這些法。智首菩薩在這兒提綱式的問一下，要想成佛，修這些法門，能不能離開三界的繫縛、無明的繫縛，也就是把你拴住的這些東西都解脫，能不能做得到？

云何得圓滿檀波羅蜜。尸波羅蜜。羼提波羅蜜。毗黎耶波羅蜜。禪那

波羅蜜。般若波羅蜜。及以圓滿慈悲喜捨。

六波羅蜜加四無量心，十度，平等修行。怎麼樣離開那些束縛？圓滿波羅蜜就是布施，布施就是捨。我們的捨不是捨財、捨物、捨身體，而是捨離貪瞋癡慢疑、身邊戒見邪，一切都能捨。檀波羅蜜，就是把你所有慳貪、嫉妒、障礙都捨掉。尸波羅蜜就是持戒。持戒，有性戒、有遮戒。一般學的都是遮，而不是作。戒有止持、作持，我們學的大多是止持，大多是威儀細行。但是戒有作持，行菩薩道，慈悲喜捨，檀波羅蜜！檀波羅蜜就是布施，有內施、外施，內外俱施，身心世界都拿去供養。內施，人家向你求，你所有的他求，求你的妻子，求你的兒女！財富，那不算了，身外之物。乃至求你的身體髮膚，要你的眼睛，要你的耳朵，要你的鼻子，你能不能布施給他，這是內施。檀波羅蜜講究竟了，內外俱施，什麼都要捨的。

尸波羅蜜就是講戒律，這個戒是心戒，凡佛所制的，有些是不應該作，你作了犯了。有的是讓你作的，你不作是不是犯了？戒有止持、作持兩種。我們大概都是學的止持，在威儀細行上學的比較詳細，這不該作那不該作。作的呢？沒有戒條。六度你該作，七覺支你該作，八正道你該作，你作了沒有？凡是受了三皈，就算是佛弟子。既然是佛弟子，最大一個任務是什麼？弘法利生。你對待一切眾生，給他說法沒有？我不會說，三皈五戒你該會說吧！三皈你該會說吧！你見著蚊蟲、螞蟻、蒼蠅、老鼠，你見著牠，就給牠說皈依佛、皈依法、皈依僧，你認為，牠能懂嗎？不要有這種分別心。你給牠說，牠能沾著氣氛，這叫氣氛，不說你全部都作，你作了好多次嗎？這是佛教你作的。

不要偏重於止持，作持更重要。假使你作這個作持，對所有威儀細行所犯的遮罪，除了四根本戒，其他都是通懺悔！四根本戒，你用大乘的教義來懺悔，也都能得到清淨的。尸波羅蜜、羼提、毗黎耶、禪那波羅蜜，乃至最後講般若波羅蜜，我們講〈光明覺品〉，乃至〈菩薩問明品〉都說的智慧，怎麼樣才能有智慧？空、無相、無願，七覺三空，這才是般若智慧。這是你應當作的，每個佛弟子都應當要明白，明白什麼呢？自己跟佛無二無別，相信自心是佛！之後要求你，佛作什麼事，你就該作。菩薩的六度、四無量心，這些作圓滿才能離開無明，才能究竟斷煩惱，之後產生極大的力用，得到佛的力用。

云何得處非處智力。過未現在業報智力。根勝劣智力。種種界智力。種種解智力。一切至處道智力。禪解脫三昧染淨智力。宿住念智力。無障礙天眼智力。斷諸習智力。

云何常得天王。龍王。夜叉王。乾闥婆王。阿脩羅王。迦樓羅王。緊那羅王。摩睺羅伽王。人王。梵王之所守護。恭敬供養。

處非處智力，過未現在業報智力，根勝劣智力，種種界智力，種種解智力，一切道智力，禪解脫三昧染淨智力，宿住念智力，無障礙天眼智力，斷諸習智力，這是佛的十力。怎麼樣能證得佛的十力？爲什麼這個不解說呢？智首菩薩問這些問題，文殊菩薩當然都曉得的，還須向文殊師利菩薩解說一下嗎？是這樣一個涵義。我們在十住、十行、十迴向、十地，都會講這個問題，後面講的就是前面所問的問題。

我們在〈菩薩問明品〉略略說了一下子，所以〈淨行品〉，不注重在問，注重在答，主要文殊師利菩薩讓我們作！你若作了，智首菩薩所問的這些，你都能得到。所以在答的問題上，大家要詳細的學而去作，作了就是修行，修行就能成佛。〈淨行品〉看著很簡單，假使你一天不離，天天這樣作，你的心就是佛心。心佛衆生無差別，假使你那麼作，也達到了跟佛無差別。每逢任何事都是明，明智慧，智慧一照，把不淨行變成清淨行，所以叫〈淨行品〉。所行的全是清淨的，那就唯佛與佛才能究竟清淨。道理很簡單，本來是能作得到的，爲什麼作不到呢？業障，這就屬於業障。到歷事的時候，作一切事的時候，把覺悟忘了、不明了，這叫無明。

若是具足這些，修行成功了，常得十王擁護，天王、龍王、夜叉王、乾達婆王、阿脩羅王（按：「脩」或作「修」）、迦樓羅王、緊那羅王、摩睺羅伽王、人王、梵王之所守護，恭敬供養，這是力增上、果增上、德增上。具足這種德，才能有十王擁護你。〈淨行品〉有一百四十一願，爲什麼文殊菩薩答了一百四十一願？這是說怎麼能得到十王擁護，上面所說那個成了佛，我們在因地當中也能得十王擁護，那就照著文殊師利菩薩所教授的方法，你去作吧！

作起來的時候不是很困難的，只要你心裡觀想，口裡默念，心裡靜坐，你吃飯的時候，這個大家都作了，「飯食已訖，當願衆生，一切善法，皆得成就」，那就行了。所作的事都是佛事，所作皆辦，你心裡想得到也很簡單。這一百四十一願，如果你能作到，每天都如是，遇見境界就發願，念念成佛。〈淨行品〉有這麼大的功力！如果你能常誦〈淨行品〉、〈梵行品〉、〈普賢行願品〉，叫〈華嚴三品〉，分三個階段，一個是信解的階段，一個是行證的階段，一個是究竟圓滿成佛的階段，最後入了普賢法界。

云何得與一切眾生。為依。為救。為歸。為趣。為炬。為明。為照。為導。為勝導。為普導。

持誦〈淨行品〉能夠得到這些成就。智首問文殊怎麼樣給衆生作依？衆生本來在三界無安，沒有依靠的地方，沒有依賴的地方，那就依於佛。「爲救」，能救護一切衆生，使一切衆生趣向，衆生都在黑暗當中給他作光明，作燈炬。「爲照、爲導、爲勝導、爲普導。」

云何於一切眾生中。為第一。為大。為勝。為最勝。為妙。為極妙。為上。為無上。為無等。為無等等。

第一、大、勝、最勝、妙、極妙、上、無上、無等、無等等，都是說佛的究竟果德，成就究竟了。諸佛圓滿的功德，智首菩薩問把佛的功德全都具足圓滿，怎麼樣能做得到？這是問號，之後在所答當中就解決所問了。

◎文殊答　標德顯因

爾時文殊師利菩薩。告智首菩薩言。善哉。佛子。汝今為欲多所饒益。多所安隱。哀愍世間。利樂天人。問如是義。

文殊菩薩稱揚智首菩薩，問的好！你所問的目的是饒益一切眾生，讓一切眾生都得安穩（隱），這是你大悲心哀愍世間，利樂一切天人，才問這個道理。問這道理，讓一切眾生得利益，讓一切眾生得安樂。

釋善用其心

佛子。若諸菩薩。善用其心。則獲一切勝妙功德。於諸佛法心無所礙。住去來今諸佛之道。隨眾生住恆不捨離。如諸法相悉能通達。斷一切惡具足眾善。當如普賢色像第一。一切行願皆得具足。於一切法無不自在。而為眾生第二導師。

第一導師是佛，你成就了，是第二導師。其實〈淨行品〉最注重的就是「善用其心」四個字。心，是很不可思議的。這個心的神通可大了，善法上不知道，大家看那個社會一切人，不論士農工商、家庭、社會、一個國土，乃至整個世界，都是一個心！心的奧妙之處，簡直不可思議。但是這個心有正、有邪，「善用其心」，是讓你正，千萬莫要邪。心正了，具足佛一切德，這叫「善用」。當然，因爲有這麼個因，能遇著一切的善巧因緣，有這麼一個因，遇見佛，遇到任何境界，都能達到不可思議，這叫「善用其心」。若把這心用神了，就能具足一切勝妙功德。

智首菩薩問了一百一十問題，文殊菩薩用四個字就答覆了。「善用其心」，說這個心的勝妙功德不可思議；一切勝妙功德，諸佛之道，就是這個心成就的。心到什麼妙處呢？怎麼樣「善用其心」呢？把一切障礙全斷盡。一切業障清淨消除，這就叫妙，這叫不可思議！能夠獲得一切勝妙功德，「善用其心」則獲一切勝妙功德，消除一切業障，這就答覆完了。

「善用其心」，能獲得佛果，獲得佛的一切功德。所有佛教授的法，無有障礙。過去、現在、未來，三世諸佛的道理就是這個，把心用好。三世諸佛是什麼道理呢？三世諸佛是隨眾生而住，恆不捨離眾生。佛所說的教法、法相，你都能通達，斷一切惡，作一切善！這樣就能成就普賢行願，與普賢菩薩相等。文殊菩薩推崇普賢菩薩，圓滿普賢行願，達到佛的智慧，就成了佛。所以在一切法上能夠自在，「善用其心」，心自在故。心自在故，一切法上都能自在。在一切法上，你的心再沒有滯礙，所以是佛親子。這是眞正大法器，能夠盛一切法。這時候念、覺、悟，就是心，你的念、慧解是證悟而不是解悟，這不是我們說的開悟，不是成佛。佛現在沒有親自教導我們，但是佛的語言，把他變成文字，從文字使我們緣念，而能夠緣念修行，達到眞正的覺悟，這些都具足了，這就是過去、現在、未來一切諸佛的菩提道。

這一段是文殊師利菩薩總答智首菩薩的所問。這是總說，但是怎麼「善用其心」？你的心千萬不要離開眾生，隨眾生住，恆不捨離。這裡頭有因、有緣，滿足一切眾生種種欲、種種希求，種種善巧方便，給眾生作緣，緣能成熟。眾生的因是什麼？具足有佛性，每個眾生的因都如是。他具足有佛性，善知識者就給眾生作緣，要隨眾生住，眾生要依著三寶住，三寶隨著眾生住，千萬莫捨離眾生！離開眾生，你成不了佛。你行菩薩道，要度眾生。然而眾生要求的不同，爲什麼佛有八萬四千法門？眾生的根、他的性、他的欲望、他的環境以及他所處的時代，正法、像法、末法，特別是末法眾生，他的障非常重，接近三寶的機會很少。遇到了之後，又有種種的內障、外障，不能夠得到依怙。因此，佛、菩薩，隨眾生住，不捨離眾生，這就叫行菩薩道，這叫菩提道！

發大悲心！對一切世間相，佛法在世間不離世間覺，隨著世間相你都明了，明了才能給眾生指出出路。如果你都不明白，怎麼去度眾生？怎麼樣讓他明白？第一個先得認識世間。在生活當中，什麼樣是覺？什麼樣是迷？迷了更迷，你只能給他指出來。隨眾生住是轉移眾生，以智慧引導眾生，讓他出離，給他作緣。對佛所說的諸法，先要明了，自己明了了，而後才讓眾生明了。佛所說的法，不會離開眾生世間相，佛法在世間不離世間覺。一切事物，佛弟子依佛所教授的來看就不同。

例如你要利益眾生，眾生有很多問號、有很多懷疑，因爲他不懂得佛法也不懂得世間法。爲什麼？例如佛教導我們，一切的生物有四種生，我們只知道一種。知道也沒有去研究，沒研究等於不知道。四生是胎卵濕化，很多人有這樣的問號說我們出家了，男女不結婚，不結婚了就沒有後代，斷了種了，沒有人類。那極樂世界的人怎麼來？他是化生，像在六欲天，跟人間差不多，含著有化生的意思。梵天以上沒有女相，只是一性，一性他化生。怎麼會斷種？不會斷種的。還有卵生的眾生，像飛禽，多數是卵生。所以要懂得世間相，懂得世間相你有覺悟，覺悟就是明白，你又能夠「善用其心」，善解世間相，這叫「巧把塵勞作佛事」。本來是塵勞，但是你把他變成佛事。能把一切惡斷，怎麼斷呢？前面問號當中的七覺三空，七覺三空就是斷一切惡。

我們天天要發願、要迴向、要利益眾生。可是，空、無相、無願，又怎麼解釋？讓你發願，怎麼又無願呢？他是讓你發了願，但不要在願上去執著！見一切相，不要在一切相上執著。見了空不要執空，這個空是智慧光明，不是什麼都沒有。這樣才能具足諸善，六度四攝。六度法、四攝法，這些你都能明了，能以這些法利益眾生，十王才會守護你、敬愛你。你達到一切諸願具足，成就佛的十力，這就叫「善用其心」。

以前，弘一老法師給大家寫字，「以戒爲師」，要以戒爲根本，這就是我們的老師。我把〈淨行品〉這四個字加上，「善用其心」。弘老給人寫字，寫「以戒爲師」，複印了很多。我們是「善用其心」！我認爲，這比「以戒爲師」更廣一些，本來是煩惱事，如果「善用其心」，煩惱即菩提。本來是生死，「善用其心」，生死即涅槃。將來諸位法師寫字的時候，「以戒爲師」、「善用其心」，「煩惱即菩提」、「生死即涅槃」。「煩惱即菩提」、「生死即涅槃」，是在「善用其心」裡頭，煩惱明明是煩惱，怎麼是菩提？菩提是覺悟的，你能覺悟到煩惱了，煩惱還能把你束縛到嗎？你不覺悟它束縛你了。當你煩惱的時候，想一想爲什麼煩惱？煩惱從什麼地方來的？煩惱消失了，你追查，煩惱到哪去了？剛才很不高興，現在又高興了，你要觀照，要追蹤。爲什麼諸佛菩薩在一切法上都是自在的？爲什麼我們在一切法上都是束縛的？要研究研究，研究研究就是思惟觀照，說人家罵我，罵我是罵我的短處，他罵我，他罵的對，我改了，不但不煩惱，還生歡喜心。他本來要害你，你把他變成正的，不認爲他是害我，認爲他幫助我成佛道，你還煩惱嗎？所以在問號跟答號之中，答號只是說「善用其心」，你剛一發心，就發個「善用其心」，會用你的心。

舉個例子，大家都想發財，但是在普壽寺不一樣，持銀錢戒，還發什麼財！爲什麼有這樣一批人不愛財，連沾都不想沾？客觀環境有這樣的好地方，冬天了，棉襖有人送來了，不會冷；肚子餓了，有飯吃，不會餓，要錢做什麼？備辦五欲，買自己心愛的東西，我們什麼都放下了，什麼都不愛，離修道已經一半了！這就是緣，緣能促成你成佛，這是客觀現實。

在上海有人問我：「師父，你們出家人該不愛財吧？」我說：「不一樣的。愛財的和尚、愛財的比丘尼多得很。」我又說：「修廟要錢不要錢？」請佛像供，現在佛像很貴！不論泥塑的、銅鑄的、木雕的，甚至請玉佛像，從緬甸運回來，運費都不得了，這是請佛像的錢，要錢不要錢？看你處在什麼地位，請佛像的目的是什麼？修廟的目的是什麼？建設，沒有個處所，你怎麼修道，怎麼學習？建寺安僧。有大菩薩發心修廟，不是人人都要修廟，也修不起。看有緣沒緣，沒緣你求也求不成，有緣自然會促成的。這都要於一切法自在，不自在的時候不要去做，心裡自在去做，就是緣。給衆生作緣，給一切事物作緣，作依止，作救護，作燈炬明，破除黑暗，這都在「善用其心」裡頭。

「善用其心」是總說，怎麼善用呢？文殊師利菩薩繼續說，前面是總說。佛子，云何用心，怎麼樣善用？善用，用得好能獲一切功德。但怎麼樣用心才能獲得勝妙功德，才能成佛？「善用」是指有智慧心。空、無相、無願，這個境界太高了，怎麼辦呢？那就說說世間相。你一天的生活起居，睜開眼睛，要作事了，「善用其心」，馬上就觀照了，睡覺一覺悟了，第一個念頭就想到一切衆生。文殊菩薩答一百四十一願的時候，先舉這件事，之後就「當願衆生」，每一個偈子都如是。

佛子。云何用心。能獲一切勝妙功德。

總說大意，菩薩的願是無盡的，大家跟著菩薩學，怎麼樣發大願？怎麼樣廻向？爲什麼總說有一百四十一願？前面講「問明」，就是信位，達到明白，明白就是圓融，圓融就是一具十，十個就是一百。那麼，文殊師利菩薩答的時候，有一百四十一。因爲四十一是什麼呢？十住、十行、十迴向、十地四十，再加上十一地，四十一。因爲迷惑，才產生障礙，沒有惑就沒有障，有惑才有障！惑障惑障，斷除迷惑了，把迷惑轉成清淨了，所作所爲，吃飯、穿衣、屙屎、撒尿，一切行爲都是殊勝行。就看你怎麼樣用心，你能把它清淨了，那就是勝行。能行就能除障，障除了，智慧就顯現！智慧顯現了，達到智慧究竟，那就成佛。但是不離開事，不是空的，不是無相的，不是無願的。從不空達到空，從有相達到無相，從有願達到無願，願即無願，空即不空。無相，不執著這一相，能具足一切相，無相故無不相，不空故能證得一切妙有，妙有不是眞有，妙有非有就達到眞空。無相無不相，無不相才達到眞正的無相。願說的是事法界，所依的是事，願所作的是境，境成就了，成就利益了，境即非境，這個境如夢幻泡影。

菩薩觀照自己的身、六根，乃至外在所有的六塵，根塵接觸時所產生的六識，就是所謂的十八界，根身器界。但凡一說人，人是要生存的，你怎麼生存？必須要有個家。你怎麼成爲人的？得有父母撫育你。剛生下來，沒有父母照顧你，能活得了嗎？什麼都不能動。自身他身，生存的正報必須依賴處所、飲食、衣服，依賴的東西太多了。我們出家就是依著在家的，父母把你養大，養大了你出家。他們又能依賴誰？所以第一個要報父母恩。發願，一者發願者是自己，二者發願爲衆生，句句都有「當願衆生」，離開衆生你成不了佛，離開你的家，如果最初沒有個家，怎麼能達到出家，因爲有家才達到出家。家是一個束縛，要離開束縛，如果沒有束縛，又有什麼離開束縛？但是，離開束縛是自己得利益，最初養你的、生你的、照顧你的，他們又怎麼辦呢？還得利他，光自利不行，還得還報父母恩。你要成佛，在成佛的過程當中，都是衆生在加被你，沒有衆生你成不了佛。大家讀〈普賢行願品〉

第九大願就明白了，眾生是菩提樹的根，成佛是菩提樹的果。

菩薩的自身是他的根身器界。菩薩的他身，依正二報的資具，是在家的。在家菩薩、出家菩薩，都叫菩薩，兩種示現不同的。我們能發願，心想修道，能「善用其心」。眾生不行，你發願讓一切眾生都能出離。自己想離苦得樂，讓一切眾生都離苦得樂。自己修道得解脫、斷煩惱，具足佛的功德，讓眾生也如是，這叫自利利他，自度度他。自己發願，願一切眾生都發願，這些都是事；空無相無作，那是理，或者說無願。

拿因果說，自己發心是因，你發了心，有這個因，得怎麼樣成就？緣能促成。師長、善友、諸佛菩薩都是緣，先發心，後假緣。例如文殊師利菩薩答的一百四十一大願，第一句是什麼事，第二句當願眾生，當願眾生做什麼呢？成佛，永離煩惱，得到究竟涅槃。永離煩惱能夠究竟涅槃是靠什麼呢？內有因心，外假師長修行善法，這兩者都是因，等成就佛果，永離煩惱，究竟證得寂滅涅槃，究竟成就，兩者通因通果。經文裡面講，演說種種無乖諍法，或者說無乖謬法，就是順佛所教，廣行善法。「菩薩在家」，要悟得家是空的，知家性空。你說法要隨順佛的教法，與佛的教授無乖諍，不違逆。知道家是性空的，沒有逼迫性，菩薩在家，要認識家。菩薩是通的，通出家、通在家；但是菩薩在家的多，羅漢出家的多，兩者是不同的。

在我們一天生活當中，事太多了，把它收攏來，做兩種分析，一個正報，一個依報。正報是你的身體，你生活得享受，穿衣服吃飯住房子，生活起居，現在的事特多。過去的人哪有電燈電話，現在的人有電燈電話，電燈電話出了毛病，還得修理，安電燈電話還得花錢，你不掙錢怎麼辦得到？掙錢又有種種方法。有合法所得的，有非法所得的。非法所得的，違背世間的法律，那是犯罪的。違背心裡的法律不犯罪，世間法只治身，治不到心。做生意，大家都知道做生意賺錢，昧了良心做生意，不能說這個人昧了良心做生意，他犯法了，不可能吧。就是想種種的道，現在經常打假冒，打假冒就是打違法。哪個做生意說我要賠錢去？什麼叫生意？心裡打主意，追求生財之道，生意，意是心。會做生意的，他點子多，能賺錢。說你路子窄，心理也要聰明，那不叫智慧。這些事是塵勞，把它變成佛事。

在生活當中，善惡兩途，不管你作好多事，一個善一個惡，把種種事攝爲一個善一個惡。但是往往有落因果的，什麼事呢？這是善念，善念可作了惡事。因爲他所作的，房子不堅固，樓房不堅固，或者修路，或者修堤岸；儘管他修的時候是善念，方法不對，所作的不但不能保護人家的安全，反倒安全受到了傷害，這個因果怎麼算？有時候從心制（治），有時候從事制（治）。事制是按這事情作的好壞，心制，從他心裡的起心動念。爲什麼叫「善用其心」？我們說發明武器，過去是發明槍炮，現在是發明原子彈，目的是傷害別人，傷害得越多，效果越大。這算不算罪？戰場上死的算不算還報？壽命本來不該盡，十幾萬人，或者幾千人幾百人，都該同時死嗎？這裡頭的因果錯綜複雜，如果沒有智慧，你沒辦法答覆，明白不了。這叫什麼？佛教講共業、別業，別中有共，共中又有別，這個業非常的微妙。一切事物有成必有壞，但是成中就有壞，壞中也有成。怎麼樣才能明了，有智慧。怎麼樣才能有智慧？「善用其心」。

作好事、作善事的時候，一定要堅持善。例如說護法，護法就是護佛法。人家毀滅佛法，你要護持佛法，護持佛法不是那麼容易的，你要付出。說我生命都搭進去了，佛法也沒護到。爲什麼？你這個生命搭進去了，這個業是善業，那個惡業太重了，善小惡多沒辦法，只能保住自己。大菩薩發願度衆生，爲什麼衆生還這麼多？而且越來越多，業越來越惡。

有一個道友這樣問我：「師父，諸佛菩薩都到哪裡去了？」我說：「沒有到哪裡去，就在你心裡頭。」「爲什麼現在這麼惡，業這麼重？」我說：「這是諸佛的過？還是自己的過？」這叫什麼呢？衆業所感。他說：「這事我不明了。」我回答：「這事佛早就說了。」他又問：「佛沒有說。」我回答：「佛說得很清楚，正法是什麼樣情況，像法是什麼樣情況，現在是末法，告訴你很清楚，是衆生的業。」

懂得這個道理，就懂得「善用其心」，在一切境、在一切事，可以成就種種功德。這些事怎麼能成就功德？在殺人、作惡的時候，你是善念。菩薩行道的時候，有時候行逆行，什麼叫逆行呢？佛制的戒是不殺，但菩薩他要殺，他知道這幾個人要搞壞事，制止不了，他們搞壞事時，會傷害很多人，就把他們幾個殺了。把他們幾個殺了，壞事就做不成了。但是菩薩殺他們的時候，落不落因果？要落因果的。還報不還報？照樣還報的。他對他們幾個要還報，算是惡。那麼他救了幾千幾萬個人，這是善，惡小善大，惡很小，善很大。過去有句話，和尙殺惡人即是善念，殺惡人是我的善念。爲什麼？我殺他，我受報，我將來要受苦的；但是我救了那些人，救了成千上萬的人，這是菩薩行逆行。你若執著我是守戒的，不能殺生，那完了，千百人被害，幾個人惡業得逞。菩薩選擇「善用其心」，你怎麼用？在這個問題當中，「善用其心」，得有智慧，能分別認識清楚，什麼叫惡？什麼叫善？除了身心之外，惡念、善念，若不依照經教的學習，連認識都認識不到，還不用說怎麼做。

要在種種問題上積德，怎麼樣積法？不要眼睛光看著人，還要看著畜生！螞蟻，越小的動物，牠的業障越重，越墮越小，越小業障越重。你要度牠，必須具足大菩薩道，要知道多少生的因緣。在因果法當中非常的複雜，所以要「善用其心」。「善用其心」，這些必須得認識清楚。第一個得有智慧，作善業要作清淨善業！作善業的時候夾雜污染，在你修行當中障礙會非常多，作好事的時候，中間夾雜不正確的思想，你得除掉這些思想。這種道理我們平常理解、明白就比較少。可以這樣觀想，一事當前，遇見一件事，每件事都有利害關係；涉及自己，跟自己有關係，你是爲自己打算嗎？還是爲一切人打算？爲了他們得好處，你一定受損害，甚至於付出身家性命，那你得有智慧，看你怎麼做。

在文殊師利菩薩答的當中，總說是要你「善用其心」。前面說的這些問題，這叫乖諍法，乖是乖錯，有爭議，有錯誤。第一句就說，在家庭當中，家庭猶如牢獄。現在我們這樣觀，是對嗎？家庭是牢獄，甚至是傷害。「菩薩在家，知家性空」，知道家庭是空的，但是這個空的，可有善惡在裡頭。在善惡依正內外關頭，怎麼「善用其心」？依著事、依著境，境就是外面的境界相，事是每一件事情，你怎麼發願？菩薩的心，「善用其心」，聽來好懂，非常難！我們所謂的利害關頭、生死休咎，在利害得失之間，就看你的道業，就看你的善根力！這當然有過去，主要是現在，你能「善用其心」嗎？

每一個偈頌都加個「願」字，「願」是什麼？誓願，堅固你的心。把「善用其心」的善，堅固不動搖。煩惱業，一個煩惱、一個業，一個現行、一個過去。那時候心裡就不直了，彎彎曲曲的，就是曲業。身口意三業的過，現在「善用其心」，把它翻過來，翻過來怎麼翻？業變成德，把三業的業變成德，願一切都成善法，「善用其心」，用心成就善業，所以叫「善用其心」。念念使你的心成就善業，成就佛果。這樣才是佛門的法器，也就是盛法的器皿。

所謂大是大非、不拘小節，不是今天這個戒犯了，那個戒犯了，這是小事。「善用其心」，一個成佛，一個墮三塗。在平常，誰都選擇要成佛！但是做起來就是墮三塗，這得有智慧，要「善用其心」。「善用其心」這四個字，看起來很簡單，做起來可不是那麼容易。持戒與犯戒之間，你容易明白。

另一種，怎麼「善用其心」？在無窮無盡的因果當中，不昧宿因。過去的善因一定要保持，惡因一定要消失，在身口意三業之間，能夠「善用其心」。這不是語言，也不是文字，用你的智慧觀察。不要爲現世身心一時的幸福，帶來無量劫的千百萬億年災害，這要分別清楚，這才是「善用其心」。寧爲法捨現世的一段生命，能夠得到無量劫的法樂、法喜。在維護三寶的利益，這是大事。爲了一時的自己之身心享受，不只是出賣個人，而是出賣三寶、毀滅三寶，這包括滅佛、滅法、滅僧。這個惡跟一般的惡不同，這叫「善用其心」。在大的問題上，一定要作出主宰，有願力，這得靠過去的善根，今生慧力的決斷，這不是一般的問題。

現在我們所處的環境，所處的現實社會當中，可能會發生，也可能不發生，那就看衆生的業感，不是某個人的事情。現在世界的生活情況、環境的情況，天災人禍，氣候的變現，你怎麼「善用其心」？求三寶加被，但是你得念念的不忘三寶，隨時念佛念法念僧，這是最大的「善用其心」。「善用其心」，莫忘三寶！你的心是常的，你這個身是分段的，很快就消失了。現在我們所有在座的，誰也再活不到一百年，這也是肯定的。不肯定的是在我這一段的時間，我作的都是三寶的事，成就道業，了脫生死，解脫自在！這個目標是我們的願，發這個願，願它成就，「善用其心」，成就我們的道業。

文殊菩薩在答智首菩薩問的時候，這個問答顯示什麼呢？還在信心分，一直到〈賢首品〉，都是修行信心。對於自己的身心要堅固信念！如果信念不堅固，一切德都成不到的。現在我們講的，還在信心分。在信心分，要具足一切善法，增長信心。同時要深入經藏，大家看看華嚴的著述就知道，我們不是華嚴的法器！堪受華嚴這個聖法，很難！我們的信心始終不能堅固，不能夠止惡行善，不能夠深入經藏，智慧也就不能如海。要自己能修行，增長智慧。修行！修行什麼？現在我們只是修行信心而已，信心還沒有具足，對自對他，利益自己、利益人家，把自己成就一個具道因緣，能夠行佛道。善巧方便利益衆生，要巧能演說，剛才講的七覺支、三空，只是建立信上，沒說怎麼樣去行！下一品〈賢首品〉也是信心，在修行信心當中，應當注意，文殊菩薩叫我們「善用其心」，這個信心怎麼用？相信自心的境界，跟佛同的；在事上，把事化爲成理。

第一願就是在家的時候，「知家性空」。家庭是事，家庭性空就是理。在你生活的一切，言語、身體行爲、意念所想，都在五欲境界當中。在事上把它變成理，你現在所得的五欲全是染法，要轉染成淨，這就是「善用其心」。雖然在世間，要生起出世間的心。我們一說能捨，往往就想到財物，不是這個意思。要捨，還能捨煩惱，捨自己心裡的貪念，捨一切事，讓它回歸於理。中間有一段是上法堂，要發願昇正法樓。現在這一點我們做不到，不能把一切法，圓融無礙。我們不能把事會（回）歸成理，事就是事，這個信沒辦法成就，因不具足，果也不能成就。當我們出家的時候，發願同佛一樣的，佛也離開家庭，也出家了。可是我們現在所作的都是假的、虛僞的，不是眞實的，我們要回歸眞實。有好多求有病的，病是什麼呢？病就是諍。什麼諍呢？四大乖離。四大不調和，就是諍。當你見到病人，發願不要乖離，不要乖離就是善順。見到任何境界，都發願。

這一百四十一願，又分成很多科。有十一願，講在家時的事。有十五願講出家人的事，出家之後，一共要發的有十五願。出家之後得要修行，得要作觀想，得修禪定，一共有七願。我們穿衣服，穿上衣、穿下衣都有願，一共有六願。洗手、洗腳、沐浴、更衣，又都有願，一共有六願。佛在世的時候，都是化緣，化緣就是乞食的生活。在乞食行道的時候，這個願多了，有五十五願。

到城市裡乞食的時候，有二十二願。乞食回來沐浴，洗洗澡，還有五願。讀誦、禮拜都要發願，有十願。睡覺、起床，有三願。

這一百四十一願的目的是什麼呢？文殊菩薩叫我們把一切事轉成爲理，從理上觀照，破除事的執著。（按：因弟子禮請老和尚重講「善用其心」義理，遂暫停〈淨行品〉經文的講解；為求講述的連貫，偈頌重覆之內容移至書末「附錄」。）

以下單講「善用其心」。文殊師利菩薩答覆智首菩薩所問的問題，中間最重要的一句話就是「善用其心」，就是你怎麼用心。有一個道友問過去的業障，那不用再問，聽聽「善用其心」就好了，文殊師利菩薩開示的很好。

「善用其心」不是像我們所想像的，作好事就行了，你怎麼樣作好事？什麼叫好事？你要先搞清楚。剛才看見我們有小班的道友給汽車上土，把那土拉出去，這是勞動，這是不是作好事？在作這個事情的時候，怎麼用心？能不能「善用其心」？「善用其心」，就是當你往汽車上裝土、往汽車上拉土，這就是了生死。這跟佛法好像不相關，就是勞動，但是你若「善用其心」，那就不同了，心無所礙。

因此，從頭專講「善用其心」。「爾時文殊師利菩薩，告智首菩薩言：善哉佛子，汝今爲欲多所饒益，多所安隱，哀愍世間，利樂天人，問如是義。」

前幾句話是文殊師利菩薩讚歎智首菩薩的。讚歎他說你所問的問題是令一切衆生得大好處。我知道你問的道理，是想讓很多衆生，讓他們生歡喜心。生歡喜心就是安穩（隱），文中所說的「多所饒益、多所安隱」，「安」是指著心說的。心安了，身就穩了，心安身穩，如果心不安，身不會穩定的。

〈華嚴三品〉，我講過好多次了，我現在說的是根據在加拿大講的本子（方廣整理出版），那個時候大家的心很不安，要求講講〈普賢行願品〉、講講〈淨行品〉。安穩的意思就是，你的思想不隨著外邊的環境動盪。智首菩薩向文殊師利問問題，文殊菩薩就讚歎他，要想一切眾生得到安穩、得到利益，哀愍世間一切眾生，哀愍什麼呢？哀愍眾生的苦難。因爲六道眾生沒有安穩的時候，也得不到什麼利益。

「善用其心」，我們這小班在後面勞動、上土，我想你們沒有「善用其心」，有想到這是幹什麼嗎？事實上是把那土裝到車上拉走就行了，車子走了，你們就互相的擺談，這可絕對不是講道理，也不是參禪，也不是問問題，而是閒話，散心雜話。你沒有想到你這是幹什麼？這叫「善用其心」。在作一切事的時候，心要廻向，所作的事情是爲什麼？這是一件。一天當中你的心都想什麼？從早到晚你都想什麼？你是不是「善用其心」？

當你學〈淨行品〉的時候，常時思念這句話，一天當中都在「善用其心」。並不是到這兒聽經，這時候才「善用其心」。因爲講經的時間不同、地點不同、聽經的人不同，說者還是我！說者是一，聞者不是一。那時候聽經的，現在一個也沒有，現在這裡頭一個也沒有。就男眾弟子，那時也是一個都沒有。另一批人，另一批事，對那一批人說的話，跟現在對你們大家說的話不一樣的。人、事、時、地、物，什麼時候、在什麼地點、對著哪些個人，哪些該說的，哪些不該說的，該說的就對著他們心裡。不該說的，在政治上，在臺灣說法跟在上海龍華寺講開示的時候，跟我們現在在普壽寺講不一樣的。

將來大家利益眾生說法，時間、地點、條件，你要考慮考慮。不論你幹什麼事物都有人、事、時、地、物，什麼時候，做什麼事，哪些個人，這些條件都必須得具備的，否則一切事物會處理不好。有的是人爲障礙，有的時間不對，講經的處所不對。當你作任何事，考慮時間合適不合適？這就是時。因緣契合不？地點對不對？在什麼地點？法會大眾都是一些什麼人？如果不考慮這些，就是不會「善用其心」。這是說者，聽者也如是。

「善用其心」，聽經的時候把一切雜事、所作的事放下，就我們現在在法堂裡頭講，把你在寮房裡的事，法堂事外的事全部止住了，放下了，把一切雜事停下來。這叫止惡。到這兒來聽經，聽經就是行善，止惡行善，這就是《華嚴經》大意。多生累劫，你所遇到的一切事，你做那些事，一個種子種下去，現在你聽《華嚴經》就是種的華嚴種子，能成就圓滿報身佛，不說毗盧遮那嗎？毗盧遮那，你已經成了，原來就具足的。這只是修報身，圓滿報身。這個種子種下去，種下這個種子不知道經過多少劫，不是我今生遇到，再來生還能遇到，不見得了！有多生相續不斷的遇到，那就能成就，一定能成就。說行菩薩道的人，發大菩提心的人，就是發大心的人，我要發大心，要行菩薩道，這叫什麼呢？發菩提心、行菩薩道。這是利益眾生，叫「饒益有情」。你在利益眾生的時候，要好好的用心，怎麼樣使眾生得到好處！意思是說讓一切眾生能得到法的利益，你得修什麼樣的德，得修什麼樣的行，才能使人家得到利益。這叫「善用其心」。因為你「善用其心」這樣去想，這樣去做，令一切眾生都能夠得到好處。

第一個好處是障礙消除。得到勝妙功德，障礙消除才能得到。這個時候，使你緣念，念佛、念法、念僧，念佛法僧三寶。那時候你的心就無罣礙了，這是普遍現相，各別好的不說，專說普遍現相。學佛法的時候，學不通，學不懂進入不了，修行又修行不起來，障礙很多。一種是外界的，一種是心裡的，主要是心裡的。三世諸佛所有走的道路，就是過去、現在、未來諸佛之道，你不能進入，過去沒有進入，沒能成道。現在又趕上末法，佛不住世；未來諸佛成道，你遇到遇不到？有沒有這個因緣？一切諸佛行菩薩道、成佛的時候，就是為了利益眾生，是以眾生為根本。假使沒有眾生，沒有諸佛！不利益眾生而能成佛的，沒有。你怎麼「善用其心」呢？隨眾生住、隨眾生行、隨眾生的種種類類，變螞蟻也是一類，有沒有菩薩在螞蟻道裡行菩薩道的？一定是有，使螞蟻能變成人。所以「善用其心」就要隨眾生住，住在眾生當中，恆不捨離眾生。

不捨離就是不離開眾生，跟眾生在一起的。在這個時候，想讓眾生得到好處，這個好處是指出世間，不是世間的升官發財，生活好一點，不是這個意思。得到利益都是出世的利益，怎麼讓他得到出世的利益。這不是簡單的，要「善用其心」。佛的教法當中，有的是表理的，有的是表事的，表事是叫你在作事當中怎麼樣觀想，把理貫串（穿）到事當中。你修行聞法、或者打坐，或者念佛，怎麼又能把事情轉成歸於佛法。說起來很容易，我作事，把世間事都把他當成佛法，你怎麼「善用其心」？

心念是不停的在動，就剛才我說上土的道友們，你怎麼想？你說我這是莊嚴佛土，往車上裝土，就是了生死。怎麼了生死？就拿土往車上裝，這跟了生死有什麼關係？「善用其心」把他轉化了，不是裝土，而是莊嚴佛淨土。我們聞了佛法來修，跟那工人也在修，兩者絕對不一樣，他的做是一天給你做幾個小時，任務完成，沒有想別的，只想到你給工資。但是我們小道友裝車的時候，絕對沒有想到拿工資，根本沒有這麼回事，絕對沒有這個念頭，基本上跟他的信念就不同。我落髮出家了，在這兒勞動，他們在那兒聽經，在那兒念佛，在那兒去學戒，我却來勞動，跟他們一樣不一樣？這要觀想，要「善用其心」。在勞動的時候，這是事，我作這件事是全心在作，利益眾生。上土怎麼跟利益眾生有關係呢？那就要「善用其心」，建築寺廟，寺廟是作什麼的？安僧修道，你說我這上土裝車乃至作一切勞動，打掃清潔，有關係沒關係？我們上完課了，或者到初一十五，殿主幾位師父來打整清潔，在殿堂打整清潔時，你想什麼？注重「善用其心」，你在想什麼？是清理外頭的塵勞嗎？

還是清理心地的垢染？問題在這兒。掃地的時候，澆花的時候，清除我心裡的垢染，這才叫斷貪瞋癡。怎麼斷呢？我們只知道磕頭、禮拜、念經，不曉得所作的一舉一動都在修行，都在念經。

你不能夠轉染成淨，也不能轉事歸理，「善用其心」就是在佛所教授的方法有事、有理。理上通達，一切事上都通了，生老病死、生住異滅、一切諸法，都屬於事。用你的心這麼一分別，分析諸佛的體相用，就是大方廣佛。能這樣想都是華嚴境界，你分析體相用，什麼是體？什麼是相？什麼是用？這是契入實相。沒證得的時候，在心裡想，就把一切世法、一切生滅法都轉成實相，這叫通達。不通達，你不能夠斷惡行善，什麼叫善？什麼叫惡？還沒分別清楚呢！殺人放火，這是惡。菩薩行菩薩道的時候，有時也殺人放火，那就不是惡，而是大善。怎麼「善用其心」？你得通達，這叫斷惡行善。什麼是惡？什麼是善？就靠你的判斷力，有時候菩薩作逆行，逆行不順佛的教導，那是大善。有些菩薩不斷一切惡，在一切惡上把一切惡變成眾善，但是你得有這個本事，到登地的菩薩，事理分明，何去何從，他有智慧，這叫「善用其心」。

這個心，我們還用不到，沒有這個智慧。斷一切眾生的惡，一點小惡都不讓眾生有。行一切諸善，一點兒小善也不遺漏，包括一切。說作好事難，我聽到這話覺得莫明其妙，我不知道他難在什麼地方！得說眾生心，之後再說菩薩心。眾生心是什麼？等他受到苦了，他才知道禍事來了，才知道是苦。在平常，什麼也不在乎。但事情變化了，一切事物在不停的運動，不停的變化，他變化了，惡事落在他頭上，才知道大苦臨頭，這時候才想找解脫，晚了！

事情還沒來，要先知道，先認識。我們很多心裡上的作用，思想上的作用，不能「善用其心」。一天當中不「善用其心」，心向外遊，心遊道外。事情沒落到頭上，看到別人，跟他沒關係，等落到他頭上，他是會變化的，托個人情，開個後門，心想就躲過去了。這是不會「善用其心」。小過錯不注意，積多了，可就大過錯了。等大過錯的時候，錯已鑄成，想不受報，辦不到。學佛法的弟子，從他的心念就注意起！舉個小例子，我看見很多道友，拿經書毫不在乎，沒有恭敬心。面對佛像，假使釋迦牟尼佛在這坐著，你怎麼樣對待？

儘管我們說《華嚴經》多重要，他把他看成跟他學的戒本一樣，他也是很平等的。他能把這個看成特別殊勝嗎？他根本沒有這個心。我跟大家講很多次，你要找善知識，把經打開，那不是善知識嗎？那不是佛在跟前？看經如佛在！你能這樣「善用其心」嗎？每位道友這樣想過嗎？你拿著一本經書，能把他當成這是法寶不思議，難遭難遇？把他擱那兒隨便一甩！所謂不可思議的方法，就這一點上，可是你的觀念不夠，你還能得到利益嗎？捧佛經一定要當胸，起碼在心裡頭生起誠敬的心，不能甩甩搭搭過了下身，隨便隨便的，這叫不敬。現在科學技術發達，印起來很容易，電腦隨便一打就是，更容易了。這就不叫「善用其心」。

我們經常有這種現相，當你燒上香，香裡忽然起了變化，或者現著佛像，或者現著法寶，那你會產生恭敬心，看見佛像，「善用其心」的，就把佛當成在這兒坐著。你知道香煙裡有時候現著佛像，有時現著其他境界相，這是因爲你恭敬誠心，或者誦經，或者禮拜，相應處，別認爲是得道。這只是加持相應，使你增上信心。能這樣「善用其心」嗎？現在經書印刷品很多，大家不夠重視，應當把經書看成佛的法身，一切諸佛都從法裡出生的，法寶！一切眾生得到利益也從學佛法上得到的，上求佛法下利眾生。

在譯經法師當中，法顯法師是最早的，八十多歲去印度，回來翻了幾部經。第二是玄奘法師，最後是義淨法師。義淨法師看到那時候四眾弟子對佛經很不重視，恭敬心不夠，就非常感歎作了一首詩，「晉宋齊梁唐代間」，晉宋齊梁唐代間，這個宋不是後來的宋，而是晉宋齊梁，一直後來到唐代，在這時間，有些道友到印度取經，晉朝、宋朝、齊朝、梁朝、唐朝，在這個時代做什麼呢？「高僧求法離長安」。那時候的國都是長安，現在的西安。很多法師發大心，離開長安城到印度。「去人成百歸無十」，去一百個人，回來的十個也沒有，十分之一都沒有。去那麼多人，回來的很少，回來之後能翻經的更少之又少。「後者焉知前者難」，後來的人不知道前人去求經、去取經，經過那麼多的苦難。那時候不是坐飛機，也不是坐火車，也沒有汽車，連馬都不行，去的時候騎駱駝，經過沙漠地帶，路途非常的難。如果大家到新疆旅遊過就知道，你坐汽車看見兩邊的沙漠。「路遠碧天唯冷結」，天空是藍色的，突然間變成混濁，有時候風沙一來了就變了。他作首詩，形容取經之難，「沙河遮日力疲殫」，風一起了，風沙把太陽遮到了，人的力量一點兒都沒有了，疲勞到極點。後來人看經的時候怎麼能知道大德取經所受的痛苦？那個痛苦不是語言所能形容的。後來人能知道這個難處嗎？「後賢如未諳斯旨」，不明白這種道理，「往往將經容易看」，隨隨便便的看經，沒想到古人取經的難處。

如果大家常時念這首詩，常時這樣想，你對法寶、對佛典，你就恭敬了，知道我們能遇到是非常慶幸。我再把這首念一下：

「晉宋齊梁唐代間，高僧求法離長安，去人成百歸無十，後者焉知前者難。路遠碧天唯冷結，沙河遮日力疲殫，後賢如未諳斯旨，往往將經容易看。」

有人跟我辯論說，現在印刷術這麼發達，何必重視呢？我說現在你再到印度去找佛經，沒有了，斷種了。印度要用佛經，得從中國翻回去，懂得嗎？如果沒有那個翻譯的底本，你拿什麼印呢？

大家看著北京西山房山石經，多少代人拿石板去刻成石經，從隋唐起就把它刻到石板上，《大方廣佛華嚴經》得抬多少塊石頭，現在存著九個洞。國家把那石板一塊塊取出來印，現在又把它保存起來，洞又封上了。從一九五六年開始起，一直到一九八幾年。我曾領著中國佛學院學生到石洞參觀，石洞裡有佛的舍利，經書舍利，那裡頭珍寶很多。

房山石經花了好幾百年的功夫，但是也不全，不是像大藏經。這是靜琬大師發起的，他顧慮到後來佛經斷了，可以再取出來。這不是那麼容易的，如果沒有前面的譯經，你拿什麼來印呢？還有最近發挖的《契丹藏》，也是在山西。《契丹藏》，契丹印的藏經，被埋藏起來，最近才發挖出來，這叫《契丹藏》。所以才知道佛法不是那麼容易就得到的。現在晉譯華嚴，《六十華嚴》，你找晉譯華嚴的註解，很少。唐譯的《八十華嚴》，清涼國師就在大華嚴寺撰寫〈華嚴經疏鈔〉。先寫疏，後來應弟子們的請求又寫鈔，鈔是解釋疏的。方山長者李通玄也著〈華嚴合論〉，完全是用觀心法門，他那就深了。

佛給我們指示說，以後經論會全都消失，只有留下一部《阿彌陀經》。《阿彌陀經》也只能存在一百年，一百年後，《阿彌陀經》也沒有。爲什麼？「佛法無人說，雖慧莫能解。」沒人解說，沒人流通，這部經漸漸就沒有了。大家知道《大藏經》，我們普壽寺有好多部，有幾個閱藏的？例如《錫杖經》，手裡拿的錫杖，這也有本經。《頭陀經》，行頭陀行的，這本經書看過嗎？如果閱藏，大藏經裡有很多跟你相應的，但是沒人說。《華嚴經》說：「佛法無人說，雖慧莫能解」，你縱有好大智慧，沒有一代一代傳下來，你也不能理解。如果不提倡、不宣揚、不解說，那就不受持，漸漸就斷了，斷了就沒有了。沒有了，你從什麼地方去理解佛教，怎麼樣去行？佛說法有八萬四千法門，我們現在才知道幾個法門哪？我們了解的太少了，現在閱讀大藏經的人很少。普壽寺有好幾部藏經，有幾位閱藏的？有幾位藏頭師？哪幾位發心說我要閱大藏經？恐怕普壽寺建寺以來，請了藏經之後，我還沒聽說過哪位菩薩發心閱藏。

我們都講利益，一九三二年（民國二十一年），我在鼓山湧泉寺，大家知道在臺灣的印順導師，他比我大十歲。在鼓山時他當學生，慈舟老法師讓他代課，沒講幾天，他吐血，什麼病呢？肺結核。醫生說他活不了好久，沒法治。他就把鼓山的課辭掉了，回到普陀山的小廟福泉庵去閉關閱藏。（現在福泉庵是普陀山的男眾佛學院，重新改建了一下。）等藏經閱完了，肺結核也好了。他的一生盡在病中，而且都是醫生沒法治的病，可是他一直都活下去了。他在臺灣辦的佛學院，叫福嚴精舍。現在在美國，在紐西蘭，好多都是他的弟子。他是近代因閱大藏經而得利益的。太虛老法師則是閱《大藏經》開悟的，現在沒聽說誰閱《大藏經》得到好處。

這形容什麼？佛所說的經，有很多對我們有利益的、相應的。但是我們沒有看，那法就漸漸的斷了，斷了就隱沒了，隱沒了就沒有了。我們要想弘揚《大藏經》所有的經書，不可能。弘揚的都是一兩部經，《占察善惡業報經》、《大乘大集地藏十輪經》，屬於《地藏三經》！由弘一法師提倡，根據明末蕅益大師專門弘地藏法門的。

現在還有行頭陀行的嗎？有幾個人看《頭陀經》？現在有誰拿錫杖？〈錫杖經〉，聽說過嗎？《頭陀經》我當時看了很感動，但是現在的環境不可能。《錫杖經》上說，比丘不能離開錫杖，做得到嗎？大家看見地藏菩薩像永遠拿著錫杖。手執金錫震開地獄之門，大家都知道。不管行住坐臥，出家人應當拿著錫杖。現在這個時代能拿著錫杖？你拿個錫杖那麼高那麼長，上汽車你上不去，坐飛機坐火車更不可能，行不通。你走路，到晚上進寮房，寮房裡也拿不進去。

大家知道著〈影塵回憶錄〉的大光法師，他專作怪異相。他住在香港，倓老法師的弟子，我們算是同門。他的怪事很多，聽來好笑。他曾經做了個很大的錫杖，穿件黃袍子，搭上紅祖衣，到上海的大馬路，在街上搖搖擺擺。這一下，比看熊貓還厲害，圍滿了，交通都斷了，警察就把他抓起來了。一看他的護照，是香港人，送他上飛機回香港。我問他爲什麼這麼作怪？他說讓一切人看見這個形相，種善根。

「善用其心」，怎麼來用心？對大光法師這事，我很讚歎他，讓他們都知道佛法，佛法都斷種了，你看看我們和尚是什麼樣子。警察把他抓走，請他上飛機，送回香港完事了，這也是「善用其心」。因此，說法要知時務，過去有句俗話，「識時務者爲俊傑」，這不是作怪，但在這個時候，不適合了。我們把《頭陀經》拿來講，不適合了，很多的經不能講了。我看我們學戒律的道友們，沒一個人帶十八般物，誰還帶漉水囊、帶個水瓶子？沒有了。

人事時地物，弘法要適合大家的心理，適合當時的情況，適合處所。我們想在北京講經，行嗎？根本不行。在五臺山普壽寺沒有關係，在寺廟裡沒關係。為什麼我們在弘揚佛法時，人事時地物，要搞清楚，別發生障礙，發生障礙法不但弘揚不好，反倒破壞佛法。這個時候不適合，要知機。你得「善用其心」，別把根本忘了，這是「善用其心」，把心用錯了，不知時。我們經常說，「你這個人怎麼不知時務？」要知時務，要知時，要知處。

在講課的時候，美國好多法師同時在講，這也在講，那也在講，有的愛到這個老和尚這兒聽，有的愛到那個老和尚那兒聽，為什麼？他說：「我跟那個老和尚沒緣，我不愛聽。」這叫什麼呢？緣！你得知道人家跟你有緣沒緣，跟你沒緣，他聽你說，是胡說八道的。他跟你有緣，你說什麼他都聽，說什麼都好，這叫緣法。知時知處，你還知道因緣和合不和合。緣是不是可以的？緣能生起一切法，無緣生不起來，不是你講的好壞，那是另一回事，得先說你有緣沒緣。所以「道不虛行」，道沒有空虛的，又說「道不孤起」，遇緣了，他就應了，「有緣則應」。假使我到這個寺廟說，我跟你們講講《華嚴經》，沒誰聽你的，那麼長時間誰來聽你講《華嚴經》，不可能。現在有緣了，就可以聽。

有緣沒緣，這個緣建立在什麼上呢？聽了人家得到好處沒有？現在都是從利害關係上著想。有時我們每天接觸很多人，問這個問那個，看有緣沒緣。有緣，你給他一解說，他真正得到實際利益，得到什麼利益呢？公司倒楣，做不起了。一拜佛，求佛菩薩加被，公司好轉了，他當然信，他信的是發財，不是了生死。如果有病的，醫生說沒法治了，癌症三期，癌細胞已經擴到全身，這時候他才想求佛菩薩。佛菩薩是不嫌棄一切的，求就行，但你要付出。他就付出，禮拜、供大眾僧，你叫他到寺廟供大眾僧，他供！叫他禮拜懺悔，他懺悔！他病好了，吃得臉又紅又胖，癌症沒有了。不但他信，他的周圍親友都信了，度了好多人。菩薩就有這個力量，這個力量是他的緣，得有這個因緣。

有人說：「老和尚，是你叫他念《地藏經》，拜占察懺，他才好了。」我說：「我是個介紹所，他拜的也不是我，他拜的是地藏菩薩，他念的是《地藏經》，修的是占察懺。」社會上有經濟介紹所，商業介紹所，我是在中間當介紹人，他信了他就去做，不信就算了。佛弟子宣揚佛法就是介紹，介紹讓他知道佛、知道法、知道僧。因此，要知時，知道因緣。他在病苦當中，或者他在社會上沒有辦法解決的，之後求佛法，這個緣就很好！他一求，他好了，他就替我們弘揚佛法。

因緣說起來很長的，有時候是過去因緣，有時候是今生因緣，緣不同。過去有位老和尚，他學了很多年，佛法學得很精通，道理也講的很明徹，辯才無礙，但是說法就是沒人聽，他非常的難過。有一位道友跟他說：「這沒有什麼困難，我們結緣去，把你所有的都變成錢，買糧食！」他跟他倆把好東西都賣了，買成糧食到山裡散。他又說：「你現在不要講，閉關修行，二十多年後你再講。」他聽他道友勸勉，就這樣做了。二十年之後，他開始講經，聽經的人很多，一看都是二十來歲，大歲數的沒有，這批人跟他有緣。他散的糧食念了很多經咒，那些飛禽都變成人來聽他講經。

我跟很多道友說，若你的緣法不大，坐飛機、坐火車、坐輪船，特別是超級市場，到北京王府井大街，或者西單商場，你去吧。人很多，你別管他信不信，你在心裡念咒，別念出聲，念出聲了警察會干涉你的。在心裡念，念咒也好，念經也好，念佛法也好，等你來生再當大師父的時候，很多人都可以得度，這叫結緣未成佛果，先結人緣。特別是螞蟻、飛禽，你蹲那去給牠念三皈，你說：「我收你作弟子，將來都聽我的！」將來緣法就很大的。或者遇到人多的時候，多發願，給他們迴向，度他們，你發願度他們。你說：「我不會，我也不會說法。」「你會念阿彌陀佛不？」「會念！」就給牠念阿彌陀佛。牠聽不懂，就聽不懂，善根也種下了，聽得懂他就拜你爲師，跟你學了。這不是那個衆生，而是你的願力，因爲有這麼個緣，他就跟你結了緣，有這麼個緣，當你講法、利益衆生的時候，他就來了。這叫「善用其心」。

今天講的全是「善用其心」，你看一部經很尊重，見了佛像很尊重，當眞的，別當假的。假的就是眞的，眞的就是假的，效果就出來了，這就是「善用其心」的效果。總的來說，行住坐臥，乃至睡覺的時候，「皈依佛、皈依法、皈依僧」，或者你會念哪個咒，你念念。或者哪部經，你最喜歡的，念上兩句。別的不會，「皈依佛、皈依法、皈依僧」，誰都會的，受了三皈你還不會？「皈依佛、皈依法、皈依僧」，念念睡著了，這也是「善用其心」。早晨一睜開眼睛，第一個念頭就是「皈依佛、皈依法、皈依僧」，說明你的心哪，全部力量注重在佛法僧三寶，這叫「善用其心」。不要想高深的，高深的你不懂也不會，這樣就是「善用其心」，這就是行普賢行願，不要把它看深了。越是深的地方，你回頭來在最淺的地方入，最淺的能達到最深的，最淺的跟最深的是一個心，就是「善用其心」。

我們以前說，「放下屠刀，立地成佛」，能放下嗎？放下屠刀，立地成佛。問題在怎麼能夠放得下？那一念不容易。你放下吧！放下就輕鬆了，就自在了。放得下嗎？每位道友從出家那天，沒出家的，從信佛那天，佛叫我們放下，你放下了嗎？貪瞋癡、愛別離、怨憎會、五蘊熾盛、求不得，全部都具足，你怎麼成佛？成不了佛的。放下那一念，很不容易。有人拿這個事問我，他說：「師父，放下屠刀，立地成佛，我從來沒有拿過屠刀，也沒殺過眾生，我皈依三寶了，不但沒成佛，想求什麼事都不靈。」怎麼答覆他？跟他解釋，他沒有「善用其心」。我們知道最作惡的人，殺生的，我們的行業，比那個屠宰業最下賤的，帶業最重的，他要一信佛，就改變了，改變他的行為，改變他的思想，這就是成佛之因。將來若是成佛果，就因為這一念放下才開始，是這樣解釋的。

像我在廈門，有一位廈大老教授，廈門佛學院跟廈大緊挨著，可以說同在一個院子裡。老教授問我們佛學院的小和尚，他說：「你們這兒寫錯了！」「若人入於塔廟中，單合掌，小低頭，皆已成佛道。」他說：「我經常到南普陀寺來，我不是單合掌，而是雙合掌，不是小低頭，我磕大頭，到現在也沒成佛！」小和尚答覆不了他，問來問去問到我。我說：「這是《法華經》的偈子，一點錯都沒有。」他說：「那我怎麼做不到？」我說：「這是從現在開始，不是現在的結果。現在只是因，還沒說到果上。假使你到廟裡頭，只要這麼舉個手，點點腦殼，小低頭就這樣，點點腦殼，你就種了這個因。當來成佛的時候，就因為這個因。『皆已成佛道』，說你入了這個門，一定能成佛，是這樣解釋的。」他說：「哦！」我說：「這是《心經》，你怎麼念？」他說：「般（ㄅㄢ bān）若波羅蜜。」我說：「你念錯了。」他說：「這幾個字我還不認識？我是大學教授！」我說：「這念般（ㄅㄛ bō），般（ㄅㄛ bō）若波羅蜜，是印度話，你知道嗎？不是中國話。」人家說，「秀才念經，笑死老僧」，我們好多經上的字，依社會上念就不行。

我們都說「善用其心」，恐怕我今天講的「善用其心」，沒想到這麼多吧？「善用其心」的意思非常多，總而言之，統而言之，行住坐臥，吃飯、穿衣服、屙屎撒尿，一切動作都在「善用其心」裡，你能這樣解釋「善用其心」嗎？文殊菩薩答覆智首菩薩，這四個字已經夠了，一直到你成佛。你屠刀放下，漸漸修行，是這樣一個涵義。放下屠刀就成佛，但這中間有過程的。所以解釋起來，我給講一個月，每天兩個小時，光講「善用其心」，這叫心法。「善用其心」，回歸一心，明心見性都是「善用其心」。佛菩薩利益眾生，「善用其心」，他那「善用其心」跟我們的「善用其心」可不一樣。一樣是人，人要跟人相比，得把你氣死，你活不成了，你跳崖去吧！一樣的貨物，人家賣一百塊錢，你這一塊錢都沒人要，貨比貨得扔，不要了，扔了它吧！不能比的，你是你的，他是他的。雖然一樣是人，說：「我懂！」我說：「你不懂。」

每天睡覺的時候，在睡眠進入昏沈的那段時間，你是怎麼進入的？就這一念，你能明白嗎？早晨一睜眼睛，哎，怎麼不睡？醒了，一睜開眼睛，你能明白嗎？怎麼進入的？怎麼清醒的？嘿，你進入是糊裡糊塗，你醒了，還是照樣的糊裡糊塗。因此，心念的那一念，很不容易的。現在在家的，不說不明白佛法的，就是明白佛法的優婆塞、優婆夷，男居士、女居士，他們對我們出家人怎麼樣看法？不說不入佛門的，而是入了佛門的，他怎麼樣看法，他怎麼想的？每位道友，當出家剃頭那一念間，怎麼想的？是欣樂心，只是剃頭，想出家，並沒有理解。從當居士當了好多年，之後剃髮，那一念間，沒有多大感覺的，他好像混熟了。

別人剃頭怎麼想的，我不知道。當我剃頭時，什麼佛法也不知道，寺廟也沒看過，和尙也沒看過，作個夢到那就出家。給我落髮的時候，我的理解是什麼呢？我理解是這樣：「我已經死了！一切都沒有了，再生爲人，這個人不是那個人。」我心裡當時還這樣想：「一切都完了。」完了就是死了，我已經死了，兩次做人。再聽師父一講，這叫遁入空門。我說不空，大殿裡頭什麼都有，我進了門裡頭不空。他笑笑說：「你什麼都不懂。」我是什麼都不懂，我剛來怎麼懂？他說：「這叫進入空門。」哪裡空？不空，就是進入佛教。一進這個門，漸漸地學才知道，空門不空。無相無作，我最初看無相無作，我說進了門，當了和尙什麼都不要幹，什麼也沒有，什麼事也不要作。錯了，無相是無不相，還多了佛法的一切諸相。無作，什麼都要做，正因爲無作，什麼都能做。有作了，你只能作這一樣，那一樣你作不了了。大家懂得嗎？

你說文殊菩薩是男的是女的？答覆不出來。生小孩，只能女人生小孩，男人能生不？文殊菩薩佛母洞，凡是朝過的，我們又重新生一次，文殊菩薩把我們生下來的。到佛母洞，你進洞去，作這個觀想，你能得智慧！不作這個觀想，沒有。有些在家人鑽鑽，他好玩而已，我問：「你想什麼？」「我沒想什麼，好玩。」一天不曉得有好多人進佛母洞，眞正得到利益的、得到好處的，恐怕很少！包括出家二衆在內。他不理解般若智慧母，諸佛之師。文殊師利菩薩孕育我們，這叫智慧孕育。你能這樣用心嗎？這都是「善用其心」。

你早晨醒來，晚上睡覺，你能夠理解自己怎麼從昏迷中醒來？我怎麼樣從很明白的，迷迷糊糊就進入睡眠狀態？怎麼進入的？怎麼出來的？去參去吧！這沒法說明，各人有各人的境界。當我們出家那天，對給我們剃髮的師父，你有什麼樣看法？你對你的作夢，眞的假的？夢都是假的，哪有眞的？有時候是眞的。眞的還是假的，假中之假，假中之眞，眞中之假，眞中之眞，這裡分別起來很多的。

還有受戒，大家想一想受戒的情況。當你的羯磨師給你作羯磨，當你的教授師問你遮難，我們的道友都如實答嗎？即使你如實答，懺悔清淨沒有？都答：「已淨。」連業障門還沒進入，還「已淨」呢！一點都沒懺悔掉，還在業障堆裡！還不知道怎麼用心，你還沒學「善用其心」，沒學「善用其心」，你能懂嗎？這個要「善用其心」。有好多事物，必須經過「善用其心」。以前叫觀照，這回文殊師利菩薩沒用術語，用「善用其心」，沒說你觀照觀照，但這都要靠你思惟，思惟出智慧。我們每位出家二衆，必須十八歲以上，或者二十歲，最好是二十歲。當師父給你剃頭，你的心情是什麼想法？這非常重要，關係到你的一生，修道成道。唯有自己才能明白，等「善用其心」之後，你才自己能明白自己，否則自己明白不了自己。

自己還不知道自己？就是因爲自己不知道自己才學佛。學了佛，自己還得用好多年的功夫，也許能達到明白自己。像我很不長進，到現在出家七十多年，不明白自己。你們或者認爲我說假話，一點不假，眞正不明白自己。生從何處來？死後往何處去？明白嗎？怎麼來的？怎麼去的？能夠來去自由，什麼都明白了，這才入門，不是成道了，還遠得很。明白了之後再起修，那叫眞修。得到什麼地方呢？得到初地菩薩。到十住了，能示現到一百個世界成佛度衆生！只是相似，還不是眞實明白，眞實證得，還差很長的一段路要走。像你出家之後，因爲我們此土是大乘的，比丘一受是三壇大戒一起受，菩薩戒都受了，還不是菩薩？當然是菩薩。那你就考慮考慮，菩薩該作什麼事？你怎麼樣用心，考慮怎麼樣「善用其心」。

「善用其心」，如果會用心想的，當然是指學佛的人，學了佛，根據佛所教授的方法去用，這是「善用其心」，也就是你要會想！假使你這個心，「善用其心」，會用會想的時候，就具足普賢色相。《華嚴經》是推崇普賢菩薩的，我們的語言、形相、行爲，都納入普賢行願。你所作的事，你所發的願，要做任何事情，先有個希望，要達到目的，這就是願。願能引導你的行爲，要做任何事物，必須先得有個規劃，得有個願力。有了這個願力，你的行爲不會退的。特別是出家兩衆，你的願望是想得到解脫，想成佛。但是你怎麼樣作呢？要會用心，在一切事物當中，你都能得到自在。我們想要得到般若智慧，般若智慧是無礙的，要達到這種自在的境界，那你在一切事物當中，不管作什麼事，觀一切法皆空。把你的心用在上頭，觀一切法皆空。空還能障礙著你嗎？空就障礙不到你。假使你能觀到空，經常觀這個牆壁，觀這個房舍，是空的。當你觀成功了，門擋不住你，牆擋不住你。四面是大火災，把你包圍了，火性是空的！掉到水裡去了，你心裡沒想到這是水，就想到水性是空的！當你觀想成熟了，就把你帶到空中。

觀自在菩薩就觀想成熟了，大家念《心經》時，觀自在菩薩照見五蘊皆空，他在五蘊裡頭都是空的。他把這個心全用到空上，整個的心觀到空上。身體沒有了，整個身變成心，你就照見五蘊皆空。經常這樣觀，你就看破了，放下了，自在了，沒有煩惱，這就是「善用其心」。

有好多道友問我：「黑夜睡不著！」我說：「你想得太多了。」他說：「師父，您年紀大了，睡覺睡得好嗎？」我說：「我有點不夠睡。」「怎麼不夠睡？」我說自己總想多睡一會兒，我不讓他睡，所以就不夠睡，我可沒「善用其心」，而是觀空。你經常的看破，空了你才能放下，放得下才空，放不下空得了嗎？你經常這樣想，不說百年之後，我現在到九十歲，看以前的事、以前的人，二十幾歲跟我同住的人都不在了，我也快不在了。哪有百年的呢？一百年很短，等到一百歲就知道，很短哪。我一百歲還沒到，感覺九十年很短，能記到的事，從六歲算起，不是很長的。佛說一劫如一念間，佛經教導我們一個大劫就是一念，一百年不是很短。不論看人、看事物、看一切變化，這種觀察就是「善用其心」。觀空並不是一下就空了，他是修道，經常這樣觀，把整個思想注重到一切無常，一切都是空的！等你到這個時候，才能夠當第二導師。第一導師是釋迦牟尼佛，你能夠這樣做，能夠這樣去觀，你就是第二導師，僅次於佛。跟文殊、普賢、觀音、地藏、彌勒這些大菩薩，平等平等。文殊菩薩讚歎，說你一發心，經常依著〈淨行品〉去作，把〈淨行品〉變成法門，就是淨行（ㄏㄥˋ hèng）。行（ㄒㄧㄥˊ xíng）是作用義，你一切都清淨，得到殊勝功德。因此你能「善用其心」，云何用心，能獲一切勝妙功德？你把心用到。

一 在家時願

佛子

菩薩在家　當願眾生　知家性空　免其逼迫

這是具體的「善用其心」。光說「善用其心」，怎麼樣用？一樣一樣用。這一百四十一件事情，你都這樣用心。從信佛的時候開始，信佛的時候是在家，知道家庭是因緣和合，不是實有的，是緣起之法。因緣和合就有了這個家庭，這個家庭就是父子、夫婦、子女。過去講究五世同堂，五輩子的人都在一起住。現在我們的家庭不是這樣，父母、夫婦、子女，大家是分散的。有的先生在國外做生意，子女到各地去念書，子女不跟父母住一起。家庭一天當中就是爭爭吵吵，不是冤家不聚頭，就這麼吵吵鬧鬧。現在小孩子從小就不聽話，沒有辦法，乃至從小就犯錯誤，被人抓起來，這樣你對家庭還有什麼留戀呢？這叫你看破、放下。在這種情況之下，你怎麼「善用其心」？現在社會的現實狀況，家庭就是牢獄，把家庭看得跟牢獄差不多。

有的人在外頭勞動一天，回到家裡頭想得個溫暖，如果夫婦互相體貼，那當然很喜歡。如果夫婦兩個彆彆扭扭的，先生下班了，有的太太很賢慧，給先生泡杯茶，把報紙擺到旁邊，他回家去沙發一坐，二郎腿一翹、端張報紙、喝杯茶，好舒服，家庭很快樂的。要是一回到家，你在外頭累了一天，太太正在那裡做飯，摔盤子、摔碗，不高興，你說你這個怎麼相處？我看到很多是這樣的。先生怎麼辦呢？扭頭出去了，到街上下個館子去吃！再回來，更緊張。這種家庭有什麼愉快可得呢？你心裡不安哪。假使你受過佛法熏染，你看到家庭簡直是煩惱的深淵。兩夫婦白頭偕老的，現在很少。

我跟大家講過，四、五十歲的時候，各人有各人的憂愁，離婚案件很多，等到了晚年不是很苦嗎？這樣看家庭，性體上是空的，現在這個家庭不空，不空有些逼迫，逼迫就是苦的。在家的時候，你這樣看家庭，家庭有什麼可留戀的？我還沒說到理上，沒有在佛教上講。以前聽到五世同堂，我小時候已經沒有了。什麼叫五世同堂呢？五輩。我們過去家庭的祠堂，只限制到五代，必須得元配的夫婦，死了一個就不算了，再續弦的也不算。現在三世、二世都沒有了，很少很少的。涵義就是非常的和睦，一家子歡歡喜喜的，現在這個現相是沒有的。佛在世時，印度也沒有這種現相。要是這種家庭好像留戀還有點意思，但是這種家庭就不容易看空，就束縛住了。

這個地方講「知家性空」，五世同堂又怎麼樣？還不是得散了嗎？你若朝黃山，他那一個家庭三百多年，不止五世，大家族，不見得是五世同堂。一座老房子在黃山底下，像個小城堡似的，又如何呢？現在你看見沒有了，所說的空是這樣講的。「空」是什麼意思呢？叫你醒悟，不要貪戀。古來有首詩：「花開花謝（榭），時去時來。福方慰眼，禍已成胎。得何足慕，失何足哀。」得了你不要有什麼羨慕，失了也不要有什麼悲傷，「得失在彼，敬憑（聽）天裁。」這個天是自然的，隨著因果。這首詩形容花朵開謝，隨著季節。現在法堂前頭的花，沒有了。人生就如是，一會兒落了，那還得幾個月才能開出來。人的一生，一會兒倒了楣，一會兒又過了幸福，得了意外之財，買個股票又發了。人的一生，三窮三富過到老。有句俗話說，「三十年河東，四十年河西」，黃河經常發水，隨時變化。在享受快樂的時候，就是「福方慰眼」。家裡頭成員坐監獄，關起來了，又「禍已成胎」。這樣地觀察認識家庭，就沒有什麼留戀的。不要盡往好處想，也不要盡往壞處想，怎麼樣觀呢？好也是空，壞也是空，不管好壞，總而言之都是空的。

最近五台山出了很多車禍，上山的時候高高興興，一家人從廣東來朝山，他不信佛，是來遊山玩水的。出車禍，五個台不讓上，都斷了。人又知道誰的壽命什麼時候謝了，什麼時候死呢？當最親愛的人突然間出車禍死掉了，你如何感想？你說沒有關係，空的，他必然得死，我也得死，不用悲傷。歡樂的時候，也沒有什麼快感，聽其因果報應。不信佛的人，不懂得因果報應，聽其自然好了。我們「善用其心」，把它改過來了，一切得失是因果律，我們修行用功的人，信了佛的人，依著佛的教導，用佛法的力量，「定業不可轉」，因果律是不能改的，「三昧加持力」，你得道修行了，把一切法看成空的，沒有障礙，這就是修行。

怎麼樣「善用其心」呢？把一切法觀空。有時候從理上講，有時候從事上講，現在大家在這坐著，這是共同的因緣。但它斷斷續續的，今天大家共在一堂，這裡隨時變化的，有的就沒聽到，有別的事叉開了，有的又來了。「善用其心」，有時候從事方面講，有時候從理方面講，我們多數是從理方面講。世事無常，一切世間相，都是無常的，你所見到的，有形有相的，有文字記載的，耳朵聽到的，眼睛看到的，無常！思想的思惟，觀想一切無常的、空的。爲什麼？因爲這一切都是生滅法，生必定要滅，有生一定要滅！眞正的「善用其心」把它觀察徹底，不是一般的認識，入理的思惟觀察。一切法都是相對的，沒有妄，眞也立不到。但有言說，都無實義。你妄想紛飛，心要能靜下來，「善用其心」，觀理的時候，明心見性，那要專注一境。專注一境，久了能生定，定了能生慧，這個慧就是慧性。那你對一切生滅法，不但這樣的觀，而且眞正能從觀中得到實際的利益，從般若證得實際空義，

「善用其心」就達到目的。

一切法是因緣而起的，因緣和合，它就生起！因緣分離，它就滅掉，就沒有了。在你的自性當中，善持自性就是「善用其心」。「善用其心」，經常在體上去入，相上是生滅的，相是隨時變化的。這跟我們最初開始一講「大方廣」的時候，跟「善用其心」是合的。

「善用其心」，還有兩方面的意思，專門執著空，會落入斷滅知見。專門執著空，不是性空，不是智空，而是斷滅知見的空，斷見空。執空不可以，不要把空理解錯了。執有，有不是常見的，而是生滅法的，不論執空執有都不是「善用其心」，這叫虛妄妄念。學佛所教導的方法，我們不能改變一切諸法的自然規律，所以隨著生死流轉。如果能改變世間上的生活規律，怎樣改變呢？有的時候是隨緣，隨緣生起一切諸法，緣滅了還歸於性體。經常觀想自己的心，「善用其心」的善用，觀想這個心，既非常也非斷。落常見，你一切都看不破；落斷見，沒有因果。不常不斷，隨緣而起，隨緣而起的諸法沒有自性，這是觀想自性的。

隨緣立一切事的時候，依照佛的教導去度一切事物，度一切人。你所經過的一切過程，乃至於依佛教導所用的方法，都叫隨緣度眾生。但是在隨緣度眾生的時候，不能動你的本體，本體是什麼呢？就是你的心，不動你的清淨心。不要隨緣而產生染緣，不動你的本體，不動你的自性清淨心，度眾生不見眾生相。如果度眾生見眾生相，度不了眾生，眾生反而把你度了。這個句話怎麼講？我們有好多的出家人，男眾收女弟子，產生情感，是你度眾生，還是眾生度你？罷道還俗！度眾生不見眾生相，隨著塵緣，沒有這些了。所以度眾生不見眾生相，把一切世間的塵緣、妄念消掉，千萬不要起分別心。什麼叫分別心呢？有的法師互相討論時，人越多他講起來非常高興，人少了，他就沒有精神。有的人少了，他很能契入，認為這些才是真心學佛法的。這兩種都不對。怎麼樣呢？隨緣。多也如是，少也如是，有緣來相聚，無緣對面不相逢。懂得這種道理，本心的心體，如如不動。觀照諸法，就是觀照這個心，要善用，心不被境轉。你的能緣不被所緣縛住，束縛了就是執著，這才是真正的「善用其心」。

文殊菩薩說的一百四十一願，「善用其心」這四個字就包括了。你也可以把它解釋成，三藏十二部一切經都是讓你「善用其心」。一個從事相上說，一個從佛所教導的法上說。佛教導我們的方法有八萬四千法門，但是，佛又說不二法門，就是一。不但八萬四千沒有，兩個都沒有，就是一法。為什麼又說是八萬四千？隨眾生機。佛所教授的方法本身是融通、是自在、是無障礙，是適合眾生的需要，他有什麼需要，就隨他的緣，滿足他的要求，讓他達到解脫，滿足他的願望，達到解脫。

佛法本身是自在的、無缺無陷的，所以我們學佛法的時候，要「善用其心」。如果我們學佛法，學得很呆板很固執。特別是在學戒律上，在生活當中，種種限制、種種束縛，使你的妄念特多，千萬不要把佛所教導的方法誤解了。佛所教導的一切法是自在的、無礙的，自在無礙就是很活潑很生動，不是學得死氣沈沈，要死不活的。那就叫執著，不叫「善用其心」。

每一位學佛的人，要「善用其心」。文殊菩薩是大智慧者，讓你用得非常靈活，把你的心用得非常靈活。如果把你的心用得死氣沈沈的，學佛法又有什麼用處？我們本來就夠呆板的，夠執著夠煩惱的，那不是越學越煩惱？佛法在世間，不離世間覺。現在是什麼世間？把兩千多年的事，拿到現在這個世間來，你能覺嗎？是迷？是覺？執著過去，迷於現在，這就要「善用其心」。把你的心活到什麼程度？活到無礙的神通自在。把佛所教導的，「善用其心」，用於日常生活當中。

大家到法堂來，你在想什麼？佛是覺者，要學佛的覺，覺就是明白。「善用其心」，你得會用！若把佛法學得很呆板，本來就不解脫，再加些束縛，更加不解脫。學法的時候，心裡歡歡喜喜的，高高興興的，一天愁眉苦臉的，本來是求解脫，你又加上很多新的束縛。

學《地藏經》的道友們跟我說，《地藏經》、《占察經》、《大乘大集地藏十輪經》，他學得很苦。怎麼學得苦呢？一看《地藏經》上所說的，他非下地獄不可。他對照自己的事實，愁眉苦臉的。愁什麼呢？愁著下地獄。一天想著因果報應，這下可糟了！不看《地藏經》還好點，一看《地藏經》，他一定要受報，自己做的錯誤事很多。他就沒看到，念地藏菩薩、念《地藏經》，可以把你的業報轉了，念《地藏經》本身就再不下地獄。皈依佛、皈依法、皈依僧，就不墮三塗，怎麼會念《地藏經》念得下地獄，念得變成鬼，那就麻煩了。這叫不「善用其心」。

大家不要把「善用其心」四個字看得很簡單，這是文殊菩薩的大智慧。一天當中，你生了好多念頭，有好多的想法是不善，你住在不善當中，怎麼能「善用其心」呢？善就是很愉快的，很歡樂的。你的心裡頭也不活潑，也不愉快，被法所執，被語言文字束縛住了。在生活當中，你要立定正確的人生觀，必須要「善用其心」。你怎麼能夠建立一個正確的人生觀呢？學佛法，依著佛所教導的，文殊師利菩薩答智首菩薩的一百四十一個願，從理上講，只講一個，「善用其心」。「善用其心」就認識到了，「諸行無常，是生滅法」，一下子就過去了。「生滅滅已，寂滅爲樂」，這是眞正的「善用其心」。就這麼一個法，一百四十一願都可以做這樣解釋，其他的什麼都沒有，這是說理。但是在事上，在生活當中，你所遇見的，不管學佛的人，還是沒學佛的人，你必須得生活。普壽寺師父，一天不是在生活嗎？事情上看著很多，理上就是一個生滅法而已。你把這些事攝歸到理上，就是「善用其心」。

《華嚴經》講一個字「攝」，攝受的攝，攝什麼呢？攝事歸理，或者是開理顯事，在理上開闊，顯出事來。要是從理上顯事的時候，放開了，無量微塵數，塵沙無盡，這叫塵沙惑，無盡的。過去、現在、未來，好像多得不得了，收攝起來，一念心，就是「善用其心」。只有你現前的一念心，你善用起來，「善用其心」。理結合到事，事攝到於理，事理就是一個，結合起來叫一眞法界性，這叫法性理體。在俗諦上從緣不變，隨俗而具足眞，眞永遠不失，在日常生活當中，所有的事都成了理，看你怎麼「善用其心」，要會想會用。

當你行菩薩道，化度一切眾生的時候，你也得「善用其心」，祈禱眾生要「善用其心」！這就是自利利他、修行一切的動力。現在不是講動力嗎？比如我們的心裡，永遠觀想、思惟，充滿光明、自在、解脫，要是不這樣「善用其心」，你會很侷限的，會很苦惱的。我們學佛學得苦苦惱惱的，一天悲悲切切的，有的還拜佛拜懺。哭哭涕涕的，不是很好嗎？懺悔罪業了。懺悔罪業是這樣懺的？特別是女道友，略微一幹什麼就哭了，那可苦惱了，眞是哭惱，哭的惱。那是情感，知道嗎？情會往下墮，眼淚都是往下墮的！當你思惟、觀想的時候，是智力，智力屬於火，是上升的。所以在思想當中，不論行住坐臥，發願、觀想，「善用其心」，把你的心用好了，在日常生活當中，你常時這樣思惟，不妨礙你作一切事，作什麼事都可以。你思想有個主觀的觀照，它會指揮一切的。在行住坐臥，衣食住行方面，乃至讀誦經典，上殿過堂，持誦禮拜，念佛念法都可以拿來觀想，就是觀照。觀是要你先發願，有什麼願就指導你做什麼。

發的最究竟願是什麼？我作的一切事都是成佛的。什麼願？成佛，別的願沒有，就是成佛。心裡觀想的是佛，作事都是佛，作任何事我給佛作的。佛者，覺也，我明明白白的作。大菩薩度一切眾生的時候，有四弘誓願，那是究竟的，作什麼事都是度眾生。眾生無邊，一定要把他們度了。煩惱無盡，一定要把它斷了。但你要想作這兩件事，得先學佛法。中心的目的是成佛，究竟成佛。大家都這麼想嗎？天天念，不往心裡去，念念成了口頭禪。「眾生無邊誓願度，煩惱無盡誓願斷，法門無量誓願學，佛道無上誓願成。」不往心裡去。再加上韻，就只顧聲音，不管偈子的意思，這樣是不行的。

這個願發了，隨著這個願要作觀想，要往心裡去，這叫「善用其心」，這叫「正念現前」，二十四小時都不離開，白天這樣想，睡覺作夢也是這樣想。日有所思夜有所夢，白天盡想這個事，夜間夢裡還是這些事，你的意念就成功了。

平常大家的願望都是這樣，別作惡夢就好了，惡夢不要，善夢也不要，幹什麼要作夢嗎？要明明白白的。雖然是睡覺，休息身體，但是心裡頭明明了了不糊塗。在睡覺的時候，不作糊塗事。假使用功用到這樣，將近覺了，時時刻刻想到度眾生，時時刻刻想到成佛道；心裡總是把眾生擺在第一位，把自己成佛擺到第二位！不是說我成佛了才去度眾生，因爲度眾生成佛，成佛了還是度眾生。這叫「善用其心」。

這個偈頌，「菩薩在家，當願眾生，知家性空」，目的是「免其逼迫」。一百四十一願的第一願，「當願眾生，知家性空」，不要把這個「家」這個字，限制到在家，出家也如是。出家又入家，這是和尚家，只是沒有男女關係，生活起居一樣，吃飯睡覺一樣的。

一切的法門不離開觀，觀就是修行。觀行都是從居家出來的，所有的煩惱都從這兒產生。你所行的、所觀想的、所思惟的，都離不開家，這是根本。因爲觀、思惟、行所起的作用，就是你的作爲，身體要作什麼，把身體所作的、心裡所想的，都是修行。依著什麼行？依著什麼產生的心行、產生的正念？「善用其心」。誰生下來就當和尚？不會的，誰生下來就當比丘尼？沒有的。有的人小時候出家，那是他父母同意把他送出家，有的到晚年了，都有了第三代人，完了去出家，時間不同，但是都是從家裡出來的出家。必須得先有個家。釋迦牟尼佛也如是，儘管他生下來，行了七步，「天上天下唯我獨尊，一步一蓮花！」他還得媽媽養，親媽媽死了還有個繼母養，那是示現。

你發起個出家心，必須先有家，才有出家心。如果沒有家，這個出家心能產生嗎？這形容一切諸法都是從無明生起的，染法從無明生起的，法界所有。因爲在家的因緣生起，才知道一切萬法如幻，無常的、如夢幻泡影的，如水上泡的。

我們在太陽地裡走，總會有個影子，影子是假的。一切萬法因無明生起的，你知道這個萬法，「如夢幻泡影，如露亦如電，應作如是觀」，能觀的就是「善用其心」。觀於所觀的一切境，這個家叫無明家。那個家你出了，無明家你還永遠出不了，必須到成佛才出了。把這個家就變成了無明家，到什麼時候才出家？到眞正成佛，破最後的一分無明，成了佛果。現在我們這些大菩薩還都在無明家裡，不管多一點，也還沒出完，還在無明家裡，還沒有究竟破除。這是讓你修空觀，也就是文殊菩薩告訴我們「知家性空」。就這四個字，「知家性空」，要知道家是空的！家庭逼迫的苦，沒有你的份，再不受家累。你把無明除掉，永遠的累就沒有了。因爲有個家，使你出離，才成就你的道業，不爲家庭所累，那就不被無明牽引，什麼事都是明的，你就能轉變無明成光明。前面〈光明覺品〉、〈菩薩問明品〉，沒有無明，就不會起惑造業，不起惑造業，不就成了嗎？不會逼迫你，因爲起惑造業才受逼迫。這樣子才不會逼迫，這時候一切煩惱無明全斷了，證到究竟菩提。

一切在家的都是世間法，這個家就是一切世間法的根本，任何人只要在人間就超脫不了這個家，這是你的根本，這也是一切貪愛、一切束縛的地方。它熏習你，讓你觀家庭諸法無常。從這裡才體會到諸法無常，在家你就得到超脫。〈淨行品〉的第一句，是「菩薩在家」，菩薩在家行道，懂得家是一切諸法的根本。整個世間一切法，就是家庭，這是一切世間法的最基本單位。

不論父母怎麼教育你，不管接受也好，不接受也好，你生到這個家，你跟這個家一定有因緣的。我們講因緣的目的，就是有了一定因緣，這是你最基本的，我們這個人身是輪迴的起點。你有了這個人身，就是有了我，有了我，就是要輪迴。沒有我了，無我了還有什麼輪迴？誰輪迴？你應當這樣去觀，這個家庭就是你的基礎點，這樣觀就是「善用其心」。

我們說在家出家，必須先有在家而後再有出家，沒有在家，出家又怎麼出？哪個廟裡生小孩子？大家看到廟裡生小孩子嗎？寺廟裡不會生小孩子的，這個大家都知道，必須得從家裡出來。因此一切人都是父母所生的，釋迦牟尼佛也如是示現人間，都由家而起的。爲什麼一百四十一願把家擺到第一位？我們要把家理好，理好一個家很不容易。家庭的每一個成員，不管是小的老的，都是最基本單位，要把它理的很好。在儒家講的道理，齊家治國平天下，家裡不好怎麼能治國？怎麼能平天下？如果家好了，那就天下太平。不論儒家、道家乃至佛家，這個道理是根本的。

我們經常說念佛，打佛七，你的妄想這麼多，曉得妄想怎麼來的嗎？找找原因。因爲你有身見，對這個身體，看得很重。你的身體就是個家，你的心要出這個家，出得了嗎？因爲有這個身體，我執、我見、身見特別重的，「善用其心」，觀察過嗎？你能夠破除身見，怎麼破除呢？觀察一切法無常，身體是無常的。如果你再下點功夫，觀身不淨，想破除身見，你觀你這個身體不乾淨。衆生的執著，很難說！如果大家來聽課，每人提一罐屎提一罐尿來，這樣行嗎？這是絕對不可以的，也沒有人這樣做的。但是你這個身體可就帶來了，肚子裡頭屎尿都具足的，誰能把這個破除？說我把屎尿放到外頭，我進來聽課！你這個人就不是個人，是個妖精，相信嗎？你要善於觀察，能把身見破除了，好多的煩惱就解除了。

有些道友桌子上擺個骷髏，隨時對著骷髏看，這就是人的結果。但是骷髏也會變壞的，最後什麼都沒有。剛才說觀身不淨，能把你的身見破除很多。有好多的事情，煩惱解除不了，你這樣觀就能解除一部分。這是在家的菩薩，借助執著在家的觀想，可以破除你那個不明白，那就得到明白，破除你的無明。知道家是你貪愛的處所，生愛生執著就是這個家。這個學佛的人都能明白，都能知道。

我剛才說家庭和睦，家庭很好，但，貪愛的染緣就更深了，不求出離。換句話說，貪愛家庭很好，那你貪愛的更嚴重，就不想出離，這是在家的家。

普壽寺是什麼處所？離貪愛的處所。護持三寶，護持常住，以什麼心？要「善用其心」，如果對普壽寺貪愛執著，家是貪愛的處所，寺廟是不是貪愛的處所？如果你不能明白的時候，執著！這叫我執我見不能消除，因爲我執我見的關係，以我爲主，這就是出發點。你想些問題，你的思惟，從什麼地方出發點？最主要的應當是「善用其心」，應當發願把我破除，換一個無我，或者換一個大我，「大我」就是「無我」的意思。

對於我們現在的人身，人情世故互相往返，還是以家爲大本營。你的家、我的家、他的家，各各的家庭。要是貪著就沒有出離心，因爲有家的緣故，這都是痛苦的，生出來出離心，你感覺這個家好像不太好，才想出家。在家的時候，你總感覺不太舒服，你要出家！到了寺廟裡頭，你感覺著舒服嗎？你感覺舒服，這個家也不想出，你能解脫嗎？這個「善用其心」又進了一層，讓你生了出離心，想找一個解脫的方法，這樣子才信了佛，進了佛門。你知道這個家是超出塵世的，超出輪迴的，它只是個轉變機構而已，要這樣來認識這個家。

大家想想，我們哪個不是爲了這個家作了種種的業？業裡頭有善業、有惡業，作業就是你所起的作用。因爲有家會生起一定的作用，起什麼作用呢？起碼說貪愛，因爲家是大家聚集起來的，這才叫個家，這就是世間法。世間法是什麼法？纏縛你不得解脫。你想離開繫縛，才離開這個家，離開這個纏縛，或者說求出離，或者求出世間。

我到過很多在家的道友家裡，他們家裡都有佛堂，大多數供養觀世音菩薩，或者供養阿彌陀佛，目的是求觀世音菩薩加持，並沒有產生心裡的正念。必須產生正念，什麼正念呢？「善用其心」。外假觀世音菩薩加持，內心裡產生正念求出離，不爲世間纏縛把你纏縛住，這樣漸漸就能得到清淨。

在家的《優婆塞戒經》說，「優婆塞」叫「近事男」，講五戒。在家人的惡因緣很多，家是一切貪欲、罪過的處所，它是這個因緣所和合的。因爲因緣和合，沒有自己的體性，都要消失的，自然要空的。若是懂得這個道理，還有什麼放不下的？就怕不明白，明白了就放下了，不被家庭的纏縛所逼迫。

「菩薩在家，知家性空」，這個意思就是解脫，一切都解脫了，這是最根本。菩薩在家的時候，願一切衆生知道家是空的。這個空是性空的，它的體是不存在的。相，暫時是有的，最後歸於空，要攝相歸空、攝相歸性！歸空，空還有什麼纏縛嗎？纏縛不住你。所以說菩薩在家，要能夠隨順一切世間，不違背世間。菩薩在家，不違背世間相，不違背世間法，那就說在家法，孝悌忠信禮義廉恥，現在不講這一套。講什麼呢？你生在哪一個國家要遵守哪一個國家的法律，你要隨順，不能違法。你要知道貪愛是有罪過的，你能知道了，對於貪愛而不染。

這個家本來是世間法，但是你用這種觀念把它轉變，轉世間法爲出世間法的根源。在家的優婆塞、優婆夷，若知道這個道理，就能夠契入出世間的根本。如果沒有個家，你也出不了世，也不會降生。因爲有了這個家，來到人間，所以佛法在人間，不離世間覺。但是你要覺悟，不貪戀不沾染，就是覺悟，知道它是空的嗎？菩薩在世間不違世間相，世間是什麼相，你就隨順人緣，既然你是個人，那你就作人事！不想作人事，想成佛道，你就出家。《大方廣佛華嚴經》也呈現在家的功德，在家有什麼功德？「知家性空」，就這麼一句話，你要成就性空的功德。性空的功德是什麼呢？頓入空門，它是出世的根本。

「菩薩在家，當願衆生，知家性空，免其逼迫。」把這個意思一直貫徹到以下的一百四十願。「善用其心」就是這麼樣做主導的。我們說了這麼多，現在是出了家，你回憶一下，這個家對你所產生的作用。回憶家，可不是叫你留戀這個家！不要搞錯了，你再去留戀，出了家了不捨家。佛教導我們，出家要離俗家遠，俗家的事情亂如麻。我們好多出家的兩眾弟子，比丘比丘尼，出了家捨不得家，還管家裡的事務。有的在鄉鎮上，或者縣城裡，出家了還在原來的老家，家裡的大小事都在到廟裡跟和尚商量，「出家不離家，所以兩不發」。出家沒修行成，在家也發不了財，這叫「兩不發」。你出家成道，是因爲有個家庭，不是說你再回到家庭，幫助家裡發財。家裡有大小事，都到廟裡問和尚該不該做，我看見我們道友既管著和尚的事，又管著廟上的事。父母發心、六親眷屬發心，不一定到你這個廟，你可以叫他到別的的廟，到你這個廟裡是家不家，廟不廟，因此成了家廟。有很多農村的廟、縣城的廟變成這樣一種情況，這是過錯。所以現在的時代，在佛所規定的，是末法。

這一品經的題目叫「淨行」。清淨的修行，清淨的法門，那叫淨行（ㄏㄥˋ hèng）。行（ㄒㄧㄥˊ xíng），是究竟的行爲。爲什麼加一個「善用其心」？我們聽著這個事，善用就是用好一點。好難！如果沒有文殊的智慧，這個心善用不了的。有些道友找我寫字，我就寫「善用其心」。不止在〈淨行品〉，可以說在《大方廣佛華嚴經》，你修的三止三觀，六相十玄，七覺四空（或作「三空」），全都離不開「善用其心」。會修行者，念念不離心，心能行道，是靠你這個心去行道。

孝事父母　當願眾生　善事於佛　護養一切

在家有父母，要孝順父母。他說我出了家，出了家要孝順佛，「善事於佛」，「善用其心」是把在家的心變成出家的心，就是要「善事於佛」，簡單說就是善事於覺，佛就是覺。願一切眾生常時明明白白，清清楚楚，作清淨行。

「護養一切」，一切眾生都是父母，把自己看成佛，也把過去的父母看成是佛，把佛看成自己的心，心即是佛。佛就是這樣，他父親病了，回去看他父親，甚至要涅槃的時候，到忉利天去看他的媽媽，為他媽媽說《地藏經》，但要能以法度自己的父母。

像我們諸位道友能遇到大乘經典，能夠學戒定慧，以戒為師；但是在戒上一定知道戒的涵義，防非止惡。防一切非，不該作的不作，止一切惡事，要這樣理解。所以每個戒條，都別別解脫！戒的涵義是別別解脫，不是別別束縛，每一條都是解脫的。這個道理很深，不是戒條的明文，而是它的涵義，涵義就是不作諸惡。「當願眾生，善事於佛」，就這個涵義，叫你「善用其心」，「善用其心」，不止是〈淨行品〉貫徹到末尾，文殊師利菩薩跟智首菩薩說的這句話，你要貫穿到一切行為、言語、思惟，要得到解脫，千萬不要得到束縛，得到束縛不是「善用其心」。大家對這個「善用其心」，好好的護念，好好的想！希望人人都學文殊師利菩薩教授我們的「善用其心」。

出家孝順於佛，多念念經，在自己修行的時候，給父母迴向。但是什麼算是孝？孝者順也，就是隨順父母，應當聽話，是最孝的。現在很少人聽父母的話，明明知道父母說的話不對，也不當面抵觸，你不去做就行了，之後用善巧的方式跟他解答。最大的不孝就是頂撞父母，恐怕我們諸位都有。我們出家道友沒出家之前，若是頂撞的時候多，就是不孝。佛教導我們要隨順父母，知道不孝，怎麼辦呢？懺悔。換句話說，出家了，對佛就是父母，佛所說的話，不能頂撞！凡對佛所教授的經典、教義，你眞要去做的，沒有錯誤的。違背佛所教導，那是錯誤的。怎麼辦？你要善巧的方式，當面不能抵觸，以後漸漸地想辦法，他說的是不對，照他說的去做了嗎？特別是現在，現在對於過去的事，現在社會是向前進的，五、六十年前的事看不得了，一、二十年前的事都看不得了。

我們現在，佛弟子不聽佛的話多得很。我們知道，佛教導我們要把父母看成是佛，我們出了家，把佛看成是父母。釋迦牟尼佛的父親淨飯王病了，那回去侍養。佛臨要入涅槃，到忉利天宮，給他媽媽說《地藏經》。這就是佛給我們作的榜樣，「孝事父母」。佛弟子以孝順父母的心，來孝順於佛，如果父母還在，迴向孝順父母。能夠這樣子護養他，善事於他，那是最大的孝順，孝者就是順的意思。

有人跟我這樣說，《地藏經》是出家人的事，在家人不能念，一念就把鬼招來！

這種觀點當然是錯誤的，因爲他根本不理解《地藏經》說的是什麼！我們一般所說的鬼，像法堂他都進不來，更不說上忉利天。鬼是怕人的，但是現在顚倒了，人怕鬼，鬼能到忉利天去說法嗎？大家念《地藏經》都知道，阿羅漢一個都沒有，連阿難都沒有跟佛去，只有文殊菩薩跟佛去。大家看第八品主命鬼王，佛就給他授記，過一百七十劫，他就成佛，號曰無相如來，剎名安樂，世界名淨住。你說是鬼是佛？那個時候他是鬼。《地藏經》第一品說婆羅門女，第四品說光目女，都是孝順，都是爲了他媽媽，看他媽媽下地獄了，要度他媽媽。我們應當發願善事於佛，父母即是佛，把父母作成佛想。

過去在溫州地區，有一位信佛的佛弟子，他對他媽媽很不孝順，但是非常信佛。他朝拜一位大德，跟師父請法。他師父跟他說：「這個法，我不說了！今天你回家，看見把棉襖反穿上、來給你開門的，那就是佛，你請他給你說法。」這個人就回去了，家裡沒別人，就一個媽媽。他平常非常忤逆，罵他媽媽、打他媽媽。他媽媽一聽到他的聲音都怕死了。他回家去了，他媽媽一聽兒子的聲音，嚇得不得了，棉襖也顧不得穿上，就反披上了。一開門，他兒子一看，反穿棉襖的是他媽媽，他說：「媽媽就是佛！」從此之後他就改變了，孝順他媽媽，向他媽媽懺悔，這只是一個故事。

我們孝順父母就是「善事於佛」，懂得這個道理了，你隨時念經，乃至隨時行住坐臥，給他們迴向。爲什麼？佛是不作錯事的，佛不需要你迴向，但是父母容易作錯事，他們的錯誤很多，所以你要迴向。如果能這樣作，你的身口意十業完全清淨的，因為你把父母當成佛，功德非常大。為什麼要說個「順」字？「孝順」，一般說的是「孝養」，這裡說的是「孝順」。「孝養」，你只能養他的身體，衣食住行照顧好他。「孝順」，就不同了，是養他的志，轉變他，讓他信佛，長養他的善根，這個功德最大，這叫最大的孝。「親得離塵垢，子道方成就」。過去的大德，能夠使父母皈依三寶，能夠信佛，這是最大的孝順。乃至能信佛，這是最大的孝順。

我們經常要報父母恩、報師長恩。我們有間憶恩堂，是如瑞法師跟妙音法師修的，懷念通願法師恩德。能使父母信佛，乃至父母過世了，能夠在他的祭日，給他念念經，給他迴向，這個恩報的最大了。若能夠使父母信了佛，那個功德最大。自己父親、母親若能離了塵垢，這是最大的孝順、最大的報恩。

在古時候，孔夫子的學生曾子，曾子的父親叫曾晳，曾子的兒子叫曾元，他們三代人孝養父母的方式不同。曾子孝養他父親曾晳的時候，每頓飯都有酒有肉，吃的很好，他們不吃素的，那個時候，還沒有佛教。在供養他父親吃完的時候，曾子一定要問曾晳，這剩下給誰？或者給家裡哪個孩子吃，或者留著他下頓吃？曾子在鍛煉他的父親布施、捨，不要貪戀，每頓必問所施。吃完了又問他說這個施給誰，這是養他的志。

等到曾元養曾子的時候，也如是孝順，每頓必有酒肉，但是用湯完畢了之後，

淨行品 第十一

○釋 文

他不問說給誰，不問所與。曾子養曾皙的時候是養他的志氣，曾元養曾子的時候，是養他的肉體，吃飽了舒舒服服，身體好一點，這兩者不同，一個是養他的志，一個是養他的肉體。

前面講「善用其心」，既然把父母當成佛，我們平常供養佛，我們知道佛的志，一切能捨了，因爲佛是護養一切眾生。因此，我們對一切眾生，把他當成父母想，這個意義就深了。我們對待一切眾生就像對待自己父母，對待佛一樣，因爲沒有眾生，佛成不了佛。大家念十大願王的第九大願，眾生像菩提樹的根，有眾生才能生出菩提樹的諸佛菩薩之花果，沒有眾生就沒有了。

爲什麼菩薩發大願要救濟一切眾生？大家可以看《地藏經》！弘一法師在金仙寺聽見靜權老法師講《地藏經》，他在講經場裡頭放聲大哭，靜權法師也不知道怎麼回事，經也講不下去，什麼意思？爲什麼他那時候感動的控制不住？他感念誰呢？感念佛。佛在《地藏經》每一品當中，佛都囑託讓他度脫眾生，一而再、再而三的囑託地藏菩薩，佛使這些弟子、這些大菩薩，讓他們在末法當中救度眾生。

我們講《華嚴經》的時候，那是另一種境界！最後講圓滿次第，已經到成佛了，回頭又講信，已經成了佛，回頭講信心，誰成就你的信心？誰讓你發起的信心？信不離體，信是因，成就果，是因爲那個因成就的。因爲度一切眾生，才能成佛，沒有不度眾生的佛。根據這個意義，你對眾生能生煩惱嗎？眾生是你的父母，也就是佛。沒有眾生你成不了佛，你若真能夠如是觀，把一切眾生看成是佛，豈止父母，一切眾生都是。《華嚴經》講的意義，是全體大用，這叫不思議！普通的說，「孝順父母，當願眾生，善事於佛」，這是普通的一句話，隨文講就是像孝順父母一樣，事奉佛。但是我們眾生有分別心，你見著一隻貓，見著一條狗，見著一隻螞蟻，見著一隻老鼠，見著一隻蒼蠅，見著一隻蟑螂，你能把他們當成佛嗎？我們哪位道友發這個心？我想沒有。爲什麼？我們的業還沒有到這種程度，發不起這個心，特別是老鼠、蒼蠅、蚊子，我們這個心跟佛心不一樣，所以我們要懺悔，這就是我們的障。什麼障？業障。孝事父母的時候，當願一切眾生，把他們都當成佛想，護養他們。

妻子集會　當願眾生　冤親平等　永離貪著

如果妻子、兒女在一起聚會的時候，在家的菩薩怎麼樣用心呢？怎麼樣想？前面我們有一句話，「知家性空」，觀想這家的體是不存在的，是空的。你的妻子，有時是冤家，不是冤家不聚頭，並不是兩夫婦都很好的。我們看見的夫婦一結婚，就吵鬧，現在有離婚之說，可以離了，封建社會哪有這個？那就永遠離不開的，這叫冤家路窄。還有說不是冤家不聚頭。怎樣辦呢？學佛的人「善用其心」，把妻子當成了最親近的，不把她當冤家看，要轉化。我們貪心、貪財、貪一切事物，反正貪戀這個娑婆世界，要把這個放下，要看破。「知家性空」，常時這樣觀，空念觀成了，這種障礙就沒有了。

特別是妻子、先生，不論哪一方先入佛道，一定要發心度他。這很不容易度，像我們信佛的很多道友，她信，她先生不信。她信佛之後，佛教導不要殺生，她在家做菜，不買肉了，她先生或者小孩子，提出反對。我勸很多道友，要照常的生活，該買肉了還給人家買，你做白菜餡的餃子，他們不習慣。她說：「那不犯戒嗎？」我說：「戒沒有這樣規定的。」因爲佛規定要三淨肉或者五淨肉，不見不聞不爲我，他不是爲我殺的，我也沒看見他殺，我也沒聽見他殺的聲音，這叫三淨。還有五淨，五淨在我們這個國土很少，說鳥吃的、老虎吃剩下的、老虎吃獐子吃鹿子吃剩下的，你可以撿著吃，這叫淨肉。但是佛在世的時候，天天都吃肉，人家給什麼吃什麼！比丘是托鉢乞食的，不是自己做的。我們現在不能吃，吃素吃久了，腸胃起反感會吐，但是這不是信佛的條件。在中國可能變成條件，你信佛不信佛他不知道，你若不吃肉，他就知道這個人信佛。我是舉這麼一個例子，在家裡頭你信佛，慢慢勸他們，你要發菩提心，要度他們。如果你連先生都度不了，還怎麼度衆生？如果你連太太都度不了，怎麼度衆生？互相要有耐心。

對家庭不貪戀、不執著，知道是性空的，這個涵義很深的，前面我們講過很多，你修法的時候，要修空觀，家庭是無常的，隨時可以破碎的。你年紀大了，也許他先走，也許你先走，也許年紀小的走，都不一定。知家性空不要貪戀，把自己妻子跟一切冤家看成平等平等，這個等你修觀修成了，就懂得了。

若得五欲　當願眾生　拔除欲箭　究竟安隱

五欲境界，包括財、色、名、食、睡，所以說「財色名食睡，地獄五條根」。根會發芽成長的，把根拔了你就安穩了，拔的越乾淨就越安穩，因爲把財色名食睡斷了，不在六道輪迴轉了。但是很難！所以文殊師利菩薩在〈淨行品〉教授我們，斷五欲，怎麼斷呢？「善用其心」。這一百四十一願，就是教你鍛煉斷五欲，你把它拔除了就沒有痛苦。你身上有棵刺，感覺著總是痛的，你把這刺拔出來了，過幾天就好了。斷五欲，是你最初在家信佛的根本，要除掉五欲。說我們出家了還求名嗎？有。我們不也是考試，考到前頭，高興了！考到後頭，不高興了！這就是好名的一種。或者表揚哪位道友，批評哪位道友，被表揚的高興，被批評的就不高興，你必須得鍛煉。這是總說，這裡包括的還很多。

我們好多女道友在家喜歡彈琴、繡花。我記得有位學者，以前家裡很闊的，她一天就是彈琴、作詩、種花、養竹。「琴棋書畫詩酒花，當年件件不離他。」就是這七件事，哪件事都是貪愛的，「如今七事都更變」，現在這七件事變了，「柴米油鹽醬醋茶。」一家庭衰敗了，自己得去操勞，買盒茶葉都困難了，喝杯茶都很困難了，一天就在柴米油鹽醬醋茶上發愁了，你不放下也得放下。說我們出家了，出了家了你睡覺不睡覺？你要吃東西，你很難離得開。當你修道的時候疲勞，睡眠不夠，很想睡大覺。爲什麼高旻寺來果老和尙說：「寧在常住睡大覺，不在小廟辦道。」很多人要住小廟，要住個洞。幹什麼？睡大覺。沒人管，沒人限制了。有的修道，那得破了參的師父，不破參不住山，開了悟了才住山，住山是指一個人住，不是大家住。五欲境界是很不容易放下的。

大家可能知道，我跟能海老法師曾在西藏哲蚌寺後山住茅篷，那也不是茅篷了，就是一個洞裡，他一天在那裡頭住，每天下山給康薩仁波切背一桶水，送到哲蚌寺供瑪康薩。供瑪康薩是康薩仁波切住的地點，他親自揹，那時候他在中國內地已經是大師，大家都說能海上師，在四川當過司令員，出了家修道。那個住山住洞，不是睡大覺，而是不睡覺。

睡眠的障礙比前面都重要，大家會體會到，如果你用功，每天只睡三個小時，只睡四個小時，你感覺睡眠不足的時候，想睡大覺。佛規定我們，沒有給我們睡眠的時間，夜中時疲勞過度了，讀誦大乘以自休息。讀誦經典，就是休息，這是一種。佛又說，得看你身體的情況。他有一個弟子，誦經的聲音非常悲哀、非常拘謹，修道修的很拘謹，想斷五欲。佛就到他那兒跟他說：「你過去沒出家之前是幹什麼的？」他說：「彈琴！」「彈琴，那琴弦把它擰緊了，可以不可以？」他說：「不可以。」「爲什麼？」他說：「一彈，弦就斷了，繃太緊了它會斷了，發出來的音非常激烈，不好聽。」「鬆了可以不？」他說：「鬆了，沒有音了。弦若鬆了，你彈還能發出什麼音來？」「如何才好呢？」「不緊不鬆。」

佛就跟他說：「修道也如是。」得看你的功力，剛才說不睡眠那個，那得看功力。阿那律尊者出家後經常睡大覺，佛就呵斥他，「咄咄何為睡，螺螄蚌蛤類」，那螺螄蚌蛤，不是有個殼嗎？牠在殼子裡一天睡大覺，永遠睡大覺，說你跟牠相似。阿那律尊者聽到佛這麼一呵斥，生起慚悔心，晝夜不睡。但是他那時沒有證得阿羅漢，晝夜不睡，眼睛就瞎了。阿那律尊者是瞎子，之後他成道了，就用天眼看。

在你生活當中斷五欲，「善用其心」。五欲境界好像是讓身體舒服，實際上是痛苦。你想為名，你看那些打球的運動員，國際比賽或是哪有一場比賽，命都不要了，要拿冠軍。冠軍拿到了身體也完了，反正運動員能活到長壽的很少。有的運動員到三十歲就不行了，只是幾年的光陰，身體的體力是有限的。這都是為了一個名，名裡兼著有利，名必具利。還有貪吃的，想吃的好。財色名食，只剩睡眠了，這四種可能有個根，你在這裡頭找個什麼名。在普壽寺有什麼名？我們這裡不表揚，你在佛學院，在什麼地方還有個表揚，我們這兒很少。批評是有的，批評是鼓勵你。人跟人之間、道友跟道友之間，在財色名食睡上，自己問自己斷了好多？因為這五者是地獄五條根。你拔出去，地獄沒有了，拔的乾淨一點，六道輪迴沒有了，你要是沒有了，再不墮六道。如果除掉貪愛相，清淨了，這就是淨行。當你得到五欲的時候，不去貪戀，不去執著，看破它！就像把射到身上的箭拔出去一樣，你能得安穩，就像箭射到身上一樣。

經常這樣修觀，觀想常了漸漸就離掉，思想也不在乎這個。怎麼鍛煉呢？吃飲食，不管吃好吃壞，自己給自己定個規矩。我無論到哪吃飯，一出家就給自己定個規矩，不過齋堂。過齋堂都是一飯一菜，特別是我們當法師的不同，我沒過過堂。那時候當侍者，給老法師打飯，跟老法師一塊吃，沒過過堂。離開老法師之後，自己當了法師，當法師了就吃客飯，人家請哪都吃客飯，沒有到齋堂吃的。就擺個桌子，給法師做的菜都很多。我給自己下個規定：面前這盤我吃，離著遠的我不吃。我只是對著我這方向的我吃，我不過河。這是克服自己貪飲食的念頭。食和睡，這是俱生的惑，只要一生下來，這個惑就跟著你。因此，斷除五欲聽著很簡單，處理方式很難。

一般的道友們，在名上頭，關係都不大。當方丈、當執事，特別是當法師，而且互相之間還爭。聽著哪個法師緣法好，名望大，心裡起嫉妒障礙，這個要除掉，往道念上會，這叫「善用其心」。

伎樂聚會　當願眾生　以法自娛　了伎非實

有一回兩岸祈禱和平，有個表演大會。歌唱的是女眾佛學院，男眾佛學院表演什麼呢？表演打拳，動武術。他們在表演的時候，我沒去。我的一個弟子，負責組織這個事情。他說：「老法師，您怎不去？」我說：「我這樣就很慚愧了。」他說：「怎麼回事？」我說：「跳舞的，打拳的，唱歌的，都是我們佛門弟子。」我們看到有好多老法師、臺灣來的大德、佛教會長，但是，這可是佛所呵斥的，我們把它當成祈禱兩岸和平。現在的社會，現在的時代，我們能夠講，有人聽，再有人去改，再去做，這就是正法，這不是末法。跳舞的、歌唱的，在種種聚會上，這多分是指在家菩薩說的。

在種種聚會上，當時你是很高興、很歡樂的，這是世間的快樂，不是出世間的。我們把它轉變成法，以法為樂。讀誦大乘，禮佛拜懺，讚歎佛的功德。但是這也是假的，假的含著眞，能證眞。跳舞歌伎，這個能給我們帶來什麼呢？大家習染了，習染以為樂，認為這是很好的。但是常時這樣觀，它也就不好了。這跟我們上殿念誦不同。怎麼不同呢？意義不同，唱梵腔，你體會那意思，乃至於有的能夠入定，就在唱念中，他入定了。他隨著唱念的音聲入定了，梵音的音聲能給人開悟了。

我們現在沒有做那儀式，講經時，維那師唱開經偈，一個轉彎要轉七個半彎，「法筵龍象衆，當觀第一義；諦觀法王法，法王法如是。」佛就下坐了。文殊師利讓大家都來聚會，聽佛開示，文殊菩薩唱個鐘聲偈，佛就下坐了。鐘聲偈就把法說了，那個也是唱誦，但那個唱誦不同。

前年我們唱「華嚴字母」，四十二個字就代表十住、十行、十迴向、十地、等妙二覺，四十二個字妙陀羅，一個字代表一位，是那樣子唱誦的。我們現在讚歎佛，讀誦大乘，歌舞唱伎，受八關齋戒時就犯戒了。假使遇到這個聚會，這是指在家菩薩說的，要「善用其心」的觀想。文殊師利菩薩教授我們，讓我們隨時這樣作觀想，「善用其心」，你到什麼場合，心裡怎麼想，你要把你的心用到很恰當的地方，不要隨著客觀的環境轉。

一個五欲境界，一個歌舞聚會的境界，如果讀過古書，一定聽見過「司空見慣」。典故是發生在唐朝，唐朝有八大家，作詩作得非常好的，其中有位劉禹錫，他在西安，皇上生他的氣，把他貶到蘇州。他到了蘇州，蘇州有一位在朝廷做大官的，叫司空。司空、司徒是教皇上的子弟，退休了，回到蘇州住。劉禹錫貶到蘇州來是當刺史，比縣長高一點，但是比省裡的巡撫小一點，中間級，等於地委書記一樣。他到那個地方，司空請他吃飯。古來請人吃飯都作樂，伎樂聚會，一邊請你吃飯，一邊唱歌跳舞。有個女孩子唱得非常好，劉禹錫一聽，心裡頭就入了迷了。他一看老司空睡著了，理都沒理，「司空見慣」。

古來引典故，作詩、寫文章，都寫一個「司空見慣」，就是習以爲常。劉禹錫作首詩，「高卷雲髻宮樣妝，春風一曲杜韋娘，司空見慣渾閑事，痛斷蘇州刺史腸。」我聽這歌，把腸子都痛斷了。他看看老司空，老司空睡著了，因爲他見慣了，天天唱就不奇怪了。

我們有好多道友，隨我們上殿，他一初聽也如是，有這個善因，把過去的善根喚起來了，他聽那梵音嘹亮，特別是早晨上早殿，三點來鐘時唱，你會因此而開悟的。有開悟的，有聽了塵緣斷了。劉禹錫是因爲杜韋娘唱得很悲傷的，所以他就感覺人生的無常。

一切事物你習慣了，有個慣性，你看著很驚奇的，作的人，他習慣了。因爲我們過去參加這個會，乃至五欲境界，習慣了。但你經過三十年、四十年的修行，沒見過這個，你到那兒，會有特殊的感覺，不是感覺欣賞，而是厭惡。但是大菩薩行菩薩道，什麼場合都得去，特別是在家的菩薩。在家的菩薩，你在社會上，你避免不了的伎樂聚會，或者五欲境界，這個專指在家菩薩說的，你要「善用其心」。「善用其心」，不但不被它所轉，還要轉化一切境界相。《楞嚴經》說，心能轉境，遇到什麼境界都把它轉化了，那就跟佛一樣了。心被境轉，看見什麼被什麼轉，那就是衆生。佛跟衆生就看你怎麼樣用心，「善用其心」。

若在宮室　當願衆生　入於聖地　永除穢欲

「宮室」，在人間上說，是國王住居的地點，一般人住不到的。在國王的宮裡，你要發願。不是宮室裡怎麼辦？一進殿門，或者一進寢室，都可以發願，把它當成聖地。入法堂是聖地，大殿誰住的？佛菩薩住的。法堂是說法演唱，大家學習，這是聖地。把它當成聖地，一到清淨的地方，把穢欲都除掉，這是指出世法，不是世間法。把宮室比成我們的道場，是出世間的，所以說它清淨。把穢欲除掉了，不就清淨了嗎？在我們修清淨行的時候，要除去污穢，這是指心內說的，不是外相說的。你修清淨行，要除去污染雜穢，也就是你心裡頭不正確的思想，把它都除掉，照顧你的正念隨時不失，常時提起正念。

怎麼樣鍛煉我們的正念呢？文殊菩薩告訴我們，這一百四十一願，隨時鍛煉你的正念。念念不忘眾生，念念不忘發菩提心，念念不忘成佛。凡是有人給我們諸位道友，你們以後作為法師，教化眾生的時候，給人受三皈，一定要跟人講，受三皈了，要經常念，這叫正念。經常念佛念法念僧，這叫正念。當願眾生，一想到眾生了，你這個心要提起正念，「入於聖地」，一想到眾生就想到三寶，想到三寶就入於聖地。要隨時念佛，隨時念眾生。每一願都含著這個意思，這才叫清淨。

若得五欲的時候，這本來是世間相，是墮落事。「當願眾生」，想法不同了，五欲是眾生的境界，你若把它拔除了，就入於出世境界，伎樂聚會也是這樣。想到佛的法會殊勝，諸位菩薩讚歎佛的音聲，這在《華嚴經》特別多。遇到五欲境界，你的心不如是，而是聖境！拔除的是煩惱，所入的是清淨無染。一切願願成佛，一切願願度眾生，願願都是成佛，願願都是度眾生，一百四十一願都如是。每一願的第一句都是現前境界相，第二句是當願眾生，你所要度的境界相。〈淨行品〉中，發願有一百四十一願，總的說來，兩個願，第一個願，是願一切眾生成佛；第二個願，願一切眾生去貪瞋癡，貪瞋癡去了才能成佛。因此在我們日常生活當中，你隨時想到這兩個是根本，一個願一切眾生去除貪瞋癡，去了貪瞋癡就能成佛。在吃飯穿衣、做任何事時，都發願。

著瓔珞時　當願眾生　捨諸偽飾　到真實處

這是指在家菩薩說的，出家人當然沒有著瓔珞的。「瓔」是纏到脖子上的，這本來是印度的習俗。我們到印度旅行的時候，有的送你個花蔓，掛到脖頸子上。「珞」，就不是了，「珞」是拿絲緞纏到身上。要是穿衣服的時候，你當成瓔珞這樣發願，這都是虛僞的。從虛僞達到眞實，「到眞實處」。你一舉一動，都要發願。我們穿好衣服，我們有的道友，他在上班之前，也學外國，過去不這樣，現在必須得這樣，要莊嚴。上班的時候，要把衣服穿好，西服穿好，照照鏡子，領帶有沒有打正，在大公司上班，必須得很莊嚴的。

但是，我看見很多在家的道友們，他到佛堂是很隨便的，穿著襯衣就到佛堂去磕頭。我說：「你怎麼不莊嚴穿好一點？」他說：「佛菩薩不會怪的，上班就不行了。」我說：「上班爲什麼不行？」「上班老闆不要你了，說你這懈懈怠怠的，領帶得打好，衣服得穿整齊，還得照照鏡子。」我們有的道友，自己有個小佛堂，他起來洗洗臉，穿著襯衣就跑那兒去磕頭。這是不對的，這是對佛菩薩沒有誠敬心。他認為佛菩薩不棄嫌，可是護法神不答應，說你心裡沒有尊敬心。菩薩當然不會怪罪你，你對文殊師利菩薩什麼態度，文殊師利菩薩都包容你的。大家念過文殊師利菩薩十大願，看看那大願就知道了。但是護法神會責怪你，因為你心裡不誠，沒有至誠、恭敬、誠懇的心。這是外形，但主要是說你的心。心念念不忘三寶，對三寶誠懇尊敬。

像我們出家的道友進佛堂，不但穿的整齊，而且有的持上衣。像有的道友經常穿袍子，這個袍子不是佛制的服裝，是宋朝、明朝的服裝。我兩個老法師從來不穿袍子，一個是慈舟老法師，一個是弘一老法師。虛雲老和尚穿袍子的時候很少，他的任何站像是沒有穿袍子。我這幾個老師，我看他們穿袍子的時候很少，但是搭衣必須得要搭。這是福田衣，因為我們身體做這個衣服，沒有福田相的。這都屬於裝飾，裝飾就是嚴肅。你進佛堂，進佛殿，乃至說我們在家的時候不方便，不要離開佛像，在床頭都可以。第一個使他清潔，第二個使他莊敬。像我們住山裡的道友哪有什麼瓔珞？哪有什麼穿袍搭衣？連個乾淨的大褂都沒有，那又不同了。他一心向佛，其他的衣食住行，都不在乎了。

這裡有在家菩薩有出家菩薩，出家的道友們著瓔珞是犯戒的，不許可；在家菩薩，就要著瓔珞。懂得這個涵義，你進佛堂的時候，要嚴肅一些，潔淨一點。像我們居住條件差的，沒有單立一個佛堂的，大眾共住的時候，自己這麼一個單鋪，一個屋，下鋪八位，上鋪八位，上下十六位，你怎麼辦？心裡嚴肅。穿衣服，穿上下衣都要發願。當你走路，要進一個房子，現在都有樓梯，二層、三層。假使你昇樓梯、上樓的時候，也要發願的。說你穿衣服穿好了，一般的道友，家裡條件好一點的，佛堂是在上面的，人住在下面，這表示我們恭敬心。但是，也不要裝模作樣，順其自然。

穿好穿壞都是一樣的，在你的心裡頭，常時具足一個清淨的心，一個恭敬的心，著瓔珞、不著瓔珞，都可以。如果你在家要進佛堂拜拜，得把衣服穿好，還得裝飾一下，還得帶上珠寶，這都不必。但是最注意的是「到眞實處」。什麼是「眞實處」？我應當離開假相，到眞實的地方，就得要你眞實的心，不是你的穿著如何。「眞實處」，就是我們自性的清淨心，那就是「眞實處」，那是我們自己的佛性，也是諸佛菩薩的本體。外表瓔珞也好，穿什麼衣服也好，這是叫僞裝。乃至你的肉體也是假的，不是眞實的，隨時作如是觀想。

上昇樓閣　當願眾生　昇正法樓　徹見一切

假使你上昇樓梯了，「上昇樓閣」，「閣」是樓上的小樓，閣比樓還高。要往上昇的，上上頭房子，要發願了，「願一切衆生，昇正法樓，徹見一切」。登高望遠，上樓閣了，就像我們現在坐電梯，到商場了，很多地方都要坐電梯。我們現在也是一層一層的，我們這是最下層，上頭藏經樓，上第二層，那就是上昇樓梯，在你走樓梯的時候，要發這個願，「上昇樓閣，當願衆生，昇正法樓，徹見一切」。「上昇樓閣」，走路本來是世間事，我們把他迴向出世間，願一切衆生都能得聞正法，讓他超出世間，所以上昇了。世間法就是人間法，人間所說的。上昇高一層，形容詞了，你心裡頭觀想，「昇正法樓」。就像俗話說，「欲窮千里目，更上一層樓」。你想要上千里，一層不行，上兩層！或像古來說「登泰山而小天下」，泰山離平地才一千多米，五臺山兩千多，最高處是北台，涵義就是這麼個意思。依佛的教授，你看得更遠一點，看的更高一點，徹見一切衆生的煩惱。

昇正法樓，昇無上堂，每位大和尚陞座的時候，就是昇正法堂，昇無上堂，是比喻的意思。願一切衆生，心裡頭都生起正法。「正法」的涵義呢？大家讀過八正道，是指有眞正的思惟，眞正的思惟就是思惟正法，其他都是比喻。世間法與出世間法，出世間法就是清淨的、無爲的，要你脫離一切世間法。你在一切行動當中都如是。你上高一點不一定是樓，爬山也如是，你上一半發一個願，就叫昇正法。一切衆生把世間法轉成出世間法，你要在出世間法學習、了解、開悟，讓一切衆生明了自己的心，恢復你心性的本體。所以在一切形相當中，遇著什麼境界相，馬上轉到思惟佛的教導上，就是這個涵義。我們在世間法當中，一學出世間法，形容著高昇，我們經常說超脫了，不被煩惱所纏繞，就自在解脫了。昇樓的時候，往上昇的時候，爬黛螺頂，爬一層發一層願，乃至到頂點，再看臺懷鎮，看得很清楚了。

若有所施　當願眾生　一切能捨　心無愛著

「施」就是布施。慈悲喜捨就是捨，捨的時候有慈、有悲、有喜，乃至一個很小的生物，一切眾生！不只人類，像我們吃飯要往外頭施食，是給鬼神的。在佛所教授的經典當中，第一個就是施，要捨了才能得，捨得捨得。捨什麼呢？把一切煩惱捨掉。得什麼呢？得文殊師利菩薩的智慧。捨煩惱了才有智慧，六度萬行以布施爲首，先要捨。我們前面講五欲、講貪愛，這些你都要捨棄，因爲你看一切法都是無常的，要捨掉常見。

這裡含著的意思很多，看自己怎麼想，隨時把這個思惟，拿到正道上。你想一切諸法都是無常的，我們要捨掉常見，我們經常看見一切事情是常的，經常把一切法看成是實有的，其實都是虛假的。佛教導我們，永遠不要受生滅法牽扯，這些都是虛假的，依著佛的教導，永遠不要受生滅法的牽扯，像絆腳石一樣的把你絆住。

我們現在在世間上所做的事，每天辛辛苦苦的作事，夜間送煤、種樹、刨坑，捨得捨不得？這含著捨，這叫「莊嚴佛淨土」，把他作爲供養佛，供養三寶，讓一切眾生到三寶地生歡喜心，把世間相全部捨掉。但是我們這個不是眞實的，也是假的，眞實的就不變，眞實的就不壞。過去的大華嚴寺哪兒去了？沒有了，現在我們修了普壽寺。但是我們也修不到過去大華嚴寺那個樣子！我們心裡頭不執著，曉得是變化的，曉得是生滅無常的，但是我們還隨緣作佛事。

我們作佛事，佛事是隨順眞實的。一邊捨，一邊莊嚴，捨一切財物，捨一切煩惱，爲了菩提道，願一切眾生，都能成佛，每個涵義都是這樣。願一切眾生，捨了，心裡就沒有愛著，心不貪戀，意不顚倒。思想常時不顚倒，不作顚倒想，作任何事不要執著，作了就沒有了。昨天晚上卸煤，今天沒有了，今天晚上還要卸！今天就是今天，今天卸完了沒有了，不是天天要卸煤，我夠用的了，沒的了。我們要燒啊！這一冬天燒化了，看著一大堆，忙得不亦樂乎，燒完了又沒有了，生滅無常。心裡不要愛著，任何事物，作是作，作了就捨了。先把我捨掉，我捨掉、一切都捨掉，願一切眾生成佛。

每個偈頌都是這樣，前面說一個事，之後我們發願，願一切眾生，之後就說對治法，對治完了就成佛，或者成一切智，最後那句話都是成佛的。文字上很簡單，義理上就很深。沒有施捨什麼，這個願就不發了。你一天隨你所作的，一切動作隨時要發願的。

眾會聚集　當願眾生　捨眾聚法　成一切智

我們上課的時候，聚了，下課的時候，散了。聚和散，聚的時候不執著，知道這是假相，一會就變化的，沒有永遠這樣聚會的。不論什麼樣的約會，這個聚會不常的，無常的。乃至於我們這個身體也是無常的，地水火風空根（見）識七大所組成的，七大會分離的！乃至我們這個身體所在的家庭，前面說「菩薩在家，當願眾生，知家性空，免其逼迫。」隨時都這樣觀想。聚會也這樣，一個家庭聚會，好的能共同過幾十年，不好的隨時分離。要捨掉這些聚法，把我捨掉，才能成就一切智，意思就是變化我們的觀念，看問題的觀念、看問題的看法變化了，在聚會的時候，就能知道聚會無常，這也是捨，捨掉這個聚法。

若在厄難　當願眾生　隨意自在　所行無礙

受苦、受難、害病、遇到特別災害，都叫苦難。隨時會發生的！有時候害的病是身心內裡頭起的，有的是外頭來的。昨天一位道友在齋堂前面卸煤，他站到坑邊就掉到裡頭。有二三米深，好在身心沒事，腿幹骨折，綁上石膏，經過一段時間會好的，身心不受影響，這叫厄難。本來發的好心，想幫助卸煤，站到後邊，白天沒看見那是個大坑嗎？我們常住也錯誤，爲什麼坑上不罩上一點遮蓋，常住的人沒關係，可能這位道友不是常住的，我心裡想，我不知道是哪一位，你怎麼會站到那邊上？沒事跳坑，這叫厄難。命裡該著，你躲也躲不脫，這叫厄難，隨緣吧！如果他會想的，消災了。好在沒死，但是受病纏苦，他在太原醫院每天不痛苦嗎？看他會想不會想，會想的沒事，消災免難，這是災難，難一消了，成道就快了。他若會想的，我快成佛了，我快了生死。如果當時一摔，他心裡想，這下我了生死，這還是好的，壞事變為好事。

這都靠功夫，要鍛煉，這叫無妄之災，你想得到的嗎？想不到的。道友告訴我們，邊上站著很多人的，他一摔別人嚇一跳，別人就不再摔了，給別人警惕一下，這是在厄難！現在這位道友離著我很遠，我要是在他跟前，就告訴他發願，「當願眾生，隨意自在，所行無礙」，作消災免難想！幸好沒摔死，這回生起菩提心，我好修道。知道這個人身太危脆，往下摔一下就不行了。害病了，苦難了，蹲監坐牢了，受盡災害了，這都算厄難。說你受苦的時候，沒想到自己受苦難想到眾生，讓一切眾生都不受這個災難。這是短時間的，沒有什麼問題。

「當願眾生，隨意自在，所行無礙」。在最苦的環境，你的思想有另一種寄託。遇著厄難，隨這種厄難的環境，你的心不去執著，別幫他的忙，你還是自在的。自在有什麼好處？這種災難性很快就出脫，若不出脫，對你的身心沒有什麼影響。說沒影響，是你的心看破、放下、自在。但這個功夫很難用！我是經過的，也這樣學習過，現在還是活出來了。對佛教授我們的，如果你用，比什麼都靈，信不信就由你。佛只能告訴我們方法，信不信由你。短時間的可以，長時間的確實是不容易，爲什麼？磨練你的性，磨練你的心。我就經過這個磨練，三十三年啊！天天盼，盼自在，他就不自在。放下根本不理他，你不要盼。因此，在厄難的時候，要發願，願衆生，我們一受苦受難，把衆生忘了，還能發願嗎？把佛法忘了。道友要互相提攜！害病、坐牢或者受冤枉，或者受其他的苦難。

我們經常發願，普賢菩薩十大願王有個代衆生受苦，在受苦難的時候，願一切衆生不受難，這叫發願。這個願是普賢菩薩十大願，文殊菩薩十大願裡頭也有。普賢十大願，最後一大願是迴向，發願代一切衆生受苦，在一切受苦難的時候，病苦、老苦、死苦，反正一切苦，我願意代他受，使他能得到自在，使他得到舒服。我們有好多道友組織助念團，哪家要死了人，要死將死之前，大家去給他助念。我們那信佛的在家道友們，心裡很誠懇，發心也很勇猛，很多是念《地藏經》的、念〈普賢行願品〉的，道友要過世往生的時候，助念，幫他念佛，送他走。我就遇見很多，他去助念回來，自己發高燒，或者有不舒服，或者回來胡說，精神失常的樣子，這類事情很多。因爲他那時候初發心，代衆生受苦，一代上就不自由了。爲什麼？你助念那個人，要死那個人，他的六親、怨親債主，在這個時候找上他，你去助念，你要代他受，那找上你來了。一感染上，那很害怕。他又找到我，我告訴他繼續發願，越大越好，大的就把小的遮蓋了！同時在佛堂大家又給他助念，再來幫助他。這類事情很多，佛都教授我們用種種辦法。你回來，感受不好的時候，大家又幫他助念，不久就好了。不然他就生起退悔心，生起恐怖心，那就麻煩了，容易退心。

當我們在苦難當中，不要去想那個苦，越想越苦，你要轉移。轉移是什麼呢？你心裡把這個目標轉移了。特別是住監獄，他在那裡自己心裡想不通，不等人家制裁你，不等人家槍斃你，自己就窩囊死了。判你二十年，判你三十年，你還出的來嗎？自己就窩囊死了。說害病，本來是不死，但是你幫病的忙，越幫病越重。因爲你心裡放不下，受的苦難是外頭來的，你的內心是內部，內部不幫外部的忙，所以叫你隨意自在，就是心裡自在。心裡怎麼自在？你不是還債嗎？還了就好了，你不幫病的忙，心裡高高興興的，不用好久就好了。

有的病是我們心裡放不下，心裡就苦難了。學《地藏經》，有些人把《地藏經》學錯了，認爲那盡是鬼神，盡是還債。假使你心裡有還債的想，本來你該下地獄的，若下地獄，要蹲十萬大劫，這你在人間住監獄呢？住三年或者住三十年，十萬大劫跟三十年怎麼比？哪個長？你在人間，人間一年等於十萬大劫。但是懂得這個道理的人，一定是念佛、念法、念僧。災難自然就消了，障礙就消了。死到裡頭更好了，永遠不墮監獄。隨自願、隨自意，就是這個道理，你才能達到所行無礙，隨意自在。一切事物，你都這樣想、這樣觀，這就是文殊菩薩給你的智慧。怎麼給你智慧？就是這樣給你智慧。一百四十一願都是智慧學，就看自己的道力如何，達到所行無礙，隨意自在了，道力就有了。

經常也這樣想，快樂跟煩惱，怎麼樣建立的？快樂煩惱不是建立在快樂之中，就是建立在痛苦厄難之中。如果你摔傷了，碰傷了，昨天掉坑裡這個是嚴重的，去年這個時候，好多道友把腳歪了，走不得了，也很痛苦。棉鞋底子太高，看著結緣啊，結緣不好消化的。那就看你隨意自在、所行無礙，看你心裡怎麼想的。

「這位做鞋道友的布施，我給他消災了！」你若這樣想，隨意自在了，你好的也快一點。大家說受苦，受苦的時候是什麼樣子？苦是什麼樣子？有個苦相沒有？當時你對苦是怎麼思惟的？每人都有苦，很多道友來問我：「我煩惱的不得了，師父怎麼辦啊？」我說：「你把煩惱拿出來，讓我看看什麼樣子？」他說：「拿不出來，煩惱有什麼樣子？」你放下，你放下不就不苦了嗎！拿一百斤背不動，壓的滿頭大汗，一會兒要壓趴下了，你放下，放下苦就輕了嗎？他就是放不下，還要拿著，拿著它幹什麼呢！越拿著你放不下，那不就苦了嗎？你放下不就不苦了。病，你腦子裡盡在病上，當然苦了，你放下了，病歸病，你心裡不苦，你不要幫他。苦沒有個苦相，苦也沒有苦的思惟。快樂跟煩惱，找它原因是怎麼樣建立的？

當我們在煩惱苦難、厄難當中，我們都是念南無觀世音菩薩，求觀世音菩薩解決困難。觀世音菩薩代我們受苦，他加持我們，我們一念觀世音菩薩，觀世音菩薩跟我們有緣，你這災難就消失了，得到菩薩加持，觀世音菩薩就度了我們。這不是觀世音菩薩加持你，而是你的心變成觀世音菩薩的心，明白嗎？你明白了，念的時候不是觀世音菩薩來救你，是自己救自己。成佛得自己成，不是佛教你成佛，是你自己！你自己心裡念觀世音菩薩，跟觀音菩薩結合成一體！念地藏菩薩，跟地藏菩薩結合一體！你念苦，跟苦結合一起。那不苦嗎？脫離他，不跟他結合一起。一回兩回不行，你試驗一百次，一千次就行了。

有些人說的話，要從反面去看。我記得林彪說過：「什麼假話，說一千遍，都變成眞的。」（假話千遍變爲眞理）對啊！一千遍都變成眞的，假的都變成眞的。我們這個社會就是千千萬遍，大家都這麼樣做，變成眞的。如果都照佛所教導，你認識它，這是假的，不是眞的，他就是假的。有些事物是觀念的問題，也就是你心裡的想法。文殊菩薩教我們這些方法，從你心裡轉化。發願願衆生，之後再對現前境界，把現前境界轉化了，轉化了他就消災免難。在厄難的時候，在痛苦的時候，發願願一切衆生，不要愁眉苦臉，要隨意自在，這要靠你的觀力，那你所行無礙。

這是〈淨行品〉教我們的話，清淨無染，所行無礙。因爲這些苦難都是你心上的污染，一旦除掉心上的污染，那就隨意自在了。

二 出家受戒時願

捨居家時　當願眾生　出家無礙　心得解脫

前面所說的都是在家事。你若出家了，把家庭捨掉，心得解脫。我們為什麼出家還解脫不了？捨不了家，身雖出家，心未出家。身是好像出了三界，不在五行中，士農工商都沒有我們的份，是出離了，心裡頭還放不下。「捨居家時，當願眾生」，你捨離這個家，別再戀這個家，出家才能無礙，那時候心裡才能解脫。

這個問題，像我比大家就好多了。我活到九十歲，家裡的人大都死了。我十六歲出家，現在我也沒有爸爸媽媽了，沒有掛心了。同時，我早給他們迴向，念了經，我相信佛力加持，就算不出三界，也不會受苦難，這我是相信的，我也沒有罣礙了。你們不行，二三十歲的很多，爸爸媽媽都在。爸爸媽媽有個女兒，「我有個女兒出家了！」有個依仗的樣子，給女兒打個電報，讓她回去看一看。這一下子就把道業減少了三年。她本來修了三年，修得不錯，這一回家，恢復原狀。再來，重頭修起。每年回一趟家，這一年的修行，到家裡就還了，就擱到家裡。「捨居家時」，就不要再有礙，出家才無礙，無礙你又回家，把罣礙又撿起來，你解脫得了嗎？

前面講「菩薩在家」，這是「捨居家時」，出家了。你新走一條道，這道叫什麼道呢？以這殊勝因緣，你走的是菩提道，不是在家那條道。捨這個家，當你落髮的時候，你的心在當時是解脫的。就像我們從牢獄放出來，那個心情是什麼心情？

我們都是出家的兩衆道友，出了家，感覺到你得解脫嗎？你現在是個出家人，眞的沒罣礙嗎？我們好多的道友，沒有學過佛法，或者學得不深入，沒有學過〈淨行品〉的，對你家庭的情況，出家要離俗家遠，俗家的事情亂如麻，千絲萬縷，這個困難、那個困難，不論有錢沒錢都如是。

順治出家修道的時候就說：「我本西方一納子，云何流落帝王家？」他認爲自己最苦惱了，拴住了，他認爲自己是個出家人，那說明他很有智慧，知道前世是出家人，現在怎麼淪落到帝王家呢？這下捆住了，什麼捆住？五欲境界。你再想出家辦不到。富貴家庭對他的子女很會控制，而且富貴家庭人口都是很少的，有一個兒子有一個女兒，都當寶貝似的，他怎麼會讓你出家？當你出了家，怎麼樣解釋這個出家？現在我們諸位道友都是出家的，你想到你是怎麼出家的？現在你心裡究竟想什麼？

入僧伽藍　當願衆生　演說種種　無乖諍法

現在學了〈淨行品〉，怎麼樣「善用其心」？每一件事，每一句話，讓你的心善用一下。所行無礙，心解脫了，才無礙了。「無乖諍法」，一切乖諍法都沒有了。一切世間相都是世間相，不是理。你入了佛門，學的是理，讓理轉變成事，讓事也變成理。把居家那個事變成理。知道是虛空的，「知家性空」，假的，這時候你就看破了，放下了，就自在了，自在了才能無礙。

當你出家的時候，人家不收你，你做了很多的保證，不是這樣的嗎？每位道友都是這樣。等你一出家，出家一年，佛在眼前！出家三年，佛上西天！出家十年，佛在哪去了，不知道。如果還能知道的，說明你的道心還算是入了門。當你斷了五欲，道心就堅定了。我們在家的時候，在家有苦難，出了家就清淨了。大家都出家了，清淨不清淨？有沒有苦難？是不是心心在道？

現在我們學〈淨行品〉，你以前沒學，你作一件事能發願嗎？作每件事你都發願嗎？儘管你出家好多年，我不相信你會發願的，有是有，少數的。你學過〈淨行品〉，你作任何事都發願。出坡勞動要發願，吃飯要發願，早晨一睜開眼睛要發願，穿衣服要發願，下地穿鞋要發願，洗臉要發願，進洗手間要發願，一天從早到晚，一天都在發願。

一天在發願，一天都在文殊菩薩智慧當中！沒發願就把善念丟掉了，把「善用其心」忘了。如果你能夠都「善用其心」，一切無乖諍。怎麼叫乖諍呢？「乖」是乖錯，「諍」是對立、有爭議。無乖諍了，經常隨順文殊菩薩的教授，「善用其心」，自在無礙了。

文殊菩薩教授我們的方法不是身解脫，而是心先解脫。心若不解脫，出家也好，在家也好，永遠也解脫不了。不要以爲出家就解脫了，出家不見得解脫，得心解脫了。在我們出家人當中，有成阿羅漢的，有當菩薩的。我們現在得到什麼呢？我們連初果也沒有得到。誰得到初果？自己判斷一下，斷了八十八使見惑？明白了，明白什麼？這八十八使見惑你明白了，但是思想上還辦不到。我們連見惑都辦不到，還不說斷思惑、斷塵沙、斷無明，遇什麼、迷惑什麼。所以在家的時候，用你的意念觀察，願一切眾生出家，出家就沒有障礙了。出了家，就跟大眾僧在一起。

「僧伽藍」是大眾僧和合住的處所，「僧伽」是和合的意思。「藍」是什麼呢？印度叫園地，園地就是大眾所居住的，現在我們叫寺廟。到廟裡來了，廟裡說的就是心跟事，心裡跟外頭所作的事，互相不違背，要彼此調和。僧眾跟僧眾之間，都是順佛的教導，依著佛所教導去作。一天都是演說種種法，這些法都告訴我們，沒有爭議的、沒有乖諍的，人人都向佛學，都依著佛的教導去作，一切眾生都能無諍，都順佛的教導。不聽佛的話，不聽佛的教導，那就有諍了。

我們經常講「六和敬」，講事也講理。身口意，身住在一起，不錯了，「身和同住」。口裡不說爭論的話，不吵嘴、不鬧架。意念，大家都遵照佛的教導，沒有乖錯，「口和無諍」。布施財物，依著大眾僧的分配辦法，沒有什麼爭論，「利和同均」。從理上講，有的是圓證的，我們還辦不到。從初果向到初果，二果向到二果，三果向到三果，四果向到四果，共有八個地位。這只屬於見道，還有修道，修道到菩薩的五十位。《華嚴經》是講五十三位的，五十三參，講五十三位的。

大家在理上，依著佛的教導是和合無諍的，大家同證的，大家在一塊修行，這是「意和同悅」。事，可就多了。受比丘戒、比丘尼戒，沙彌、沙彌尼戒，式叉摩那戒，戒不同。戒不同，住的處所就不同。沙彌不能跟比丘同住，沙彌跟沙彌住，比丘跟比丘住。大家受了戒，都是僧，大家共同修，共同住。同受戒，「戒和同修」。還有見，看問題的看法，「見和同解」，看問題的看法，大家看的都一樣的，看白的都是白的，看紅的都是紅的，按佛所教授的教法來認識問題、來解釋問題。

如有爭端怎麼辦？作羯磨法解決衆僧的爭端。但這個爭端，特別是知見的爭端，非常困難。爲什麼困難呢？不好解決。依著華嚴義來學戒律，跟你學戒律的來學戒律。你學《一切有部律》，他學《十誦廣律》！你依著〈大毗婆沙論〉學戒，大乘經典都有戒，大乘經典戒跟你的戒條文不一樣的，戒不和。特別是戒上的知見，你依著《華嚴經》來解釋戒，他依著〈毗婆沙論〉，他依著《四阿含經》，乃至同學戒律的，他學的是《一切有部律》，西藏是學《一切有部律》。中國學的是《南山律》，《南山律》是根據《十誦廣律》。佛在世的時候，佛在世也有爭，佛經常解決問題。佛剛一入涅槃，就分出大衆部跟上座部，窟內、窟外，你結集我結集，都是佛所教導的。這是人跟人之間的諍，那就作羯磨法來給僧衆解決，大家都依著羯磨法來作。

我記得永嘉大師〈證道歌〉說，「圓頓教，無人情，有疑不決直須諍」，這個問題解決不了，你有懷疑，我有懷疑，大家就諍。「不是山僧爭人我，修行恐落斷常坑」，一個斷見，一個常見，這是爭論的焦點。修行的時候，不能落於斷見，也不能落於常見。如果落於斷見，等於講頑空，什麼都沒有，一切都斷了，一切法不存在。我們學戒律的可不空，每一個條文都不空。既然是空了，什麼都沒有了，吃肉、喝酒、娶妻子、安家立業，這都是空的，沒有關係！這是錯誤的解釋，你空得了嗎？佛所說的空義不是滅世間相，也不是壞世間相。不離世間建立正覺，如果壞世間相，不合理了，那屬於斷見。知道諸法無常，也知道諸法如夢幻泡影。如果你心裡頭，看待一切法，對待一切法，是如夢幻泡影，這樣作，你就不執著，不執著了，你就隨過隨散，隨過隨散。

像我們生活當中，對一切事物，這種觀念非常重要。特別是修行久的，就引經據典，滿足自己的私欲，說大乘法來滿足自己私欲的事！「反正成住壞空，我隨緣嘛！」好像什麼都不犯，這是錯誤的，這個見解是落於斷見。常見呢？好像什麼事情都是常住不壞的，好像自己壽命，能活到好多歲，可能千年萬年都不死。其實，每一天都在變，每一時辰都在變，它是運動不停的，都在壞。大家都這麼樣認識，知見就合一了，沒有諍的。大家對生滅法都有一樣的看法，得了利，供養常住的好處，廟裡頭有人供養財物，大家共用的，作羯磨法平等平等來分，這就和合。

修行的時候，在最緊要的關頭，屬於知見，看問題的看法。如果他思想坐禪的人，說的這麼多，有什麼用處？他坐那兒觀無我，父母未生之前誰是我，生我之後我是誰，剩下什麼戒律他都不要，這個跟學戒的人爭不爭。爲什麼廟上叫「禪寺」、「講寺」、「律寺」？這也就分開了，學律住律寺，不能住禪寺，你這知見在禪寺裡不相和，去住律寺。你住律寺，總想在那兒觀無我，大家學律的時候，總想在那兒打坐，這能辦得到嗎？這叫諍。但是諍的時候，寺廟也把你分開了。意見不和，不能共住，意見和了，大家都快快樂樂修行，意見不和吵吵鬧鬧的，心意不和，不要在一塊堆共住。若都不願意參加，就住小廟。禪教律密淨，一律都不要，「我住小廟睡大覺！」小廟生活怎麼來？自種自食。很多小廟就是自己種地自己食。打出糧食來，打多一點就換衣服穿，好多廟都靠自己種地吃。

大家心意和合，很難哪，大家都歡歡喜喜的一個知見，一個念頭，都是了生死，這就和了。不和了怎麼辦呢？那就要七滅諍。

我們現在的社會形式，就是這樣，過去的和尚到廟裡掛單，只要是廟，來的就得留，除非你不是廟。現在不行，現在說哪個比丘尼到我們普壽寺來住，收嗎？不收！不是那麼容易的，往後更難，這是國家的制度。因此，歡歡喜喜的共同修道，在常住裡不能生起是非，不要互相乖違，不要生起鬥爭。這個偈頌就告訴我們，「入僧伽藍，當願衆生，演說種種，無乖諍法」，不要諍。文殊菩薩教導我們，得有智慧，沒智慧就有諍論，特別是見，見不和一定有諍，見和了，沒有諍。

詣大小師　當願眾生　巧事師長　習行善法

「大師」是指佛說的，有的把他講成大和尚，不可以的，「大師」是指佛說的，「小師」是指和尚。三師，那就是我們受戒的時候，戒和尚、羯磨和尚、教授和尚，受戒以這個為本。三師之外，又有引禮師，你受戒的時候，要親近早一些的出家人來給你作引禮，因為他知道規矩怎麼作，這叫方便善巧。但是不是佛，現在的三師都不是菩薩，而是眾生的。早出家的，他對於法先學習過，這就是善知識，都把他們當成師長。但是善知識各有各的見解，不是一樣的，你到善知識那兒求法，得合他的意，他學什麼，你跟他求什麼。善知識是什麼？就是前面講的方便善巧，化度眾生！各有各的方便善巧，一切善知識都是師長。各各師長不像佛，不像菩薩，各人有各人的個性。過去寺廟的大德，你到他那參學，他就給你一棒子，或者給你豎個手指頭，或者踢你一腳，叫你開悟。現在我們去了，他給我們兩榔頭，我們能開悟嗎？現在也沒有這樣的善知識！是在那一個時期、那一類的眾生，才有那一類的師長。要善事，要巧事。

每位善知識都有每位善知識的個性，都有他修道的個性，但是你跟哪位師父學法，不管他是唯識、法相、四教、五教、念佛、參禪，不管哪一類的，你跟哪位師父學法，你跟他學就好了。不要拿這個師父跟那個師父比。你拿密宗跟法相宗比，拿華嚴宗跟法相宗比，這不能比的。如果你跟每位師父學的時候，大家來學講講這個，講講那個，這沒有什麼關係。師跟徒的個性不一樣，師父之間個性不一樣，師父領進門，修行在個人。有時候你不知道你師父是什麼樣子，你恭敬供養，學了不相應，離開就是了。

不是一般人才這樣，杜順大和尚是文殊菩薩化身，他的徒弟跟他一二十年了，沒入門，還要朝五臺山求文殊菩薩。雖然這是過去的歷史，但給我們一種啓示。有的時候，他跟你有緣，你能夠親近他，跟你無緣，你也親近不到他。爲什麼？他自己要修行，哪有那麼多時間來照顧你，不可能的。過去你想在哪個寺廟住，他不留你的，住三天掛單可以。每個寺廟裡都有好多寮房，淨土寮，不叫佛堂，不是佛學院，佛學院是民國之後才有的。安養院，那是老人才行。我在廟裡準備打掃清潔做個淨頭，我當個飯頭，要討單的。哪個寺廟都得經過客堂、經過執事允許才可以。

親近善知識不是那麼容易的，到那去了，個性不相和。他是學五教的，你想學四教，你怎麼跟他學？他是學密宗，你想學顯宗，顯都不懂，還要學什麼密？過去說，「見師如見佛，事師如事佛」，侍奉師父要像侍奉佛一樣的，現在能做得到嗎？所以，現在的師徒關係，得隨緣。過去親近師父，乃至我們聽一部經、聞法，比現在困難多得多。我們看〈一夢漫言〉，見月律師想親近三昧和尚，三昧和尚在五臺山傳戒，他趕到五臺山，五臺山傳戒完了，又回到南京，他又趕到南京。三昧和尚又到別處，又沒趕上。大家看看〈一夢漫言〉，可以了解他出家求法的過程。是不是有這個緣，很不容易。

現在我們很容易，見哪個師父，拜見拜見他。現在比我那時候容易得多，不過現在也很少了。比如我們在鼓山，想親近虛雲老和尚，可不是那麼容易的。想親近慈舟老法師，除了他的學生，他的門總是關著。弘一法師更難了，特別是女性道友，他一個也不接見，不論是誰。關於這一點，大家要知道，誰是我們的老師？佛！你念阿彌陀佛就好了，佛就是老師。念文殊師利菩薩，文殊師利菩薩絕對不拒絕，但你也見不到。你念到文殊師利菩薩現前，你也成就了。因此，大家要知道，想學一部經，從頭到尾想學一部經，很難，障緣非常多！我感覺我們現在學比我那時候學，困難得多。

爲什麼？現在我們講一部《華嚴經》，電沒來，不能講了。月底又放假，初一、十五又放假，假期很多，自障他障，整個就是障。我們在鼓山學《華嚴經》的時候，除非老法師病得特重，實在不能陞座。只要他能講，一定陞座講，但不是像我們這樣陞座，而是像學堂上課一樣的講。等我到青島，聽倓虛老法師講《法華經》，就沒有那麼容易，耽誤的時間很多。

現在這個時代，不是師，而是學者，學生比老師還高貴，老師不值錢的。這叫什麼？送法上門，他還不願意學，因爲他的選擇很多。我跟大家說，要想學法相宗，法相的大師，你跟哪位學？你想不出來了。說我學法華宗、學天臺宗，天臺宗哪位大師能給你作指導？學華嚴宗，華嚴大師沒有了。學淨土宗可以，念一句阿彌陀佛就可以了。那時候你參拜印光老法師，或者到臺灣參廣欽老法師，他很簡單，你問他，「老實念佛就好了！」他給你寫字，「老實念佛」。像我們出家人，男衆要參見弘一老法師，就給你寫四個字，「以戒爲師」，「拿去吧！不要參我了，參戒律去吧。」

慈舟老法師慈悲心，願意見。倓虛老法師最開通的，但是他不接觸女衆，不論在家居士、出家比丘尼，妳一到他那去，他就起來了，喊知客師。知客師就知道了，老法師那兒來客了，就坐那兒。第一句話就問，「妳找我有什麼事嗎？妳說吧。」說完了，他三言兩語，妳就請吧。

過去的大師很嚴肅，大家看看紫柏大師傳，他對徒弟嚴格到什麼程度，現在的人沒辦法。憨山大師、妙峰禪師，我們在五臺山所能舉出的大德，看看他們怎麼對待弟子。現在有這樣的弟子嗎？師父的嚴肅、責備是消災免難，有這種觀念嗎？今天你呵責嚴重一點，明天他走了。他還給你耍個小脾氣，現個業障相。攆了他，感覺很可憐，不攆他，知道他得不到利益，還造業。

不但作徒弟難，作師父更難。「巧事師長」，很困難。以什麼標準呢？以出世法，了生死，斷煩惱，這是標準。最初是要斷煩惱，了生死還談不到。

怎麼樣修道？你到寺裡，出家了，心裡要誠。在家弟子來這裡，或者供齋，或者打普佛，心裡誠不誠？心裡根本不誠，但是你沒給他消災免難，他說這個寺廟不靈！這是向外求。拜〈大悲懺〉，拜〈梁皇寶懺〉，拜什麼懺都得心誠，叫你一心。一般人的觀點，年紀小的沒什麼修行，找老和尚。老和尚都老糊塗了，他給你修什麼？小和尚眞誠！跟他講，他信嗎？都找老和尚，怎麼不找小和尚？

「善用其心」非常的困難，大家聽「善用其心」，他的心都到別處，把「善」字丟了。不錯，都用心，但要「善用其心」，這是智慧啊！文殊菩薩叫你「善用其心」，讓你用智慧判斷。如果沒有分別心，請師父念，男衆師父、女衆師父平等平等的，小師父念得還懇切點，老和尚念得糊裡糊塗，盡打妄想。找老和尚就靈了，這是錯誤的看法。眞正的老和尚，念經比較靈一點的，他哪有時間給你念經？請師父給我念念經，他能答應你嗎？所以要「善用其心」。念經的作用很大，念經的作用很小，怎麼說呢？你要誠誠懇懇的，身要不動，心要安穩，口裡得至誠懇切的，不是口裡念，心裡要貫注。念經的時候，要隨念隨入觀。什麼意思呢？經上告訴你做什麼，你得體會經上的意思，不是念文字。

文字只是個表現，引入你去做，引入你去起觀，引入你「善用其心」。如果你用這個觀點，不管哪個師父，看一切衆生都是佛，看一切衆生都是菩薩。至於他的行爲，他怎樣修行，你不要管，你看他是菩薩，你得的是菩薩功德。如果你生起分別心，我說的是在家二衆，你簡擇師父哪個有修行沒修行，有道德沒道德，你什麼功德也沒有，得到的只是念經很小的功德，你受用的不大。你若認爲都是菩薩，我敬的是菩薩，這就叫「善用其心」。

當你念《大方廣佛華嚴經》，一定入法界。現在沒入，將來一定能成就，這是眞實不虛。你如果這樣思惟、這樣用，你就「善用其心」。念《金剛經》，念《妙法蓮華經》，想到經上怎麼說的？告訴你的是什麼？照那樣去做，你才能得到實際的好處！否則，你得點人世間的福報、智慧，入不了道。我們每位道友要「善用其心」，你多想「善用其心」，做任何事都要「善用其心」，能夠成就你的道業。

求請出家　當願衆生　得不退法　心無障礙

我們發心想要出家，「出家」就是離開世俗這個家。當你發心出家，先要發願，願一切衆生都能夠脫離欲界、色界、無色界。要想出家的時候，發出離心，出離世間，出離現在這個家庭。出離心是發菩提心的第一步，在家菩薩發心的時候也要出離心，那個出離心不是指出家，要出離三界的家，不是家庭的家。發菩提心，這是第一步，發出離心。這個出離心不容易生起，必須先厭離世間，我們在〈淨行品〉講出離心，跟第三十八品〈離世間品〉，那個出離心就不同了，這是初步的。我們現在雖出了世俗家，還不能出離三界家。只能離開世俗間的束縛，三界的束縛還不能離開。因爲在家修行，障緣很多了，障礙很多了，千絲萬縷的連繫，摘也摘不清，扯也扯不斷。出離了，那就不管了。

你必須得發願！諸位道友出家，還不知道發願，還不知道廻向。等出家落髮的時候，第一個要發願，落完髮了要廻向，發願廻向非常重要。發什麼願呢？出了家要不退悔，遇到什麼障礙因緣都不生悔心。

我所遇到的，出了家發退悔心的很多，要是生一念退悔心，馬上懺悔，繼續發願。有的不是這樣，他一發退悔心，這個心漸漸的就增長，罷道還俗。出家了又回去，這個在人間上，這種事好像很少，在普壽寺還沒聽見哪個罷道還俗的。我就遇見不少，特別是在美國。在大陸上住了十年佛學院，連學帶教，到斯里蘭卡又待了六年，再加上出家當小和尙，等他還俗的時候也快五十歲了。跟宏覺法師他們一班的，考個大學也不容易，英語的程度得能聽英語課。經過很多艱難，大學沒畢業就交朋友，畢了業就還俗了，五個剩下了一個。這一個怎麼剩下的？他讀讀的就跟我說：「不讀了！」我問他：「爲什麼？」他說：「等把世間法學會了，大學文憑拿到了，佛學的戒牒可能退回去了！」因此就不讀了。不讀了就保住了，讀了就保不住了。因爲有環境的選擇，特別是你所處的環境。當你最初求請出家，就很不容易，很多障道因緣，結果出了家了，之後生起退悔心。

文殊菩薩教我們要求請出家，當願一切衆生，出了家不要退悔，「得不退法，心無障礙」。出了家，心裡上的障礙很多！我們好多道友跟我說，我就問他：「能還俗不能？」「不會，我都三四十歲了。」三四十歲了，七八十歲還還俗！我們經常說業障，業障發現了，業不自主。業障來了，把智慧光明都障住了，自己做不了主。因此在求請出家的時候就要發願，「得不退法」，在法上不退。法不退的時候很難，不由我們個人的意願。

去年的時候，我們辦個培訓班，男衆都在那兒住。有些人要求跟我出家，我說我沒權力收你，第一個我沒地方給你住，第二個你的家庭會來干擾，我沒辦法。出家不容易，障礙很多，出家之後，沒生過退悔心，一念退悔心都沒有，這就很不容易。現在我們培訓班的道友，有很多要出家的，像在義務勞動的道友們，想出家先要勞動，這也可以說是方便善巧。勞動勞動磨練一下子，把業障消除。個人的因緣都不一樣，假使我當初出家的時候，要是在普壽寺，那我家出不成了。因爲這裡磨練我，讓我先去勞動，我絕對不幹的。那時候出家就是勇猛心，勇猛心還容易發，慢慢一磨練長遠心就沒有了。所以每個人的因緣不一樣的。

我出了家之後，將近二十歲就講經，講經之後障礙的因緣非常多。世間的五欲境界，人情的往還，障緣都來了。要能心裡沒障礙，能夠不退轉，你要經過好多關口！乃至出家之後，能遇著個好老師，也很不容易的。我的因緣算不錯，在福建鼓山，我最初發蒙的老師就是慈舟老法師。但是個人的因緣都不一樣。善緣能促成你，惡緣也牽扯你。那時候中間的障緣非常多，出離心不堅定，不是出家那麼容易的。但是出了家，之後修道，能得個煖氣都不容易，「煖」就是對佛教的思想有親切感，就叫「煖」。讀誦大乘，懺悔禮拜，還有師友之間、道友之間，障緣很多。鴻福業報所得的容易享受，清福難享，清淨的福報很難享受。因此，我們諸位道友隨時要發願，隨時要懺悔。

讀〈淨行品〉，使你的身心清淨。身心當中，主要是心，發願是堅固你的信心。信心堅定了，說不退還很難，反正障緣多的很。我想我們諸位道友，不會比我的業障輕，不會有我那麼多障緣！障緣多也有障緣多的好處。好處在什麼地方呢？那就靠業障消，病苦少，病苦也是一個罷道因緣。所以你求請出家，人家准不准你，你嚮往的師父收不收你，有沒有緣。即使你求請出家的這個心，人家不收你，你就另找個門路，這非常的難。但是，只要心裡沒障礙，心沒障礙就是不退悔。我們在家好好修行，可不可以呢？在家修道也很好，因爲在家有障礙，不能清淨完全修行。在你出家的時候，第一個父母允許，這才合法，父母不允許是不合法的。但是在災難變亂中，像我出家，父母根本不知道，說不上允許不允許，連知道都不知道，這是第一個障礙。受戒的時候，年歲又不夠，第二個障礙。受完了戒，怎麼入佛門？所以我的障礙很多。像我們很多道友，羨慕普壽寺，有好多找我、求我說人情，我說別的還敢說，普壽寺的人情我說不到，你求也沒有用處。

在家不如意，和尚更難當，不是那麼容易的。我記得我在南普陀寺有位學生，他父親是甯德地區的第一書記，媽媽是合作公社的第一書記，這樣的父母，他要出家能答應嗎？不答應他。怎麼辦？到廚房拿菜刀把手指頭剁去一個。把他的媽媽嚇壞了，「去吧！去吧！去了還有個活命，還能見到，若自殺了更麻煩。」這麼大的決心去出家，能剁手指頭。到了南普陀寺當學生，他天天要燒紙煙，妙湛老和尚看見他，「你這個和尚怎麼燒紙煙呢？不行，你若再燒紙煙就攆你走了，不要你了。」我就找他談話，我說：「你連手指頭都能剁，怎麼連戒煙的決心都沒有？」他跟我說：「老法師，剁手指頭是一時衝動，燒煙，一天一天的，到時候心裡不好過！」這習氣是他今生染的習氣嗎？他的文學底子不錯，他在後山亭子的柱子上寫首打油詩，「在家不如意，和尚更難當。妙老一聲吼，去留兩茫茫。」

別人給我抄來了，我就知道是他寫的。我把他找來，我說：「你把煙戒了，就好了。」手指頭能剁，煙戒不了，這叫習氣。轉業障，好比剁手指頭的時候，勇猛心發轉業障，習氣難除！好多證得阿羅漢，習氣斷不了，語言的習氣、思惟的習氣，還斷不了。在家時候有障礙，說放下去出家，把障礙衝破了！父母不允許，就像我剛才說的這個小和尚，他就把手指頭剁了。我們有的道友出家、還俗，還俗、出家，出家、還俗，經過三次。

我出家之後，我妹妹也要出家，她就沒出成，我父母不允許。如果出成了，她住佛學院！一九三六年，那時候女衆辦佛學院的，只有圓照法師。我昨天晚上好像作夢，又不是作夢！我說中國現代的三位神尼，這三位比丘尼很了不得，就想到圓照法師。圓照法師在終南山山頂上圓寂，死的時候，心臟燒不壞。第二位通願法師，就是現在我們這間廟的開山祖師。第三位就是昨天圓寂的，在臺灣辦華梵大學的曉雲法師。這三位比丘尼，我跟她們的道誼很好的。曉雲法師是九十四歲，通願法師將近八十歲，圓照法師死的時候也八十多了，快近九十。這三位比丘尼個性相像，但是道路走的不同。這三位比丘尼，在現代來說是很不容易的。

圓照、通願這兩位法師出家還容易，曉雲法師出家很難！她非要認倓虛老法師為師父，因為倓虛老法師從來不收女弟子。後來我在報上或在雜誌上看見曉雲是倓虛老法師的徒弟，我就很奇怪，我認為不可能。我到臺北去找她，我說：「妳怎麼可能是倓虛老法師弟子，是什麼因緣？」她就跟我說，倓虛老法師病很重，她從印度回來，之前在印度泰戈爾大學教藝術，她不是學生，而是老師，她是學藝術的。當時倓虛老法師病重，她跪在那兒不起來，老法師病的很難受，怎麼辦呢？就找另一位老和尚給她剃的頭，這樣她才掛他一個號。沒多久倓老法師就圓寂了，是這樣收的徒弟。

所以倓虛老法師就有這麼個比丘尼弟子，我跟她算是同門。這是講出家的過程，我希望大家看看《神尼傳》，看看那些成就的比丘尼，她們怎麼出家？她們怎麼修行？她們可以作榜樣，也要經常看看《高僧傳》，看看那些大德出家是怎麼出家的，出家之後，又怎麼修行。在五臺山，大家都知道憨山大師、紫柏大師、妙峰大師，紫柏大師是死到監獄裡頭，憨山大師被貶！因爲他們參加政治，怎麼參加政治呢？他們都是明神宗母后供養的，全國四大名山都修座銅殿，都是她供養的。這三位大師，一個死到監獄裡，一個貶到廣東，妙峰大師沒事，平平安安的，各人不同。大家看看那些大德，他們出家之後，所有遇到的災難，可以增長我們的道心。出家之後，要堅定我們的信心，不讓它退轉，經過法的磨難，才能除掉心裡的障礙。

心有障礙，還怎麼能前進修道呢？「退」就是罷道還俗，這個戒守不了還給佛，叫退戒。比丘可以有七次，比丘尼只有一次，還俗了就不能再出家。或者大家認爲釋迦牟尼佛很不平等。我們臺灣有位比丘尼師父，她說什麼八敬法，現在男女平等。所以，這個戒守不住的時候，還給佛，不受三百四十八戒，照樣成道。但是你的心戒要更注意了，當你受不了，一定注意，別犯戒！先把戒還給佛，你再做在家的事，沒問題。假使說又不守佛制，又要在佛教裡頭混，那就危險了。下地獄的時候，恐怕是魔王波旬的弟子。因此在出家的時候，必須再三考慮，自己出家之後，經常警覺，出家很難。否則在家不如意，和尚更難當，更不如意。

你信三寶，四眾弟子是平等的。換句話說你受個三皈，受個五戒，你能把三皈五戒持守的很好，照樣成佛。我曾經跟我的老師擡過槓，我說：「釋迦牟尼佛跟誰受的戒？釋迦牟尼佛的老師是誰？」「過去的古佛。」我也可以說，過去所有諸佛都是我的老師，我們是皈依一切佛，像我們現在有三師七證，要選擇師父，釋迦牟尼佛選擇誰來給他受的戒？這個要你自己的悟境，這個悟境是怎麼悟呢？要作佛子佛孫，千萬莫作魔子魔孫。出家不是一時衝動，這是將相所不能爲，富貴所不能移。要想出家，發了心，出了家要作一位好的佛弟子，讓一切衆生在你的份下能得到利益。出了家，得換換衣服，得現僧相。

脫去俗服　當願衆生　勤修善根　捨諸罪軛

曾經有個時期沒有裁縫僧，自己更不會做，你把在家的衣服一脫，換件出家衣服。但是我們這件出家衣服，若是在宋朝、在明朝，還是在家衣服，現在則是出家衣服。佛法傳到中國來，除了三衣是特別的，穿的衣服還是跟在家一樣。大家看看喇嘛裝束，那是佛制，顏色不同了。佛要穿壞色衣，正色是絕對不許可，那叫白衣。我到印度一看，印度人就是那種穿衣服的方法！佛也是隨緣，隨著在家的衣服緣，不過顏色不同。他是披衣穿裙子，印度人大概赤足的多，所以佛也赤足。

當你脫去俗服的時候要發願，「勤修善根，捨諸罪軛」，捨掉一切罪惡。換句話說，不要走罪惡的軌道，不要順著罪惡的軌道走，要順著佛所教授的善道走。「勤修善根」，「勤修善」要加個「根」，我們現在種樹把枝都剪掉，就留個根，等它發展長生芽。善根是生善的，善必須有根。還得有力，「信、進、念、定、慧」這五種讓它們紮根，之後發生力用。出家了別作惡，要勤修善根，把罪惡的道路斷了。

在家修道的時候，有很多的障礙、不方便。在家行菩薩道，功德是無量的，但是障緣非常之多。這不是一般小菩薩，小菩薩的道心不堅固，行行菩薩道就退心，一遇到挫折就回頭了。我們用烏龜形容修善修惡，烏龜碰著點硬，腦殼就縮回去了，就退了。但是出家的時候可不能像烏龜把腦殼縮回去，只有往前衝，衝就要衝過去，障礙都會有的。說作好事，作好事障礙多的很，會遇著惡緣。我們出了家，想斷見惑思惑，那比在家方便得多，容易成就。

出家換了個裝束，好多地方你不能去，你也不敢去。為什麼現在喇嘛也好、和尚也好，到娛樂場廳，他要換衣服？我在佛學院，發現學生備有兩套衣服，星期天、例假日，提個小包出去了。那時候在中國佛學院管理學生，我檢查他的包是什麼東西？我是開除了幾個學生。什麼東西？在家衣服。出到外頭，往廁所裡去，在裡頭換衣服，他也怕受影響。

出家之後，要斷一切惑，惑是迷惑的惑，也就是造惡的惡，惑斷了、惡不作了、善生了，才能夠證得。起碼把見思煩惱斷了，斷不了能降伏它也好。我們現在是降伏階段，因為出家，你降伏也得降，不降伏也得降，必須降伏惡念，不作惡事。我們一換服裝，想到自己把一切世間的雜染、不清淨都換掉了，換成什麼呢？換善服。圓領黃袍，漢宋明都是這種服裝，但是顏色的不同。像我們所穿的方便服裝，並不是佛制，佛制三衣，就是我們現在披的三衣。我們祖師方便，在漢裝上又加上和尚裝。我們穿褲子就代表裙子！出家第一個要換服裝，剛出家沒受戒，服裝必須換了。

現在跟過去有所不同，服裝也不同。但是主要是換心，在家是染汙心，出家就換成清淨心，不論是聞法、拜懺、禮佛、上殿。所以，我的老師，慈舟老法師、弘一老法師都是學戒律的，不學戒律的不說。講經也好，拜懺也好，作佛事也好，他感覺穿上袍子很不方便，平常都搭一衣，很少搭三衣。印度不是這樣，西藏也不是這樣，到冬天冷的時候，五衣、七衣、大衣全部披上！大衣很厚的，跟我們棉襖那樣的，披上才能禦寒。但是膀子一定得露出來，不能穿帶袖的衣服，這個我們做不到。在國外，不論美國、法國、英國，那些女衆出家穿喇嘛服裝，膀子一定露出來的。她們認爲，從穿衣服來說，我們不是眞和尚，她們才是眞和尚。眞和尚、假和尚，在你的心，不是在穿什麼服裝！穿什麼服裝都沒用，你的心不清淨，外表怎麼清淨都沒有用。因此，衣食住行這三者都換了。太虛大師跟八指頭陀大師、圓瑛大師，那時候他們提倡改良佛制，改變僧服。現在臺灣的佛教聯合會、世界聯合會也想改變服裝，做不到。爲什麼？大衆不執行，不聽他們，想改變也改變不了。這叫積重難返，已經習慣成這樣，不容易。太虛大師改了中褂，短褂就不行了。

佛在印度那時候對他的弟子，是跟印度人民一樣的，生活習慣是一樣的，只是自己不做，必須托鉢乞食。衣，穿壞色衣，只是顏色不同，跟印度人穿什麼披什麼是一樣的。我到印度，很注意這件事，可惜那時印度沒有和尙，去印度的和尙大多是從斯里蘭卡、印度尼西亞、泰國到印度朝禮聖地的。看見只是穿黃色的，就像我這樣顏色，這是佛制所不許可的。佛制得穿壞色的，不是很鮮豔的，這都是大同小異。

出家是出煩惱，不在衣服飲食上。在衣服飲食上，戒律有很多事，飲食衣服，塵勞也，唯恐不勤。持誦、禮拜，勝業也，這是修行的勝業，唯恐不惰。這是蓮池大師跟蕅益大師說的，所以衣服飲食都是這樣。但是在一九八〇年，恢復中國佛學院的時候，那些學生都有一兩套在家衣服。

因爲在一九八〇年的時候，看見和尙是個怪物，你走到街上，有好多人會圍著你看，這個人怎麼會穿這樣一個服裝，這是什麼服裝？小和尙感覺很不方便，都有兩套在家衣服，他出去都提個包，包在家衣服，找僻靜處所，換一下衣服。過去說，時勢造英雄，什麼時候產生什麼樣的人物。要懂得這個道理，爲什麼我們現在還保持這個服裝？讓你不敢作壞事，作好事有人看著你，你作壞事還敢作嗎？服裝就控制到你，頂好不起分別心。出家的目的先搞清楚，落髮出家的目的是什麼？求解脫，斷煩惱。何必在衣食住上那麼注意！同時，學戒律是防非止惡，戒律是讓一切惡止住，行一切善，總的要求是這樣。爲什麼稱我們的服裝，「善哉解脫服」，這是求解脫的，是懺罪的。穿這個衣服是「善哉解脫服，鉢矺禮懺衣」，這是讓他求懺悔過去的業。出家之後，一定要換服裝。

剃除鬚髮　當願眾生　永離煩惱　究竟寂滅

第一個先剃頭落髮。以前中國人沒有剃頭，印度人剃除鬚髮就代表出家。後來發展到都變成和尙，男的多數都剃頭，現在女的也剃頭，你在美國看見演員，到加拿大、美洲、澳洲，演員剃頭，女眾還是很少剃。我管她們叫禿不起，還留一點，這是隨時演化的。如果人家都剃了，我們可能又留起來，不然就跟他一樣了！這不是條件，最主要的條件是從你的心來制止。

法尊法師從西藏出來，他穿喇嘛衣服。大概是在四川成都，因爲女眾、男眾發現，他是蹲著解小便，人家懷疑他究竟是男的是女的，就跟警察報告。警察審問他，之後找醫生檢查他。他說：「我是喇嘛，服裝就是這個服裝，我們的佛制不能穿褲子！」這叫麻煩。他穿喇嘛衣服，又上男廁所，人家懷疑他究竟是男的是女的！聽起來好像是笑話，這不是笑話，而是事實。服裝也好，乃至於說到飲食，過午不食，我們很多道友持過午不食戒，這條戒持的很清淨！但是跟這個連帶著關係的是「數數食」，「數數食」是你早晨吃完了，不能再吃。吃個點心，嗑個瓜子，說我沒犯戒，是沒犯過午不食戒。但是「數數食」犯不犯？吃了又吃，犯不犯？喝水，有色的水不喝，茶葉當然不能喝，現在喝汽水，喝個清涼水，喝各種液體，照樣喝，犯不犯？「善用其心」。這不是貪戀什麼，渴了喝水不是什麼貪戀，渴了就要喝。「數數食」跟「過午不食」，這兩條戒律是一樣的。出家勤修善根，要捨一切罪過，不要很挑剔！太挑剔了，和尚當不成，文殊菩薩讓我們有智慧的「善用其心」。

「剃除鬚髮」，表示煩惱要除掉，不但除掉，還要除的徹底，把鬍子鬚髮都剃光。虛雲老和尚不是不剃頭，而是一年剃一次。他沒有時間忙著剃頭，要過年才剃一次。但是他頭髮長得很快，到一年了頭髮鬍子都長得很長，等剃了他馬上又變個樣。他每年剃一次頭，但是他大多數留鬍子。爲什麼？行頭陀行。頭陀行，連剃頭的時間都沒有，表示修道精勤。佛在世的時候，長爪梵志連剪指甲的時間沒有，他的指甲長很長，成了道才剪，這是別行，不是我們能效仿的。

當你學戒律的時候，佛規定的，你照著做就對了。除非你有密行，只知道了生死，其他一律不管。文殊師利菩薩告訴我們，剃除鬚髮表示永斷煩惱。爲了斷煩惱，不要在身上剃不剃鬚髮上計較，以這個去責備那些老和尚，那些老和尚根本不理你。我們鼓山佛學院，跟禪堂、念佛堂，搞不好的原因就在這上頭。我們小和尚指指點點的，盡看人家過錯，不守戒律，拿這個來要求別人，各各寮房跟各各寮房就摩擦起來。禪宗說我們是嘴巴皮，光會說不能練。我們小和尚腿子沒人家好，人家雙腿這麼一盤，一坐就是兩三個鐘頭。晚上打禪七，我們一直換腿子，他說不行了吧！功夫沒有了吧！互相簡（揀）擇，把原意失掉了。

「剃除鬚髮」，乃至衣服飲食，這些是塵勞，不要太勤了。剃除鬚髮時，要願眾生煩惱永斷，達到究竟涅槃。我們現在二十來歲的小師父，剛出家的小沙彌，鬍子還沒長出來，你叫他剃什麼？懂得涵義就行了，這部經講「善用其心」，告訴你，這是表法的，是斷煩惱的，是究竟涅槃。我們學印度佛教史，或者學印度佛教的儀軌，沒有各宗各派，不像中國複雜的很，宗派之間互相的諍，諍就是議論。我說我的高，直指成佛，學教義的，入海算沙徒自困，自己困自己。學教義的人說學禪的人，盲修瞎練，什麼也不懂。成了互相鬥諍的依據。佛在世的時候，沒有這些，把戒律持好就對了。

為什麼我們東土的大乘教，印度人根本不信！唐朝以前的印度佛教，後來演變成大乘佛教，印度人本身還是不信的。某一個時期，每一個教學方式，不要用這個責備那個，用那個挑剔這個，這對了生死，沒有用的。像我們出家人規定初一、十五剃頭，但是我們的初一、十五是印度的初一、十五嗎？根本不是的。時間不同，條件就不同，但是中國這樣延續下去做的，有些初一、十五剃頭，有些初一、十五不剃頭。剃頭時又互相比賽誰腦殼刮的光，刀片刮了又刮，刮了又刮。我想剃乾淨，乾淨得了嗎？隔一晚上睡覺，第二天又長出來了，你不能天天剃頭，能天天剃頭嗎？

每一件事物，不要去起執著，要看破放下。

我們在鼓山是半個月一剃頭，禪堂是一個月兩個月都不剃，他們學老和尚不剃。你說他不信戒律，他說他要成佛，戒是佛戒的，成了佛我再制。你跟他說得清楚嗎？凡屬於事物的，讓它如理，回觀如理。

佛在世的時候，你到街上一趟回來就得洗腳，我們作嗎？我們用不著，我們穿著鞋，穿著襪子，腳很乾淨的！佛是赤足的，到外面乞食，下雨天腳上踩些泥巴，不洗腳怎麼坐，回來當然就得洗腳，一乞食回來就得洗腳。若不洗腳，不行的，那也犯。但是在我們這兒說不犯。大家學百衆學，爲著革屐者、爲著襪者講經說法，在每一個人前犯突吉羅。大家都知道突吉羅，很輕不很重，但是每一個人犯，總結下來就很重。這條戒犯了，犯了沒悔，墮地獄九百萬年。我們在哈爾濱時，冬天戴帽子穿鞋穿襪很厚的。百衆學，「不得爲覆頭人說法應當學，不得爲纏頭者說法應當學，不得爲著革屐人說法應當學。」我算了一下子大概好幾十條，一條九萬百年，在一個人身上犯了多少個九百萬年，再加上幾百幾千人算下來，那我下地獄永遠出不來。那就不說？「若不說法，畢竟無有報恩者」。報佛恩，你必須得要說法。這兩者如何擇取？法師的戒條還很多，但是從心上戒。菩薩也化哪一等哪一等，大菩薩戒像《梵網經》那個戒，你沒辦法，因爲我們是凡夫，登地的菩薩才能受持。那叫心地戒，是心地法門。

剃除鬚髮是戒條，但是文殊師利菩薩沒說戒條，說剃除鬚髮是爲了度衆生，發願度衆生。「剃除鬚髮」表什麼呢？斷煩惱。斷了煩惱才能證得寂滅涅槃。這是你出了家應該做的事，想要出家，先得做出家的樣子，先換衣服，相貌就變了。頭髮剃了，在家要說留頭髮剃頭，那可難了，非常難。

文殊菩薩在〈淨行品〉教授我們說，剃除鬚髮是爲了表示斷煩惱，永離煩惱，才能得到究竟寂滅。換這個服裝，脫去俗服，目的是讓你勤修善根，現三寶相。這都是出家時必備的，必須得做的，之後就得換服裝。

著袈裟衣　當願眾生　心無所染　具大仙道

「袈裟」是染色的意思，把衣服染成壞色，正色都不可以，青色也不可以，黃色也不可以，紅色也不可以，必須要雜色衣，又叫糞掃衣，是人家丟的，從垃圾堆裡撿出來的糞掃衣。當你換衣服的時候，表示什麼呢？「心無所染」，具足佛道了，那時候佛稱「大仙」。所以你到印度，印度人穿的衣服跟佛在世時候所穿的衣服是一樣的。不一樣的呢？就是顏色不同。印度衣服沒有扣子，沒有帶子。當時我出家之後，我們衣服都有兩個飄帶，我說這是幹什麼的？我就想過這兩個飄帶，它起什麼作用呢？往往有些衣服的作用沒有，是裝飾好看。印度披的衣服，那很簡單，你扯一塊布就行了，就是顏色不同，你扯塊布披上就行了。

佛在世的時候告訴我們，這叫袈裟衣，要用方塊，這是「福田衣」。另外是什麼意思呢？叫「糞掃衣」，是從垃圾堆撿來的，撿來的不是整布裁，而是一塊一塊拼起來，又叫糞掃衣。又叫「忍辱衣」，忍別人的羞辱，意思是不被一切事物所染，讓你悟到空理。衣服、飲食、起居，都是塵勞。從有的方面，悟得不空，像你心裡頭什麼都不執著，心裡頭不被染汙所染。出家跟在家不一樣，吃飯穿衣都不一樣，讓你在法上觀想。性空就無所染，凡是衣服都要染色的，染無所染。你這個心千萬別沾世間一切法，沾了世間一切法，清淨的法性受了染汙，意思就是這個涵義。衣食住行，不要在這上面計較。這也是說你在出家的時候，佛引你入了佛門，衣食住行都往道上會，都在行道。沒出家先準備這些事，像你們沒出家，自己把衣袍都準備好了，到剃髮了，衣服一換，在家衣服都收起來了，穿了出家衣服。

正出家時　當願眾生　同佛出家　救護一切

「正出家時」，當你眞正出家的時候，願一切眾生跟佛都一樣的，出了家是佛子，救護一切眾生。佛教授我們，在衣食住行上要淡泊，減少麻煩，這都是塵勞的事情。穿什麼、吃什麼，都不要，不要把你的心意用到這上面。總的目的是這麼樣一個目標，說你眞正的正出家時，當願眾生，像佛一樣的。佛是什麼樣？佛就是救護眾生。

佛是成道了，成道目的就是救護衆生。思想裡只有救護衆生，沒有其他的想法，而且救護衆生的時候不見衆生相，不執著衆生的形相。這是讓我們用智慧的力量去判斷，這就叫現衆生相。文殊師利菩薩教授我們「善用其心」，每個偈頌的第一句是事，第二句一定是當願衆生，事跟理合。第三句、第四句就是修出離，要像佛一樣的，救護一切衆生。

救護衆生的方式很多，除了戒學之外，還有慧學、定學，還有八萬四千法門！那得看衆生是什麼根機，隨緣說法。像我們不是隨緣，而是讓一切衆生隨說法者緣，我要說什麼，你就來聽。這個不是隨衆生緣，爲什麼？沒有智慧，不知道衆生是什麼根機。就說我們的戒法，在泰國，乃至在西藏，說戒的方式都不一樣。起碼在西藏，受戒的時候是一對一，不是等著湊合幾十人、幾百人才受一壇戒。他們認爲這個不合佛制，佛不是這樣說的，佛是單對一的。受戒只能對一個人說，不能對幾個人，不是三人一壇、五人一壇、三十人一壇，這說一切法是因緣生的，到這個時候，這個時候的因緣就如是。這是隨緣嗎？隨緣不是眞實的，假的嗎？假的要想找個眞的，哪有。眞的沒在假裡頭，沒假又怎麼顯眞呢？以假會歸眞實。假的又依賴什麼呢？假的還是依著眞實。眞實又怎麼顯現呢？用一切假的顯現。當你沒解脫的時候是眞的，在煩惱、病苦的時候，是眞的。你痛苦，痛苦是假的嗎？假的你就不痛苦。這有一個悟，有個明白、有個不明白。不明白都不是眞的，明白了才是眞的，我們是用普通語言表顯。

出家這一段經文，說你想要出家，出家了最初要怎麼樣做？把衣服都準備好，換出家的衣服，把頭髮剃落了。不要在語言上執著！剃除鬚髮。比丘尼有鬍鬚嗎？沒有怎麼著？安些假鬍鬚來剃？不可能的，你剃髮，剃就是了。剃除鬚髮，專指比丘，而且是年歲大一點的。像我十六歲剃除鬚髮，我拿什麼剃？十六歲，鬍鬚還沒長呢！你不能離開事實，戒律是講事實的，絕不能離開事實。眞正要出家，願一切衆生像佛一樣的。

佛是誰給他剃的頭？大家看到佛的出家相，自己拿著頭髮剃的。爾後每個比丘，佛一說善來比丘，鬚髮自落。經上是這樣說的，鬚髮自落，怎麼樣落的？佛用神通給他落的？不是的，鬚髮自落是自己去剃。佛說你出家了，收你做徒弟，你自己去剃頭。誰給你剃？佛給你剃頭髮，佛說鬚髮自落是自己給自己剃。拿剪刀剪也好，拿刀片刮也好，那個時候可能沒有這樣剃頭刀，也沒有保險刀，哪有像我們這樣刮得溜光，而是大致的剃一剃。像住山裡的比丘，哪找把刀子剃頭，虛雲老和尚他那頭髮爲什麼養一年？不止他，來果和尚在終南山住大茅篷，一年剃一次，那都很困難，有拿剪子剪的，反正刮短一點就是了。哪像我們刮了一道又一道，有些自己給自己刮，刮的腦殼都刮破了。「鬚髮自落」，「自落」是自己剃的。

這樣子才開始皈依佛！皈依法！皈依僧！出家的第一步，得受三皈，這是四衆

淨行品 第十一

◎釋 文

弟子同時受的。在家優婆塞、優婆夷，得受三皈，不受三皈的，不能稱爲佛子。必須受過三皈的，才能稱佛子。

本來我想在放假之前講完〈淨行品〉，現在看來不可能。我感覺〈淨行品〉在《華嚴經》是使我們生起信心，信中帶行，邊信邊作，信了就去作。這一品對我們說很重要，說的很淺，我們四衆弟子都能做得到的！你觀想的深，深入點，是「善用其心」，觀想的淺，也是「善用其心」。特別注重心，這個心，從現在到最後學完《華嚴經》，乃至於從凡夫地到成佛，就是這個心。修行修行，行什麼呢？行的就是這個心。把如夢幻泡影的假法修成眞的，把識修成智。我們現在沒有方便善巧，在你修行成道，善巧方便不具足，爲什麼？因爲你不會「善用其心」，等你會「善用其心」，修道就容易，就快了，消業障也快了。

「善用其心」，觀照業障是空的，你一執著，業障都有了，不執著業障沒有，那就叫解脫，解脫就不受束縛了。現在我們這個身體，假不了，它就把你束縛住了，束縛住了就生老病死苦。等你要解脫，「善用其心」成就了，生老病死苦沒有了，你就達到自在，解脫自在。我希望大家，「善用其心」，解脫自在。那就學成了，祝大家「善用其心」。

大家回去探親，還好嗎？有些道友沒聽到〈淨行品〉，就離開了。回去了也考驗一下，從這個環境回去入到社會，你的家總是在社會裡頭。觀照你所聞的法，〈淨行品〉沒有聽到，至少〈光明覺品〉、〈菩薩問明品〉聽到了，回去用上沒用上？明不明？見一切事物起執著不起執著？回去可能也有些煩惱，煩惱還深不深？現在回來了，應當把心收一收。我們沒有成道之前，特別執著我見！你到社會看一切事物的時候，想想這些衆生。回到家裡，你的父母、六親眷屬；若沒回家，回小廟了，你的師父，恐怕還沒有你學的多！有的小廟，師公還沒受戒，師父更不消說，你受戒了，後來你住了佛學院，你師父、師公把你當菩薩看。

我們以前有好多同學，在福建崇福寺佛學院住了幾天，學了幾句佛法，懂得點佛教的事物，回去他的師公變成徒孫，他變成老師太。這事我知道很多，我想你們從普壽寺回去的同學該不會這樣吧？你學的佛法，回去怎麼樣利益別人？怎麼樣利益衆生？入社會的時候，想到自己懂得佛法，第一個先把我見放下，有好處、有功德歸給別人，這樣子你會減去很多煩惱。

如果你回到家庭裡頭，他們不見得懂得佛法，或者信佛的家庭，他們只是個欣樂心，他對佛教的教義、道理，不見得懂，那你給他們說一說！不要學幾句佛法，懂得點佛教的道理，看別人都看不起。衣服、飲食，本來是塵勞的事情，持誦、禮拜，是勝業的事情。但是你回到你的小廟，回到你的家庭，他們把這些事看成是重要的事，或者給你做點好吃的！這個時候，你應當用行爲、行動幫助別人。衣服、飲食，塵勞也！這是世間的煩惱事，是塵勞，勸人減輕一點，不要貪愛。

把你學的佛教道理，回去實踐一下，實踐一下就是在你身體力行當中，讓你六親眷屬，讓你小廟的師長、道友們，看見你住了佛學院就是不同。懂得道理了，處處讓人，好的東西、好的飲食，請道友們多吃，謙讓一些，這樣子你就會減少很多煩惱，也就是利益人。同時，你在六親眷屬，講講你聽到的，怎樣勸人發菩提心。菩提心，就是怎樣讓人覺悟，讓人明白，總是發願利益別人、幫助別人，好事讓給別人，吃苦留給自己，這才是菩薩。現在講〈淨行品〉的皈（歸）依三寶。

自歸於佛　當願眾生　紹隆佛種　發無上意

一般受三皈的時候，這句話不是這麼說的，而是「體解大道，發無上心」。一般受三皈，都是讓你體解大道、發無上心。文殊師利菩薩教導我們，要「紹隆佛種，發無上意」。你皈依佛之後，所要作的第一件事，願一切眾生，「紹隆佛種，發無上意」，涵義是使佛種不斷，法常住世，這叫續佛的慧命。你得發大心，「發無上意」就是發菩提心，發無上心。怎麼樣才能「紹隆佛種」呢？在人群當中、入社會當中！像我了解，最近這一個月，有三百多位同學回去，這三百位同學可以說是「紹隆佛種」。把佛所教授的，在佛學院所學的，在普壽寺所學的，把他傳播出去。三百個人，一個人度三個人就九百，多一點說就一千。這一千個人再傳揚出去，那就無窮無盡，這叫「紹隆佛種」。讓大家都明白佛教的道理，讓他們都發大心。「發無上意」，就是發大心。

我們經常說，發無上心、得無上道。「發無上意」是使佛法的傳誦不斷，使佛法久住世間。「佛法無人說，雖慧莫能解」，沒有傳揚，沒有傳播，就斷種了。「紹隆佛種」就是這個意思，使他別斷。哪個種斷了，哪類衆生就沒有了。社會上講，恐龍斷種了，鳳凰斷種了，龍斷種了。在周朝時代，有種獸叫麒麟，斷種了。這一不傳，他就斷了，斷了就沒有了。道理沒人講，行不通了。孝悌忠信，禮義廉恥，沒有誰再講這些，這就斷了。我們經常還說這句話，「你這人怎麼不講理？」誰定的理，什麼理？斷了。沒人接續，沒人去傳播，漸漸就斷了。現在的青年人，給他講孝順父母，兄弟友愛，孝悌忠信，禮義廉恥，大概都一筆勾了，不講這套，這就斷了。佛法也如是，佛法本來發源於印度，釋迦牟尼佛生於印度，印度已經沒有佛法了。後來是因爲能夠賺旅遊財富，才把佛教聖地修復了一下，還不是印度修的，而是世界各國佛教徒修的。

一九四〇年我到印度菩提伽耶，也就是講《華嚴經》的菩提場，荒涼的很！那棵菩提樹還在，金剛座也還在。但是，在印度沒人把這個當回事。菩提場是放羊、放牛的！到一九五〇年之後，漸漸地，各國的佛教徒到那兒去朝聖，漸漸的又清淨了。「紹隆佛種」的涵義包括很多，使佛法的種子不斷，得發大心。道友們入佛門的第一個條件，受三皈，皈依佛、皈依法、皈依僧。這是表面上的涵義，深切的涵義，在家二衆出家二衆不重視。不論學什麼法，受什麼戒，都以三皈爲本。受五戒，得重覆受三皈，乃至八關齋戒也得受三皈，沙彌、沙彌尼的十戒，式叉摩那女的戒，乃至受比丘、比丘尼的戒，亦復如是。因此必須發願，紹隆佛種，使佛法相續不斷。

但是衆生的業，很危險。我們從一九五〇年到一九八〇年這三十年，幾乎斷了。日本、泰國、緬甸、斯里蘭卡這些國家，乃至於歐美，才剛剛有。歐美的佛教不多，信仰也不多，但總有個引子，「紹隆佛種」是使佛法相續不斷。你怎麼能護持佛法不斷？第一個得先發菩提心，「發無上意」就是說你要發菩提心，再進一步說佛種不斷。優婆塞、優婆夷只能作外護，不能作內護！佛種不斷，必須得比丘、比丘尼。內護才能使佛種不斷，如果不現出家相，人家不了解，這個世界上有和尚就是佛種不斷，沒有和尚，佛種就斷了。

先講講佛種，「佛」是什麼？印度話叫「佛陀耶」。中國人喜歡略，就把「佛陀耶」的「陀耶」取消了，就叫「佛」，印度原話是「佛陀耶」。法是「達摩耶」，僧是「桑嘎耶」，印度話。中國人喜歡略，叫「佛、法、僧」，把「陀耶」、「嘎耶」給略了。簡略就是「佛」，「佛」不是中國話。現在大家都習慣了，把「佛」字變成中國語言，印度的原話，不知道了。你問一般人，他知道「佛」，不知道「佛陀耶」，你跟他講「佛陀耶」，他不知道的，你跟他講「佛」，他知道了。「佛陀耶」翻中國話就是「覺」，覺就是覺悟了。好比睡覺，糊裡糊塗睡覺，一醒，覺悟了。沒成佛之前迷迷糊糊的，對因果不知道，對一切法的緣起不知道，一切法的性空不知道，就是不覺、不明白。

「紹隆佛種」是讓一切覺悟，永遠不斷，讓一切眾生都能明白。明白諸法無我，明白一切法空。一切眾生都開般若的智慧，有般若智慧就照見五蘊皆空，認識到一切法如夢幻泡影、如露如電，這叫眞正的明白，這叫「紹隆佛種」，使明白的智慧永遠相續不斷。讓眾生能夠認識到無我，一切諸法皆空！大家念的《心經》，觀自在菩薩行深般若波羅蜜多時，照見五蘊皆空，空中就無我。

同時，要觀諸法無常。我們出家的道友都懂得，觀什麼都是無常的，都在變化運動當中。這樣認識之後，你這個心念念向佛，念念向覺。使你這個心念念的知道諸法無常，使你這個心，能夠時時的觀照無我，這就解脫了，還有煩惱嗎？這就是佛的涵義，「紹隆佛種，發無上意」。

自歸於法　當願眾生　深入經藏　智慧如海

「法」是種種樣樣的事物，就叫種種法。每一個樣就是一法，每一個事物就是一法。「法」又是作什麼呢？方法，作一件事都有個方法。你學木匠，學泥水匠，隨便學什麼都有個方法，你學佛也有個方法，這個方法可多了，大概有八萬四千，其實不止八萬四千。每一個眾生有每一個眾生的根機，每一個眾生都有他的愛好。

人，我們都是人，人跟人不同，什麼不同呢？不只相貌不同，心不同，看問題、想事，各個想的不同。同時來聽經，同時來學習，那不一樣的。而且見聞覺知，眼睛所看，耳朵所聽，心裡所了解的，深入知道的，就有種種的法；但是你必須得學，深入經藏，才能開智慧！形容皈依法之後，願一切衆生都能夠深入經藏，那智慧像海一樣，必須得證得。證得性空無我，了一切諸法無人相、無我相、無衆生相、無壽者相。證得空，先要不空，由不空而去證得空，證得空了而又回入不空，成就一切法。這個時候，再觀一切法，沒有一樣是眞實的，如果人人都這樣，還有爭論嗎？還有鬥爭嗎？還有刀兵劫嗎？沒有刀兵劫，沒有水火，沒有自然災害。災害是人爲的，先由心壞了，一切事物都在住壞變化。

這個道理怎麼講呢？現在最近日本發生大地震，死了好多人。颱風到臺灣，今年颱風到臺灣次數太多了，災害頻繁。乃至於到福建、浙江溫州，這屬於自然災害，這是一切法。你若有智慧，可以明白災害是怎麼發生的！大自然界怎麼變化的！過去的春夏秋冬，很正常的運轉，現在不是了，起了變化，爲什麼？這叫「法」，「法」就是世間相，種種樣樣。你有這個智慧嗎？你了解嗎？要認識他的因果。你必須得學，才有這種智慧。就像《地藏經》第十一品〈地神護法品〉，大地都是堅牢地神住持的，破壞他所住持的，自然災害就這樣發生。

過去明朝末年的張獻忠，他對人類有一種仇恨。那時候，他率兵入四川，把四川人差不多殺絕了。他說：「天生萬物以養人」。老天爺眞慈悲，生萬物讓人吃的、穿的、住的，行的，但是人太壞了，「人無一德以報天」，連一件好事也不做，不回報天對他的好處。他底下就是連續七八個字。什麼呢？「殺、殺、殺、殺、殺、殺、殺」，見人就殺。爲什麼特別恨四川人呢？因爲他還沒有當土匪之前，常到四川出差，來回送信。在跑信差的路上，大家都瞧不起他，跑信差的職務很低，處處受害。有一次他在野外解大手，四川有一種草是毒草，他在草坑裡解手，就碰見那毒草，把他那屁股一圞上都腫了，多少天都好不了。他說四川人，不但人壞，連長的草都害人。後來他當徒匪頭子，見人就殺，這是絕對錯誤的。

他有兩句話說的還不錯，「天生萬物以養人」，地上生出的東西，衣食住行，那樣不是大地生的，現在油價突然長的特別高，長了一倍還多，整個世界上，開汽車，架飛機，都需要汽油，汽油哪來的？從地底下掏出來的，每一天要多少萬桶，還不夠，地球不再長了，掏出這些東西不空？每天空了，就地震了，板塊回縮，地震都是因板塊移動而引起的。你把地掏空了，他往上一縮，當然地震了。地震影響氣候的變化，這是周轉的，災害頻繁。爲什麼？人爲的，這是共業所感。一般人叫世界進步，從佛教徒來看這個問題，越進步越壞，越壞越進步，是進步？是退步？這是毀滅，不是進步。科學家都懂得這個道理，製造破壞、製造武器，這都是法。若明白這種法，明白空義。不是毀滅之後了空，而是現在的本體是空！如果人人都空了，不造業了，世界就太平了。人與人爭，國與國爭，把地球破壞完了，大家就不要活了，那就不爭了，自然的毀滅。如果人人都能懂得，人人就不破壞了，那不就天下太平，很幸福了。像我們道友與人無爭，災害找不到你，你也不跟誰爭，不傷害別人，別人想傷害你傷害不到。就是這個道理。不惹事、不找事，任何事你看破了、放下了，這就是幸福。

最近回家的道友，一到社會上，跟在普壽寺裡頭完全不同。你一路上所看見的，坐汽車，看見人慌慌張張的，忙的不得了，也有夜間趕的，也有白天趕的，趕車爭上爭下，看到了嗎？沒有一處不是忙的要死，忙什麼？人人都在忙死。有兩句話，「舉世盡從忙裡老」，整個世界都是從忙裡頭老的。「何人肯向死前休」？有哪個明白的人，沒死之前，他休息了，算了，不貪了，不爭不貪，這是出家人的特點。我們跟誰爭？我們跟誰也不爭。

「深入經藏」，認識諸法自性無我，入了性空無我，明白了性空無我，明白一切法如露、如電、如泡、如幻、如影，解脫了，有智慧者就一切都解脫。法是哪裡來的呢？法是佛所說的，法是教授我們的方法而已，還要我們去做。你知道一切法如夢、如泡、如影，光知道不行，必須得了解！了解只是解悟，還得證得，證悟了才能享受。享受的意思是什麼呢？證得了有什麼不同呢？明白諸法是空的，你空不掉，門都關上了，你出不去！因爲你這身體還是不空，門也不空，你沒有作用，能享受得到嗎？必須得證得。證得了，門也空，身體也空，一切皆空，你出入無障礙，這就是解脫自在。但還得去求，還得去修！法是依止人，人去行法、弘法，人是什麼呢？佛弟子，專指「僧」說的。佛的四眾弟子，這裡專指出家二眾說的。

自歸於僧　當願眾生　統理大眾　一切無礙

雖然是三寶，實際上是一體，佛法僧三寶就是一體。一體三寶跟自性三寶，先講住持三寶，再講一體三寶。今天有一個弟子給我打電話罵三寶，她看到三寶的壞，特別是看到和尚的壞。我說妳罵不得，現在這個世界上還有一萬大阿羅漢在人間，就在南瞻部洲，妳沒有福德智慧，因爲妳的心壞，遇的才都是壞的。大家拜過三昧水懺吧？三昧水懺的故事，那是住世的大阿羅漢。由此證明，一萬個大阿羅漢住世，沒有這個福報遇不到，所以你就不了解。

我們看宋朝的道濟禪師，現相上他又吃狗肉，又喝燒酒，好像是個墮落和尚！他是以這種方式利益眾生，這是自在的，有神通的。現在你到杭州淨慈寺，看運木頭的那個井，井裡頭還有一根木頭。他修淨慈寺的時候，寺裡的木頭是從井裡運出來的。

所謂的僧寶，有聖僧，有凡夫。爲什麼你專門看見凡夫？因爲你用凡眼看的都是凡夫僧，你用聖眼看，不去分別，千萬莫謗三寶，謗三寶的罪惡，不論好壞，你所認爲是壞，這是示現的，不是眞實。你有福德，才能見到好的。文殊菩薩說五臺山凡聖交參，龍蛇混雜，你用什麼眼看？用慧眼看。什麼叫高僧？爲什麼聖僧他不現呢？一者你沒有福報，二者沒有緣份。還有衆生的分別心，他不平等，若有聖僧，都去供養聖僧了，凡夫僧就該餓死了，因此聖僧不會現的，平等平等。

我們說「紹隆」是紹隆三寶，佛是佛寶，特別是經藏，如果沒有經，你還學什麼呢？所以當遇見佛法僧三寶，第二句話都一樣的，當願衆生，願一切衆生都能紹隆三寶，願一切衆生都能得聞佛法，願一切衆生都能和合，自性和合的僧寶。不是專指出家一種。發菩提心，紹隆佛種，住世的必須得僧人，才能住世，僧人代表三寶。每位道友都從受三皈開始起，但是這個道理甚深，有時候受三皈的師父講，有時他不講，但是你要懂得這種道理，三寶就是你自己，這就深入了，深入什麼呢？佛者是覺，法者是覺悟的方法，怎麼樣才能覺悟？當你用這種方法覺悟，又把這種方法教一切衆生都覺悟，這就是法寶。佛跟法和合，住世的是僧寶，沒有僧寶住世，佛法就滅了，三寶聯繫在一起的。懂得這種道理，你就知道三寶的重要性，你學什麼都不離開先學三寶。因此當我們跟人說三寶的時候，要透徹的解釋。

皈依三寶能攝化一切衆生，要攝受人家，讓一切人都能學佛法，你必須有慈悲心，才有大慈大悲的耐心，一切衆生所要求的、所欲望的，使你沒法忍受。但是，你能忍受得了，這就是第一個大本事。大家說想學作法師，有的弟子跟我說他想當法師。我說好，你試驗試驗！當法師第一個就是耐，先得學會耐。並不是人家見你就磕頭，把你尊敬得不得了。人家罵你、問你，五欲的情況都會攝受來，看你有沒有本事。看你學法的精神，怎麼應付這些環境。有句俗話，「當著和尚罵禿子」，那就是罵和尚。知道這種道理，跟你這位法師說，哪個和尚哪個廟不好怎麼樣，其實也是罵你。人家說你們和尚很壞，他可是你的弟子，還向你說這種情況，實際上就是罵你。

必須得耐，耐完了還要轉化，得教化，你得有方法。說海量海量，你的量能容像大海一樣，什麼都能容！並不是見你就都恭敬，都禮拜，都磕頭，你說什麼就聽什麼，不是的，而是侮辱你。年輕的時候，相貌很好的，要是男性的，女性找你談戀愛，要是女性的，男性找妳談戀愛。你是法師，遇到這種境界怎麼辦？五欲境界的事還很多。你要修廟，他要破壞廟，你說信佛好，他說信佛是迷信，又該怎麼辦呢？這必須得有慈悲心，一般的慈悲心不行，得大慈悲心。

得先學能容，我們齋堂供的彌勒菩薩大肚子，肚子裡就能容，麵包、饅頭、大米飯、高粱米，什麼都能容，五穀雜糧什麼都能容！這是形容你的肚量大，什麼都能容。三寶弟子就得學佛，能容天下難容之事。你什麼境界都會遇到的，作爲一個僧人，六和合，統理大衆，不是都是依教的。衆生的煩惱重，要是想攝受他，轉他的煩惱，第一個先學能忍、能容，那就得有大慈悲心。大慈悲必須得有大智慧，這個智慧哪來的？皈依三寶，佛加持，從學法中得來的，大衆僧的力量加持你，你才能得到。

僧是和合的意思，佛跟法和合而爲僧。自性的本體是佛寶，依著佛寶的本體所發生的智慧德相，所具的一切諸法，是法寶。佛寶跟法寶結合起來就是和合僧寶，這是自體三寶。先有自體三寶，而後有住持三寶，沒有住持三寶，也就沒有自體三寶，這樣理解你自己本身就具足了三寶。

第一個要紹隆佛種，這是菩提心，你要學法！這個法是自心自性所具足的，把它發揮顯露出來，用它來利益衆生。把佛跟法和合起來所現的僧相，就是僧寶，這是法性理體具足的自性三寶。沒有住持三寶，自性三寶沒法顯現的。住持三寶，出家人現出家的相，是僧寶。供養一切的佛像，是佛寶。佛說的三藏經文，是法寶。這叫住持三寶。明白一體三寶，而後有住持三寶，要這樣皈依三寶。

對於受三皈的道友們，我囑託他，你別的修行沒有，你在家要生活、要工作、有家庭，用什麼修行呢？就是皈依三寶。出家的道友，你別的經沒誦，皈依三寶你一定要誦。臨睡眠的時候，念：「皈依佛、皈依法、皈依僧，皈依佛、皈依法、皈依僧」，最少最少念十聲，念到睡著了。有什麼好處呢？你常這樣念，幾年受持下來，再不作惡夢。早晨一睜開眼睛，第一個念頭就念：「皈依佛、皈依法、皈依僧」。其他修行沒有，就依這個修行，使你一生安樂，不會墮三塗的。皈依三寶的功德是不可思議的。

你皈依三寶之後，說我們出家二衆，一定要受戒。爲什麼要受戒呢？受戒是你出家成道的準備，不受戒成不了道。戒是防範的意思，防範外賊侵入，防範不作惡事。初學佛的人都知道，「諸惡莫作，衆善奉行」，怎麼能辦得到？一切惡不作，一切善都去作，怎麼辦得到？必須依著佛教授的方法，最先就是戒。戒定慧，這就是三學。你出家了，是出家衆。在家衆，起碼要受五戒，五戒是四衆弟子都要受的。五戒受完了，增加的時候，可以受八戒、受十戒、二百五十戒、三百四十八戒、十重四十八輕戒。這些戒的目的是什麼？防非止惡，看你願力的大小。這裡有性戒、有遮戒，菩薩戒就是性戒。凡是入佛門的，必須得受戒！戒是遮止之意，遮惡，把一切惡都遮止住了。這是在印度說的，到中國不是這樣。出了家，落髮了之後，一定得受戒。乃至於年齡不到的時候，一定得受沙彌戒。在家衆最起碼得受個三皈，三皈就是戒。皈依佛，終不皈依外道天魔，皈依法，不皈依外道典籍，皈依僧，不皈依外道邪教。這個不皈依，就是三戒，免得你落入歧途。

受學戒時　當願衆生　善學於戒　不作衆惡

受戒就是學戒，所謂受就是學。因爲你想把惡止住，必須得學戒，你要行善，也必須得學戒，這是防護你。佛所說的方法很多，要防護你的身口意，不去作惡，不去犯，把你所要作的惡都止住。戒有兩種，一種是止持，一種是作持，止持是你絕對不能去作的。這兩者有時候有矛盾，你要善於處理。殺人放火是絕對不可以的，這是止戒。但是你想行菩薩道，想行大善，把殺人變成小惡，我殺一個人救一千人。止持跟作持，要搞清楚，得靠智慧。沒有智慧，沒有這麼大的心，那你一定先止，不能去做。佛告訴你做的，你一定得做；佛告訴你止的，你一定得要止。佛叫你做的，大都在經裡說，怎麼樣做，怎麼樣觀。戒一般是要你止！但是，你學戒的時候，跟大乘經典的教義有矛盾，就像我剛才說的，殺人犯戒，還償命。殺一個人，救一萬個人，救一百個人，乃至救十個人，一比十，哪個划算？你得有智慧！說我殺人了，犯了戒，還債不還債？要還的，你承擔去還，要救那一百個人，這個權衡得靠智慧。但是一般依小乘戒，依小乘戒去作就好了。

小乘的作持，羯磨法，我們半月半月布薩，作羯磨。佛在世的時候，廟裡頭作什麼事？比丘一天的開會作羯磨法，衣食住行，分配房舍臥具作羯磨法，大眾僧都贊成，說這房子該分配給他。衣服，得一件衣服要說淨，飲食起居，乃至一舉一動，都要有羯磨法，那叫辦僧事，羯磨就是辦事。隨機羯磨，大家都懂了。弘一老法師專講隨機羯磨，隨眾生機作羯磨法。我跟弘一老法師說：「你白講了。」他說：「爲什麼？」我說：「誰也沒去執行，哪個寺廟作羯磨法，說說而已，聽聽而已，還是不作。」

爲什麼？一者業障重，時代不同，沒有誰信。那時候，倒退五十年，倒退七十年，再說多一點，我當小和尚那時候，拿件衣服就穿上了，誰作羯磨法？哎，沒作羯磨，管他去，誰去跟你作？現在我們普壽寺可能作，但也可能作得不完整。收一件衣服，別人送一件毛衣，送一件帽子，你作過羯磨嗎？我不相信都作過羯磨。我看有時候執行，好比遞個東西，擱到桌子上才能拿，不擱桌子上不能拿。持金錢戒，收公款時，擱到桌子上，兩人對著，不曉得嘟囔些什麼，反正照著佛戒說。大的？大的就不作了。僧尼一舉一動都要作羯磨。我們是大概學一學，知道知道，遵守一下。每一條戒都有開遮持犯，有三緣成犯，有五緣成犯，有六緣成犯，也有八緣、有九緣，若其中有一緣不具足，只有八緣，還不算犯。這些戒條，一生學還學不會。

我最初當小和尚的時候，就在選擇道路，終生學戒嗎？還是學大乘法？我放棄學戒，我本來跟慈舟老法師，學戒學華嚴。後來請弘一老法師講戒。這兩位法師都是講戒，又講華嚴。但是，弘一法師講戒，提倡《地藏三經》。慈舟老法師講戒，提倡華嚴。是不是大小相違呢？不是大小不相違。小能成大，大能顯小。我還是選擇學大乘，下地獄就下吧。後來才懂得，地獄是空的！但是你可別造業，造了業，業果不空。地獄是空的，業果不空，業果不空，地獄又有了，唯心所現，你有什麼業就現什麼報。

舉例說，鹿茸、虎骨、麝香、蟲草這些藥，你有病了，醫生給你開藥，裡頭有這些藥，你吃不吃？藥裡有衆生的身分，鹿茸是衆生的身分，虎骨是衆生的身分，乃至於加上蛇膽。有些營養藥你可以不吃，治病的藥你吃不吃？佛在世的時候也如是，這是吃藥。穿衣服，佛在世的時候只蓄三衣，裡頭是裙子，佛在世都是三衣一裙，多了的得作羯磨，就這一法。我思想有時候通不過，就有個問號！迦留陀夷尊者死的時候，積攢的財富，在印度可以說是首富，連國王都想分一份。在家出家的，他住過的寺廟，都想來分他的財產。天天說淨，他怎麼攢這麼多東西？每人一個小寮房，他這些東西都擱到哪？存到什麼地方？大家若學《十誦廣律》，學〈大毗婆沙論〉的律，學很多律，你看見會起問號的。這是第一個。

那時候比丘不能存飲食過夜，也不能過午。爲什麼佛在世那些比丘會因爲飲食犯戒！誰又曉得？他一個人住在山林裡，不是共住的，好多比丘是樹下一宿，樹林裡住，誰去察看他，誰知道他飲食留沒留？他吃的是昨天的？還是今天的？我們寺廟裡有糾察師，大家共住的，很了解你，你做什麼錯事大家都知道！那是個人獨住，誰知道他做什麼。那大多數都是聖僧，靠自覺了。同時，國土不同，開緣也就不同。中國的大德們，都依著《四分律》，受戒也依著《四分律》，有些是根據佛之開緣而改變的開緣。

我們在一九八幾年，帶著南普陀的幾個學生去修南山道宣律師的道場淨業寺。原來的塔是壞了，修他原來的塔基。塔裡頭可能有很好多藏物，我們沒下去取，把它封閉了。我就設想，那時候道宣律師在終南山住，就他一個人，他寫律幹什麼？他本身沒跟大眾共住，而是別住！那時在長安除了淨業寺外，還有大興善寺，那是玄奘大師翻譯經的處所，還有好多大廟。爲什麼道宣律師不去住呢？他自己單住，專弘戒律。因爲大家意見不同，有學經的，有學論的，有學律的，各作各的。

在古時，我們只能依著佛的教導，戒是防非止惡，佛所制的戒，自己用你的智慧，用你的判斷去做。就爲吃雞蛋的問題，一直爭論到現在，學法相宗的，說雞蛋沒有識，可以吃。戒律說不沾眾生身分。眾生皮做的鞋，不能穿！在印度和尚沒有穿鞋的，到中國才有穿鞋的，地方不同了。在唐朝的時候，有老和尚穿皮襖的，難道他們不懂得佛法嗎？他們不知道不能沾眾生身分嗎？各是各回事。

我當小和尚的時候，人家說我很叛逆，對很多不合理的事，提出反對的意見。現在知道不對了！人說，人到老了你就知道年輕時候的錯誤，九十歲了，知道八十九歲的錯誤，八十九歲知道八十八歲的錯誤，長一年就知道一年的錯誤。我們順佛的教導，皈依三寶，完了學戒。學戒學什麼呢？學防非止惡。佛沒有制戒，但是眾生譏嫌，你不能去作。你跟著大乘戒，中國的出家人有一種毛病，我是小乘出家，這是小乘教義，我是大乘出家，不拘小節，兩頭都不沾。大小乘都學的，自己應當有個絕對的，絕對的是什麼？用你智慧來判斷。祖師不是佛，他不能全面，佛才是全面的。這個祖師這樣子，那個祖師那樣子，你學祖師很難，要學佛。爲什麼學祖師很難呢？你能跟濟公去住嗎？你能跟他學嗎？禪宗有很多大德，各宗各派，各各知見不同，但不是佛，佛所說的法是通的，什麼人都可以學。當你皈依佛、皈依法、皈依僧之後，要善學於戒，善學就是用你的智慧好好去學。

三皈就是戒，五戒也是戒。五戒說到喝酒，五戒之中加個飲酒戒，四重一輕，飲酒不是重戒，因爲飲酒把前面的殺盜婬妄，全犯了。因爲一喝酒，把自性迷了，做不了主了，連續四種因緣，把前面的殺盜婬妄全犯了，因此定了戒條不許喝酒，五戒，四重一輕。酒本身並不重，但是喝了酒犯重戒，把酒就制成戒了。菩薩戒就不同，飲酒是重戒，賣酒就更重。開酒店的有很多是受三皈五戒的，這在菩薩是重戒，三皈五戒是輕戒。那他就不受，受四戒殺盜婬妄，不受五戒，這是受多分戒，叫多分優婆塞、優婆夷，不守酒戒。關於戒律，現在不是講戒律的課，而是講《華嚴經》的。《華嚴經》說你受三皈的時候，說明了你要學五戒。不是學一種，佛所有的戒都要學，不是你一定要受持，但可以學。在戒律學上，沙彌沒有受戒的，不能學戒。尼衆得受式叉摩那戒，受了式叉摩那叫學法女，才能學戒。

受闍黎教　當願衆生　具足威儀　所行真實

「闍黎」，就是「老師」，印度叫「軌範師」，軌是軌生物解，順著這個軌道走，能夠使你開悟，能夠使你明白，能夠止惡，能夠行善，阿闍黎這位老師一定給你作師範。他教你，他就是以身作則，叫軌範師。就給你作榜樣的，你依著他學，依著他去做。講威儀，每個人就像木頭人一樣，三千威儀，八萬細行，走路、吃飯、穿衣服，特別是走路，現在不論比丘、比丘尼，腦殼就像撥浪鼓似的，這樣看那樣看，這是絕對犯威儀的。只看前面三尺，腦殼不能左右搖擺，腦殼上頂碗油不能灑出來。這樣軌範師找得到嗎？我絕對不能當你們的軌範師，我是很懈怠的。

現在講威儀，一般出家人要比在家人好得多。三千威儀、八萬細行，中國禪宗把這些都取消，禪宗不講，這是教下講的。現在我們有律學院嗎？我們五臺山有律學院，現在很少有律學院。民國以前，沒有僧學院，都是單打一，老師教徒弟。要是幾十人住一塊，就作羯磨法，一切都依羯磨法來作事，沒有僧學院這一說。

轉逢和尚、會泉法師、太虛法師開辦了閩南佛學院，弘一法師又增辦了養正院，怎麼樣當和尚？弘一法師標榜「養正」，作阿闍黎師。我問老法師，我說：「老法師，你給我們作阿闍黎師。」他說：「我可不夠格，不能作阿闍黎。」他自己住在關房裡頭，怎麼能給人作阿闍黎師？不可以的。阿闍黎是以身教，我所作的讓你來學，也就是軌範的意思，非常難。

我們說百衆學，現在天氣冷了，大家都穿著鞋，穿著襪子，今天還沒包腦殼的，因爲屋子還沒有那麼冷。戴風帽，那叫覆頭人，把腦殼包上。大家都學過百衆學戒，「不得爲覆頭人說法應當學，不得爲著革屣人說法應當學」，這是給法師限制的，不許跟哪些人說法，不許跟哪些人說法，一百條當中有好幾十條。現在大家如果光著腳來學，若有一個穿鞋穿襪子的，那法師給他說法，犯了突吉羅。突吉羅犯了不懺悔，下地獄人間九百萬年。如果這一個人戴著帽子、穿著鞋、穿著襪子來聽經，你給他說，九百萬就一千八百萬年，一個人一千八百萬年，幾百個人加在一起，這個法師下地獄永遠出不來。但是，戴帽子、穿鞋或者穿襪子，不給他說了，斷佛種子。不說法不是斷了佛種子，這個沒有地獄時間，斷絕三寶，斷絕三寶那個罪惡，那比百衆學大得多。百衆學是戒律最輕、最小，依著戒律你怎麼處理？這就用大乘，「心空及第歸」，都是假的、空的，地獄沒有。

眞的沒有嗎？好多時候，阿闍黎教授，你具足威儀，所行眞實。經不同於戒律。經上不講，說沒具足威儀，要下地獄好多年，經上沒有。這是《大方廣佛華嚴經》的〈淨行品〉，爲什麼？大乘制心，小乘制行。小乘制你的行爲，大乘制你的心。心怎麼樣？我讓衆生成佛，讓他觀心就好了，禪宗教育也如是。使他心開意解、頓悟無生，大乘就讓你修空義，諸法皆空。空義是智慧，有智慧的人所作的都是解脫，不管作逆行也好，順行也好，全是解脫。無智慧的，學戒就束縛了！有智慧的學戒是解脫的，無智慧的學戒，他光知道這個戒條，很死的。他不知道幾緣成犯，還有懺悔法，什麼樣才是犯究竟，犯了又怎麼辦？犯了要懺悔。有對首懺的，有十個僧人懺的，有二十清淨比丘懺的。

現在，哪個比丘尼師父肯向大眾懺悔，有這樣的比丘尼嗎？沒有。她犯了錯誤，羞恥心很重，不肯對好多人去說，她隱瞞，叫「覆藏罪惡」。怎麼辦？大乘有方便，說對佛懺悔，所以有〈三昧水懺〉、〈大悲懺〉、〈地藏菩薩懺〉，有好多懺悔法。對菩薩她可以說的，她默念，不說，菩薩也知道，佛菩薩也知道，她知道這是隱瞞不了的。對人哪，還是不肯說，誰肯暴露？

「受闍黎教，當願衆生，具足威儀，所行眞實」。這時候你所作的，都是眞實的。什麼樣才是眞實的呢？具足威儀，行、住、坐、臥四威儀。我們形容，「立如松，坐如鐘，臥如弓」，都編上歌訣了。坐著怎麼樣坐，睡覺怎麼樣睡，站著怎麼樣站，我認爲，這不是呆子也是傻子，站到那像棵松似的，這是眞的嗎？坐那像口鐘扣到那兒，他也不動，那活的是死的？爲什麼加個「善學」？會學！不要太拘泥，不要太死板，要看在什麼情況之下。以前問我的老法師，不管慈舟老法師，弘一老法師，我說國王在的時候，那些國師大德，見了皇上那些樣子，犯不犯佛戒？因此要「善學」，加個「善」字。

受和尚教　當願眾生　入無生智　到無依處

從闍黎教以下，多數是指出家二眾說的。這樣你可以理解在家居士受三皈的時候，你的皈依師也是和尚，但是「和尚」專指授三壇大戒的和尚，他在給你受戒的時候，所有的教誡，你把它理會到，「入無生智，到無依處」。

什麼是無生智？你能夠把和尚所教授的話，理解到無生無滅，依著法身的力量，依法的力量生出法身慧命，法身慧命就叫無生智。無生無滅了，還有什麼依？還有什麼不依？所以得了無生智，就到了無依處。但是跟我們受的三皈可不同，我們受三皈是有歸有依，依賴佛、依賴法，依賴僧。依就是依靠、依賴，但是深切的理解，「無依」，就是依著自己的法性身。在世間說，這個人到了無依無靠，那麻煩了，那就說你很飄零了！這是說你證得無生法忍，證得無生智，沒有能依的自己，也沒有所依的三寶，這就從凡夫地到成佛。

出世間法讓你學習，讓你證入，證入什麼呢？證入無生智。無生就無滅，這在《金剛經》講得很多，現在是在信位，從信位到初住的過程當中。那麼你從十信滿了進入初住，相似悟得佛的道理，悟得自己成佛的道理。悟得之後（不是眞正證得，眞正證得就成佛了），理解到一切諸法無生無滅。依著和尚所教導的是讓你成佛，教導你的境界都是入無生智的境界，那就無生無滅。無生無滅還有退嗎？永遠不退了，究竟成佛，這叫信不退。再進一步到位不退，再進一步到念不退，就是三種不退位。因爲你到信了，信了之後一入了初住，住佛種性家，再不退墮。這個不退墮不是說你不下三塗，不到六道輪迴，而是成佛種子的信心永遠再不退，後來再加上你發菩提心，說明你一定能夠成佛。在受戒的時候，和尚教授你的時候，是讓你入無生智到無依處，也就是到究竟成佛，不但惡業不造，善業也停止，無惡無善。在這個時候才能受具足戒，這是依大乘教義講的，這是文殊菩薩教授我們的。

受具足戒　當願眾生　具諸方便　得最勝法

這叫受具足戒，專指著比丘、比丘尼說的。但是這個比丘、比丘尼還不算究竟具足，究竟具足是菩薩戒才是具足。只有受菩薩戒的時候才是成佛的種子，要想成佛一定得受菩薩戒，受菩薩戒就成為佛子，眞正的佛子。受菩薩戒一定能成佛，但是中間犯戒、墮落的時候也很多，無論怎麼墮落，一定能滿足成佛。

菩薩戒受不受呢？有好多的人不敢受菩薩戒，為什麼？受了一定犯，菩薩戒是制心的，說我們這些凡夫胡思亂想太多了。凡夫受菩薩戒，這是成佛種子，不受菩薩戒的不能成佛，應當怎麼辦呢？在印度、或者在西藏、或者在日本，不受十重四十八輕，那是心地法門，登地菩薩受的！受的是彌勒菩薩所教誡的六重二十八輕，這個好持一些！你若不斷煩惱是證不到菩提，想斷煩惱一定得要受菩薩戒。

「受具足戒」，這是專說受具足戒，受具足戒要願眾生，「具諸方便，得最勝法」。什麼是方便呢？什麼叫「最勝法」？就是你所學的戒。在比丘戒、比丘尼戒，如果在你受的時候，受完了以後你執行的時候，現在我們多數都是受的，受了執行、觀想的時候，把比丘戒變成了菩薩戒。這就是法無定法，是依著行者的心而建立的。

例如說不殺戒，一切衆生不殺、不分別，之後治你的意念，從來不起殺念，這就是菩薩。在受比丘戒的時候，專指殺人致死，殺畜生不犯重戒，專指殺人是犯重戒，但是執行的時候，要求自己一切不殺，不起殺因。具足殺緣，殺因、殺緣、殺法、殺業，必須作了業了才成就，犯了。因爲〈淨行品〉是文殊師利菩薩說的，這個跟我們所受戒的情況有所不同。這是總說，凡是你受具足戒的人，都發願當願衆生。「具諸方便」是指著菩薩說的，善巧方便。「得最勝法」是指著佛說的，成就一切諸佛佛道。

戒的目的是什麼呢？斷煩惱、證菩提，防非止惡，一切惡都止。能斷煩惱就是菩提，菩提是覺，沒有覺悟的心，你能斷煩惱嗎？現在諸位道友，無論出家的、在家的，無論出家好多年，對於斷煩惱、證菩提，這兩句話好像都懂，斷煩惱就能成佛，證到菩提。但是，行起來非常難。但是像文殊師利菩薩、普賢菩薩、觀自在菩薩、彌勒菩薩，有沒有煩惱？沒有煩惱，但是他隨順衆生，度衆生的時候，他示現煩惱，入了哪一界衆生，就隨哪一類衆生，實際上沒有煩惱。我們跟菩薩是相反的，我們從外相看裝起來沒煩惱，滿腦子都是煩惱，在歡喜的時候也是煩惱，相信嗎？每人都問自己，你有煩惱沒有？還不是你煩惱的時候煩惱，連磕頭禮拜還要生煩惱！拜懺是消業障，在懺悔業障，要回憶過去的時候，說正在那拜懺，我過去業太重了，這個本身就是煩惱。還有心無二用，說拜懺的時候，懺本都是「一心敬禮釋迦牟尼佛，一心敬禮觀自在菩薩，一心敬禮地藏菩薩」，他叫你「一心」，但是我們的心就不能一心。

每位道友可以回憶一下，在拜懺的時候、乃至上殿過堂的時候、吃飯穿衣服時候，你能一心嗎？不能一心就是煩惱，那就不是最勝法。用方便善巧使你這個心常時生歡喜心，永遠不要生煩惱。二百五十戒，三百四十八戒，是不讓你生煩惱。從這個意義上講，說你受具足戒，發願願一切眾生，「具諸方便，得最勝法」。但是你發願度眾生的時候，就是大乘，不是比丘戒，超出比丘戒之外，而是菩薩乘。〈淨行品〉是《華嚴經》的行文殊智慧，行普賢的行願，所以他那個性質不同，就是用心不同，就是「善用其心」。

前面智首菩薩問，文殊菩薩答他的時候，告訴大家記住「善用其心」！這是總的，因爲這是在〈淨行品〉裡說受具足戒，不是登比丘壇或登比丘尼壇受的具足戒，這個不同的。「善用其心」是發菩提心，受的具足戒、受的比丘戒、比丘尼戒，全變成了菩薩行。這是在《華嚴經》裡說，具足一切方便，把一切方便都變成發菩提心，成就佛道，這就叫「最勝法」。「戒」的意思是防非止惡，一切惡都不作，行一切善，叫止惡行善。我們經常說「諸惡莫作，眾善奉行」，那就不止二百五十戒，而是八萬四千。這個意思說你在受具足戒，發這麼個願就行了，受具足戒，你念文殊師利菩薩所教授我們的，「當願眾生，具諸方便，得最勝法」。

三 就坐禪觀時願

若入堂宇　當願眾生　昇無上堂　安住不動

「堂宇」是泛泛說的，或者入戒堂，或者入寢室，或者入飯廳，都叫堂。淨土部的佛堂，戒研部的佛堂，凡是入哪個堂宇，就是進到房子裡頭，要發願。或到禪堂，到觀堂，爲什麼齋堂叫五觀堂，不叫齋堂？本來是齋堂，爲什麼叫五觀堂？吃飯也在修觀。

以下一共有七願，屬於坐禪修觀，叫禪觀。禪就是止，我們看禪堂門上掛簾子，「止靜」。觀堂，教下的就修觀，止是定，觀是慧。泛泛地說，凡是你入共住的，入了屋子都叫「堂宇」，那時候你要發願，「當願眾生，昇無上堂，安住不動」。「無上堂」就不同了，「無上堂」專指著法堂說的，我們現在進入這個就是無上堂。或者進入禪堂的禪堂，一般的禪堂寫著這麼個對子，「此是選佛場」，禪堂是選佛的，專門成佛的。下一句還有一句，「心空及第歸」，必須心空了。我們一般地說「昇無上堂」，就是說法的地方，現在我們這個法堂就叫無上堂，因爲大家學《華嚴經》。我那個院，現在說〈淨行品〉的時候，就在普光明殿，那也叫無上堂。

《華嚴經》的七處九會，在普光明殿就說了三次。「堂宇」是專指演誦華嚴的地方。學的時候、觀的時候是學慧，安住不動是定。有些事情是從你一切事，用理來把它成就，理來成事，我們簡單說無上堂，就是道場。行道之場、說道之場、觀道之場，都稱爲道場。有時是從理上說，你在事上去找沒有。現在我們從事上顯理，印度的普光明殿就在菩提伽耶，按事上說，只有七八華里，沒有這麼回事。事上說的，理上沒有，理上具足的，事上不成立，這是凡夫境界。但是事即是理，佛確實是在普光明殿，普光明殿確實是在菩提場，也就是現在印度的迦耶。理和事，《華嚴經》是理事無礙的，有時我們肉眼是見不到的。普光明殿，我們肉眼見不到。就像佛在天上說法的，我們也見不到，不但《華嚴經》，《地藏經》在忉利天，我們見到忉利天？你是見不到的。這個說「昇無上堂」，凡是我們送人家匾，哪個老和尚陞座了，我們都寫一個「昇無上堂」，說法的處所，這是簡略地說。

我們那禪堂，「此是選佛場」，念佛堂也可以說是無上堂，變成極樂世界，也就是說法行法的處所，道場，這樣理解就好了。說你入念佛堂也好，入禪堂也好，入的講法的法堂也好，都把它當成無上堂。之後，一進入無上堂，心要住在無上堂，不要向外奔馳，安住不動。這個道理大家都懂，進了法堂聽經，到了齋堂上觀堂吃飯。吃飯是作佛事！諸位道友，我們一進到飯堂去了，在那是作佛事，去修觀了！

這裡有好幾百位道友，有想過到飯堂去修觀，想過嗎？進到五觀堂想過嗎？你看那門口掛著是五觀，食存五觀。因此，這要你的觀想力。安住就是定、就是眞，不動就是眞，動就是妄，「安住不動」。所以我們行道的人，乃至於佛的三寶弟子，要修行的人，行道的人，都要「安住不動」。把這四個字貫注在你一切的行爲上！在你動的時候就是不動，不動的時候而能夠吃飯穿衣，乃至吐痰、喝口水，那個動是不動。這個不是短時間，三年五年、十年八年、一生兩生就能修成的！這就成道了，要得到它的實際好處。

每一個道場，每一個禪堂，每一個說法的法堂，乃至我們打佛七，一個念佛七，或者是幾十個人誦部經，或者打法華七，誦《法華經》，打華嚴七，誦《華嚴經》，總有幾個人得到利益，不會沒有得利益的。不會說這個道場白做了，沒一個人得利益的！不過他得到不會宣佈也不會說自己得到好處。我們簡單說，得到這個道場的好處。

若敷床座　當願眾生　開敷善法　見真實相

「開敷」的「敷」是展開、打開的意思。你拿墊子或拿禪座的座，乃至你拿了一個包腿的包，都算「敷床座」。「床座」，善法堂一定是善法座，無上堂裡頭所有的座，都是「開敷善法」。從善法之中見到它的實體，「見眞實相」。坐禪、念佛，當你包腿子，你坐在這兒的心念是什麼念？要入眞實，想的是眞實。什麼是眞實呢？定心所發出來的智慧，那個就叫眞實，這樣理解也能夠進入。

乃至於睡眠、鋪墊子、打開被子，也可以作爲入定想。坐是坐，行、住、坐、臥都如是。行的時候不會敷床座，但是你行的時候，說你那個心，坐的是善法座！久而久之這樣修觀，說的時候是觀力，你得到的是定力，這裡頭不要參加虛和妄！使你的心轉變，不參加虛妄，轉變為成眞，所演的一切都是善法，所以能夠見「眞實相」。我們說開悟，或者成道，都叫「眞實相」。因為行一切善法跟「眞實相」是相結合的，「眞實相」是無相的，眞實相無相。無相的相，顯的是眞實。說你學習法，修習善法，能夠得到「眞實相」，證得眞實的實體，學修都如是。

再講講眞實相，眞實相是無相。無相就是我們那個性，性體是無相的，無相故才能隨一切相！坐也好，站也好，吃飯也好，聽經也好，睡眠、倒著、臥著，從這些相顯示眞實相。眞實相是無相，無相又能隨你現一切相，這叫「眞如隨緣」。我們現在妄想很多，我們要降伏妄想。因為我們的事物很多，無論是修行的事物、護持善法的事物，一個道場裡頭不是專門一樣的。要修道，得有客堂、大寮，每一個部位都有些道友來供養，讓你去成道，這個就是「眞實相」。

眞實相無相，無相者能隨緣成就一切相。這種道理就是這樣，你現在幹這件事，知道你明年還幹什麼事嗎？後年還幹什麼事嗎？這輩子做這個事，你下一輩子做什麼事嗎？一代一代，你知道都做些什麼事嗎？未來一切事你能知道嗎？你想不到，不是你所能想像的到！你若證得實相，隨一切相的緣，隨便什麼現，就隨什麼緣。今天現這些事就隨這些緣，明天那些事就隨那些緣，這就叫「眞實相」。隨緣而不變，那個不變就是「眞實相」，把隨緣的意思漸漸轉爲純眞，不參加一切虛妄，那就叫「眞實相」。

「開敷善法」是一切事，「見眞實相」是理。文殊菩薩教導我們，隨你所作的事，都發願衆生廻向法界，廻向法界就眞實相，法界是眞實的。一天事情都做完了，或者打坐，或者修行，或者睡眠，這叫「開敷善法」。如實觀，如實修行，「眞實相」是從妄想而來的，返妄歸眞。或者我們經常地希望未來，你沒辦法知道未來，對未來的計劃，往往計劃是落空的，不是按著你的計劃，爲什麼？因爲你這個是虛妄的，不是眞實的。應當修什麼觀呢？過去心不可得，過去心已經過去了，還想得到，得不到了。現在的心，不住！哪個是現在？現在這個念是現在，一會過去了，那變成未來了，一念一念都如是。《金剛經》上講，過去心不可得，現在心不住也不可得，未來心還未來也不可得，明天的事今天不知道，知它出什麼事嗎？三心了不可得。懂得這個道理，把它這個道理明白，叫「開敷善法」。本來是敷床座的，打座的，說了這麼多，因爲「開敷善法，見眞實相」。〈淨行品〉，你遇著什麼事就發願，下面兩句是觀想。

正身端坐　當願衆生　坐菩提座　心無所著

敷床座的時候就像打坐，這專指著禪觀說的。「端坐」，是正身端坐。諸位年輕的道友，如果你不正身端坐，到了五六十歲脊椎骨就彎了，若正身端坐，脊椎骨就不容易彎曲，也不容易得腰桿痛。要正身端坐，不偏不斜不倚，端坐的時候你得有前方便，要活動一下，懂得調身，坐得很舒適的，這叫調身。之後調氣息，你剛坐下來氣出得很粗，調得很微細的，調身完了，調氣息。氣息調完了，調伏你的心。你端坐幹什麼？修道，觀想，那就一心了。調心，不胡思亂想。氣息，不粗不細，沒有壅塞。坐坐得，出口長氣，為什麼他會出口長氣？氣不順，沒調好就坐了，那功夫用不上去的。

因為我們沒有講禪觀，若要講止觀，大家多看看四教的六妙門，非常有好處的，調身調息。一到五六十歲之後，有好多人腰桿痛，脊椎骨彎了，脊椎骨斷了。為什麼？平常太隨便了，想怎麼舒服怎麼舒服，舒服完了就不舒服了。經常把腰桿挺直一點，坐著時候一定不要這樣，前仰後合的不行，要正身端坐。你不要要求時間很長，哪管坐一刻鐘，二十分鐘，最初開始的時候不要坐很多時間，時間多了你支持不了，自然就出來這些問題、那些問題，若再睡著了就麻煩了，東歪西歪的，腰桿能舒服嗎？腰桿不舒服了，坐的時候一定端身正坐。當你從短時間，漸漸練練，就能長時間了，你能雙盤膝，坐上一支香。一支香，現在我們這香不行，那時禪堂是大金錠香，叫金錠香，比小手指頭細點，這麼粗。點那一枝香，禪宗講坐香，不講鐘點，都是坐一支香，坐兩支香。一天坐九支香，大概九支香，十來多個小時。

正身端坐的時候，要發願，願什麼呢？願一切衆生坐覺悟的座，坐了就參，參就觀，觀就開悟了，開悟了就覺悟了，明白了。明白是什麼現相呢？一切不執著，沒有我在這能坐，沒有所坐，無能無所。但是最初必須提話頭，禪宗端坐就提話頭，先問：「念一句阿彌陀佛，誰在念？」「能念的是誰？」「所念的在哪裡？」無能無所。這樣修觀，叫觀。坐菩提座，心不著，像我們念佛的人，在打坐，念阿彌陀佛，觀想不觀想阿彌陀佛呢？觀想阿彌陀佛算不算執著呢？文殊菩薩告訴我們，心無所著，坐的是覺悟的座，一念不生。但是我們修念佛三昧的人，一定得觀想佛，念阿彌陀佛不觀想阿彌陀佛，你想什麼？最初是有相的，當你一坐，調完身心，有能起心念的心，有所念的佛號，所念的佛號就緣念阿彌陀佛，緣念我自身就是阿彌陀佛，阿彌陀佛就是我。能所沒有了，能觀的觀念沒有了，所觀想的佛沒有了，到了最後，能念所念都沒有了，這叫菩提座。

「心無所著」，一念不生，爲什麼我們打坐的時候要雙盤膝？雙盤膝，你睡著了，身體也不會歪的，懂得嗎？左腳搭右腳，右腳盤到左腳上頭來，你的身子不容易傾斜，不容易歪。但是，我們有好多人腿子盤不上來，盤上來也不能持久。如大家共住，自己修沒有關係，那一個禪堂三四百人，一個挨一個，比我們這坐得緊，挨得要緊一點！我們現在這一排只坐一二十個人、十五六個、二十個人，那像這樣一排得坐二十個人、三十個人，沒有那麼大地方，人多的時候，單很小。那都有個禪板，大家知道禪板嗎？不得超過一尺二，你那雙盤膝那個腿盤，像冬天你又穿著棉褲，之後再加上包單，這個單子一披，兩尺多寬了。

如果你腿子盤上再痛，一會這麼動，一會那麼動，你自己動，把鄰單妨礙了，所以不許動。學不好，不要打閒岔，中間能不能放放腿？左腿換右腿？腿子不練好，不能坐禪堂，你事先練好，到共住的時候，才練腿子是不行的。年輕的時候可以，能練。三四十歲住禪堂，腿子硬梆梆的，你怎麼盤？單盤都不容易，何況雙盤腿。接著幾個步驟，你盤盤盤，盤了腿子痲了，痲完了痛了，痛完了酸，特別腿抽筋，那一來可好了，那不是坐禪，那是受罪。

「正身端坐」，這不是一句話！你把這個功夫練了，雙盤膝能坐個兩個小時以上，就很好了。腿子不痛，心裡不會動念。腿子一痛，痛得會冒汗的，你還能用功嗎？必須得調好。在沒入禪堂自己修，自己修就方便了，可以慢慢調，慢慢修。但是坐的座是覺悟的座，觀想坐覺悟的座，是菩提座。菩提座就是覺悟的座，那個時候注重的是心，練心法。你的心生起妄念，不會注意到身體去了，要是腿子不好，那心就散亂了。

一般坐禪堂的，去用功！去修道！去開悟！坐是方便，禪坐是方便。當你要去修坐禪或者念佛，或者修觀。華嚴觀行，華嚴有三觀，眞空絕相，絕一切相，但是你坐觀的時候，參眞空絕相，得有前方便，不是直接的就能眞空絕相，你怎麼絕的相？先把身心調好，爾後才提起功夫，才想修觀。如果腿桿沒調好，身體沒調好，氣息沒調好，怎麼來用功？都有前方便，叫方便善巧。

坐禪，心裡無所著的時候，有兩種情況，修行過程當中，最嚴重的是，一個昏沈，一個掉舉，或者身掉舉，或者心掉舉，沒辦法用功。昏沈是一坐就睡覺！這叫誤入歧途！他提不起精神來，一坐腿子一盤，他瞌睡就來了，這叫慣力，養成這種習慣。二者說他不靜，不坐想的很少，這一坐下來靜下來得，七十年的老帳都想來了。這不是笑話，大家試驗試驗，如果想這麼做，想用功的話。爲什麼？我們現在打坐的時候就念阿彌陀佛。或者你修什麼法，你念什麼法。念《金剛經》也可以，觀一句話頭，不一定是「參禪是誰？」參禪是參自己是誰。但是你提一個這個問題也可以，《金剛經》上說的無住，不住心，那就找找你的心在哪？

也可以按《楞嚴經》上修，《楞嚴經》七處徵心，找這個心，心在內、心在外、心在中間，兩個合起來，兩個不合起來，分離和合，叫七處徵心，找這個心找不到！也可以修觀心法，觀到心無所住。《金剛經》告訴我們，云何住心？云何降伏其心？須菩提問的。佛告訴他，一切相都不要執著。但是最初用功的人，開始時要避免昏沈和掉舉，把心哪收攝到一念，最後連一念也沒有。可不是乖瞌睡，乖瞌睡要作夢了，還是有念，這是不散亂。要身心調和到，既不昏沈也不散亂，功夫現前，那就漸漸近於開悟。說打坐者修行不會睡覺？在美國有一間道場，行夜不倒單，但是坐下就睡覺，不但坐著睡。上殿時走著，大家本來繞佛走著，他也就是跟著你走，沒問題，但是他睡著了。有監都、監導拿著香板，看著他走路上睡著了，知道他正在睡覺，給他一下。這純粹要用你的心！

「正身端坐，當願衆生，坐菩提座，心無所著。」這四句話很簡單，但是做起來可太難了。文殊菩薩教我們，行住坐臥吃飯穿衣，乃至進廁所，都要發願！這個不是說用功，是說什麼呢？剛一坐下，都要發願，當願衆生，這叫淨行。明白嗎？我剛才講這個涵義很深的。你剛一打坐，一坐這兒聽經，「坐菩提座，心無所著」，心什麼也別著，一心聽經！念阿彌陀佛這一坐，一心念佛！都是要一心。你心無所著，不帶自己知見來，才能聽課，才能接收。先帶一些個人我見，是非見，剛才跟人吵架，或者沒吵出聲來，心裡很煩惱的時候，到這兒來聽經，這座經你聽不好，沒辦法進入，因爲你已經裝滿了，裝滿什麼？煩惱。一直坐著還想那件事，剛才跟人吵嘴那件事。或者你在這來坐，剛才運土、或者剛才搬磚，你還想著搬磚運土，你這個怎麼行，這個你進不去。一進法堂來，就把法堂外邊的事全放下了。

這就是放得下，才提得起來，這道理懂吧！正身端坐的時候，安安靜靜坐下來，心裡頭什麼都沒有！之後再提起正念，或者觀想修道，或者聽課，或者誦經，才能進入。每位道友要誦經的時候，不要急急慌慌的坐下來打開本就念，你先沈靜一下，作個前方便，把心安定一下。爲什麼早晨起來念經最好？那起來洗完臉，心裡什麼新事物都沒有，坐這兒把經本一打開。我念《華嚴經》〈淨行品〉，文殊菩薩就現前了！問題不是你問的，是智首菩薩問的，但是你就作爲你問的，就聽文殊菩薩給你說的，你才進得入。一翻開經本，凡是文殊說法，就是文殊菩薩在你面前跟你說法，你就是聽衆。你念〈觀音經〉，觀世音菩薩就在你面前給你說法，這時候你才能夠進入。念經進入，念佛也進入，境界漸漸就不同，這跟客觀現實就不同了。道理很多，但是你要學。

你要想入哪一門，就把哪一門的前方便作好。這個問題很重要，因爲大家都要打坐，都要靜坐，像來這兒聽經都正坐，有些人身體坐的很好，有些人坐的就這樣子，他已經成了自然，剛聽說要改，臨時改來不及了，慢慢的把姿勢糾正好了。所以學佛，佛是行住坐臥，佛沒有不倒單，佛都是睡，要學佛睡的姿勢，佛怎麼睡，我們就要怎麼睡。你睡醒了精神才充沛，精神充沛了，你學也容易學，讀經也易進入。我們有些道友，現在的身體跟道力還沒到位，想超越是辦不到的，反倒不好。爲什麼不好呢？你修也修不成，身體也搞壞了。該睡就睡，睡的精力很充沛，讀經修道，精神飽滿，你才能進入。夜不倒單，日中一食，肚子餓的呱呱叫，你坐這兒能修道？我不相信。除非你能降伏了，我沒有餓，遇什麼境界能降伏什麼，這得大菩薩，不是一般凡夫做得到的。人家夜不倒單是修道，不是作個樣子。不倒著睡，坐著睡，還不是一樣的。坐著睡出很多毛病，歪七扭八的，完了生了病。聽經也如是，其他的事不管，聽經只一個多小時，那就具足精力聽。他說這話很多是方便的，其中只有幾句是主要的，你把那幾句精神記到就行了。

念經的時候，從頭到尾要清清楚楚，明明白白的收攝。雖然一樣是念經，你現在念的糊裡糊塗，精神恍恍忽忽，精力也不集中，這樣念經是念不好的。誦經的時候要一個字一個字，不能漏掉。〈普賢行願品〉，十大願王說的是什麼？念《彌陀經》，《佛說阿彌陀經》教你怎麼認識？教你怎麼體會？怎麼進入？《阿彌陀經》你邊修觀邊進入！這部經你念上，雖然沒聽別人講，沒人給你解說，自己會悟得的，每部經都能悟得的。念到一千遍之後，有人會背，背並不是他理解，並不是背完了，這部經他就都能理解了，不是這個意思。你背完了不懂有什麼用處呢？你不照著去做，他是讓你攝法歸心。

「坐菩提座」是讓你「心無所著」，懂得這個道理就好了。我們不是單講打坐。單講打坐，得從調身、調息、調心，調好了而坐，提起功力，完了坐，不要多，最初開始二十分鐘，或者增加到半點鐘，或者增加到四十分鐘。逐漸的功力有了，那你坐三個鐘頭、五個鐘頭都可以，這是修行的方式而已。我們只是發願，注重「當願眾生」，當你打坐的時候，願眾生幹什麼呢？願一切眾生都能坐到覺悟的座，覺悟了之後，一切無所著。認識這個，任何事看得破、放得下，就是自在。

結跏趺坐 當願眾生 善根堅固 得不動地

前面說打坐的時候要靜心，心靜下來了，才能開智慧。「跏趺」的涵義就是心不散亂，「結跏趺坐」就是坐下來，心裡不要散亂。坐的時候，地震、天塌下來，你這座不動，得作這樣觀想。任何驚嚇的事都不動，沒有驚嚇。你的善根，一定像結跏趺坐那樣一坐下來，堅固不動，這樣子「得不動地」。文殊菩薩告訴我們，跏趺坐結好了，善根堅固了，能夠成就第八地菩薩，不動地菩薩。另外，「得不動地」，文殊師利菩薩是從南方來的，南方是不動如來，得到不動，得到成佛。

打坐的時候先把心調好，心不散亂，身體很輕安，感覺很愉快、很舒適。如果身體不舒適，心裡不安，還怎麼能進入道？心裡一定散亂。目的是文殊師利菩薩教授我們，使善根堅固不動，「結跏趺坐」就是這個意思。「善根堅固」，什麼是善呢？善就是心靜。經常給人寫字，我寫「善用其心」，把你的心用好了，不動。「善用其心」是把你的心清淨了，不要有污染，才能生根。久而久之，心生根了，一坐就靜下來，把你所要用的功力提起來。我們的善不能生根，就像我們信三寶、信佛、信法、信僧、信戒，生根了嗎？沒有生根。沒有生根，根不堅固，枝葉怎麼能繁茂？善必須得生根，「善根堅固」，我們連根還沒生，更談不上堅固，這樣才登到不動地。根深葉茂，樹葉才茂盛，修行一定也如是。清淨行，所有的作爲、所有的行動、所有的行門，都讓它深入下去，再不動搖。

「不動」，魔來了也不能動。什麼是魔？人家說有魔鬼，哪有那麼個事，沒有魔鬼。你家裡來封信，六親眷屬，誰害病了，這些人都不大關心，但是媽媽病了，你的心動了，動了就不行了，動了就不定了。這是舉個例來說，功力剛要上去，魔來了，眞正是魔，你會認得到是你自己的心。這不可能了，像我們這些現世凡夫，一點小風、一封信、一兩句話，你都會動的。魔是什麼？魔是你心裡生起的念，這個大家都可以體會得到。

修行於定　當願眾生　以定伏心　究竟無餘

我們一提到修行，不是定，就是慧。在佛教的術語上，不是止，就是觀。止就是降伏其心，要有定力。八風吹不動，這是境界不現前，境界一現前，那就完全不同，這不是說話，說話很容易說。實際上歷事、歷境的時候，就不同了！歷境是你對事的時候不同了。你平常要磨練，怎麼磨練呢？使你那個心止，先由你的生活，之後所接觸的一些事物。像名聞利養，一般的人沒有什麼名聞利養，在普壽寺當個清眾，什麼執事也沒有，你住在念佛堂，住在淨土部，一天就念念佛，沒有什麼境界相，這你容易修行！但是境界相一現前，就不行了。歷境的時候，你心裡能降伏，那就不容易。這境界太複雜了！不是什麼魔，就是你現實生活當中的關係。大寮的師父，不論燒火的也好，行堂的也好，洗菜的也好，如果把他所作的事，這是歷境！如果有定力的話，燒火就是燒火，沒管別的，連煤炭的乾濕都不管，燒就燒了！心裡頭沒有什麼分別，只有這麼一件事，這叫歷境。那跟客堂的知客師，那就不同了，一會來這樣一個人，一會來那麼樣一個人，一會這麼個電話那個電話，這也是歷境；但是無論歷什麼境他不動念，來這個事做這個事就好了。但是〈淨行品〉作這個事，還要發個願。

像那天到大寮，我心裡就想他在燒火，在燒火自己想，我千萬別冒火！任何煩惱我不冒火，因爲火一上來不得了，隔著鍋就把水火燒開了，爲什麼還隔個鍋呢？要是沒個鍋，那火燒不著了，大家想想看吧！這裡學問很多的，隨便你幹什麼，就看你怎麼想。我們好多人坐那兒洗菜，洗完菜又切菜。每個人到那兒幹每個工作的時候，得要想、不能沒想，洗菜要洗乾淨。我那天看見洗完菜，我心裡想，洗菜是把菜洗乾淨，菜容易洗乾淨，拿水多搓幾遍。若要洗心，先把我的心洗乾淨，我看辦法很少，只有靠佛菩薩教授我們，從教義上來洗我們的心。到底下看見燒火的，燒火的一定得把火燒著了，冒火才能把飯煮熟。我們怎麼冒火？佛告訴我們冒火是要不得的，是煩惱。但是，我這是智慧火，智慧火把煩惱都燒斷了，煩惱燒斷了就是把飯煮熟了。你幹什麼事都可以，看你怎麼用心。修定就是這樣。

最近大家請假回家，你會遇著很多境界，那些人不是像我們同學，盡講佛法，張家長、李家短，人間的是非，特別是女眾，你聽那個姨，或者姑奶奶、姨奶奶，特別聽老太太，怎麼用心來應付他們？「善用其心」。如果他們說很多的事物，你能定得住，既不厭煩也不隨他們轉，厭煩是不對的。他們說什麼，你聽進去，也參加一分，那就又麻煩了。他們說的煩惱事，你也跟著煩惱，說到哪個對不對，你妄加思想來揣測。哪有個對哪有個不對，都是是非。你怎麼能夠用定來伏你的心？而且伏到究竟！不是不歷境，你在這兒靜坐，在寺廟裡頭，不管在哪裡，或者淨土部、或者學戒，這裡環境很靜。但你一出去，一到你的家庭，或者看看朋友，或者看看同學，或者你看他，或者他來找你，所有一切像海浪似的，風浪就起了，不是像在普壽寺住的那麼安靜。這個時候考驗你的心，以定伏心。怎麼伏？你出了家，修了這麼多年，在這裡還聽《華嚴經》，還學戒律，歷境練心！經過這個境界相，考驗考驗你的道力如何？定力如何？

最近有位道友，家裡弟兄打架，回家幫忙解決亂相，怎麼伏？自己的心如何？怎麼來伏？這本身就是驗證你的修行。這叫以定伏心，不但伏他們的心，還把我的心伏了，我得有定力來說服他們。是用佛法說服？還是用世間法說服？用佛法說服，他們不懂；用世間法說服，那就是非多了。怎麼能運用你所學的佛法智慧，不但降伏自己的心，能降伏一切眾生的心。若自己沒有這個本事，就求求佛菩薩，佛菩薩說了很多的方法，把你所學的，用你的清淨行來降伏眾生的不淨行，他們都是不清淨的，你是清淨的。用清淨的來對治不清淨的，用定能止亂，以你的定心使衆生的亂心止住。

諸位道友將來都要弘法，佛法不能在你這兒斷！哪怕勸人信佛，能夠勸人念一句佛，也叫弘法。把你所學的，經過你的智慧跟他們說，這是文殊師利菩薩說的，這是普賢菩薩說的，他們不曉得文殊師利是誰，也不曉得普賢是誰，你得說，你說就把文殊普賢的智慧，文殊菩薩怎麼教授我們的，通過我的變化，在心裡頭變化，有深有淺，你發揮出來，這叫弘法。這是有定力，有定力生出智慧，有智慧才能斷煩惱，不是斷自己，還要斷人家一切衆生的煩惱。文殊菩薩現在是斷大家的煩惱，用什麼斷？清淨行。這一品都是事。我們散亂，散亂修行定，不但我們修行定，願一切衆生，都用定把你的心定住，降伏它，不要散亂，這叫「善用其心」。

遇見什麼事發什麼願，遇見什麼事發什麼願，把心降伏到什麼程度，自己發揮出來、利益衆生的時候，就能達到什麼目的。說我們還不懂，不懂就是不明，這就叫無明。你能夠懂得好多，明白好多，那就降伏一部分。這是降伏一部分，全降伏了就成佛。但是，自己有業障，有深有淺。不明白就是惑，因爲迷惑了，所以生煩惱，之後就造業。造業由什麼做呢？心裡迷惑起了貪瞋癡，口裡迷惑了受心的支配，妄言、綺語、兩舌、惡口，身體迷惑了，殺盜淫。這叫十惡業。這都靠定力來降伏，把心降伏住了，問題不生，那問題就沒有了！問題沒有了，就叫清淨。但是怎麼樣能修得定？佛告訴我們很多的方法，剛才說打坐，這是定的修行，但這個定的功夫不算，要在什麼地方生定呢？一天事物紛忙的時候，你定住不動。不動不是不做事，一天這個事那個事，七事八事，心湛然清淨不動，這才叫定。定不是不做事，做一切事的時候，常時在定中，「楞伽常在定」。

文殊菩薩就是這樣度眾生，我們只知道五臺山文殊菩薩十方世界現身，度眾生的多了，不是這麼一個道場。他在定中不動，這個道理很深，不是我們這麼兩句話就解決了。雖然一天很繁雜的，心裡從來一念不動，一念不生，常還在定中，這叫大定。

緬甸現在有一種叫動中禪，心裡也動，嘴巴也動，身體也在動。泰國一位大師到了美國，他跳給我看，他自己說：「這是入定！」他就入定了，就跳。這可不是跳舞，而是身體東跳西跳，跳了半天。他說他入定了，你信不信？只看見你在動，沒看見你入定！就像剛才說的，你燒火、做飯、做菜，今天看見我們小居士在搬磚頭，都在動！但是心裡有個不動的，認識到沒有？要認識到那個不動的。動的時候，是依據不動而起的。

若修於觀　當願眾生　見如實理　永無乖諍
捨跏趺坐　當願眾生　觀諸行法　悉歸散滅

我們的心很不好降伏，必須有定的功力。以前說修定的前方便是打坐，另一種是動中的定，把心照顧好，關注你這個心。修行有兩種，一種是止，一種是觀。止，就是定，定的時候就叫止。驗證一個人的功夫，有定力沒定力，遇什麼事情不慌張。我們經常說這人有主意，那就叫定力。修定能產生力量，這個力就是慧。我們把心修行得能定得住了。這得遇著事，遇事情的時候，驗證你的心，有定力沒定力。

作一切功夫，或突然發生一樁事情，有定力的人，他能有智慧，沒定力的人，就沒有智慧。在修行的時候，在日常工作的時候，說這個人修行很有功力了，那就表現在定的時候。遇什麼事情不慌張，也是有定力。在定的時候，一定還得發願，〈淨行品〉，不離開發願，每一件事都要發願。在修定的時候也要發願。我們定的功夫還沒有，就是練習著修的時候，要發願。發願就是文殊師利菩薩跟智首菩薩說的，「善用其心」。發願就是希望，只有希望不行，得要去做！願跟行得同時，一邊作一邊發願，把心降伏起來。在修行定的時候，先要降伏其心，不要讓他打妄想，讓他止住。

身，結跏趺坐是止住。口裡，不許說話，修定的時候還能說話？不能說話了。大家住禪堂，禪堂掛個牌子，「止語」。身口意三業，意是最難伏的，把他定下來，把他降伏住。這個主要是注重在願上，因爲這一百四十一願是讓你發願，不是用功夫，眞正用功夫的時候不在這裡講。〈淨行品〉，是你要修行的時候，應當發願。

後面講〈十定品〉專門是修定的，這裡主要是「善用其心」。修定、修慧的時候要發願，注重在願上，不是注重在定上。說你作的同時，必須先有希望，這個希望就是發願。一邊在作，一邊希望成就，願跟行同時的，一邊作一邊發願。發願不是為自己，而是願一切眾生，把心都降伏起來，把心降伏住。降伏到什麼程度？那要看你的功力，降伏到發生根本智慧，無明斷盡，那就達到究竟了。

我們一般是講定、講慧，實際上止、觀兩者是分不開的！止的時候就有觀力，因為有觀力才能止，沒有觀力你止不住的。因為止住了才能生出觀力來，觀力就是智慧。大致這麼說，實際上兩個是聯合的。修止的時候，就要修觀，修觀的時候也是當願眾生，「見如實理」，「見如實理」是定中見的。這個時候永遠沒有乖諍，不是人跟人爭吵，那叫乖諍，而是自己心裡無障無礙，就沒有乖諍。修觀的時候是觀照的意思。因為觀照產生力量，力量怎麼產生的呢？因為修定而產生的。定產生觀照力量，觀照力量降伏心的妄想，降伏口裡的亂說，降伏身體的亂做，三業清淨，觀照產生力量，這是定。而由定又發生智慧，這個智慧又是觀照。在生活當中，隨時要覺察，不犯錯誤，心裡頭不生意念，這就是觀的意思。觀什麼呢？觀無常、觀無我、觀苦、觀空、觀般若！觀般若是智慧，這個智慧就是由定產生的。我們把「觀」說的通俗一點，你想什麼？所想的一切，沒有眞實的，你就看破了。看破了還執著什麼呢？沒有可執著的，那就要放下了，放下了得有定的功力。

現在大家來聽課，身體在這兒坐著，不作什麼事，口裡當然不許說話，只許我一個人說。口裡也沒有言語，思想你可制止不了，怎麼制止不了呢？明明坐在法堂聽課，心裡想外邊的事情。一坐下來，胡思亂想就來了。講的深一點，聽不懂，你會乖瞌睡的。講的淺一點，你隨我講的、思想就跑了開小岔了。就隨講到世間法，講到比喻，講到故事，大家聽故事很高興，那個心裡頭隨著故事就跑了，定不住的。定是非常之難，不是坐在這裡頭，什麼也不想才叫定，那個不是定的！你什麼也不想，只是控制外邊的境緣，那不叫定。

怎麼樣才是定呢？你坐在這，不管口裡說也好，身體作也好，你心裡是在定中說的，在定中作的，那就是慧，慧來作一切事，不是定。但是沒有定，慧產生不出來的。作一切事都有方法，沒學過你不會作的。定跟慧，講解的時候是分開的，行動起來是一致的。你慌慌張張的，什麼事也作不好，必須得有定力。這個定不是不動的，定是動的，叫動中靜。動中靜就是慧中有定，你作一切事，都能達到圓滿。我們為什麼作事，有時候作錯誤呢？定力不夠，慧解的方便善巧也沒有，作的不如法。觀就是想，自己想的時候，跟自己的思想打仗。你想這個方法和那個方法，又想過去那件事，作錯誤了，我不應當那麼做，這兩個意見就不一致，自己的思想不一致。後來有智慧了，理解到以前沒智慧所作的，就叫後悔。「悔之晚矣」，過去沒有了，悔也悔不回來，以後再作的時候該有慧解吧？照樣犯錯誤。

因此把定慧聯合著說，等到進一步才說深功夫，出家人是定能降伏一切魔障。定就是止惡，慧就是行善！沒有定力你止不到惡，誰願意作錯事？沒有。但是他自然就作錯誤事，爲什麼？業不由己。我看〈法制報〉，有很多殺人犯，最初並不是想殺，但是當時客觀現實發生了，不得不殺，這裡就含著有個宿緣。過去，他欠你的債，而且不是一般的債，是命債。他得有智慧，沒智慧解決不了的。

我們學智慧、學定力，要先發願！學定的時候發願，用我們的定來降伏心，達到什麼程度呢？到了如來常在定中，達到那種就是究竟。之後產生觀照智慧，有定力的觀照智慧，定裡能有智慧觀照，能觀照一切因果，能夠擇善而行，沒有智慧你不知道什麼是善。因此，定慧一定要均等，觀照所產生的力量是由前面定力所產生的。修定的時候裡頭含著觀照，你入定而起的意念，定中所起的意念，不是打妄想的，定中所起的觀照意念，就叫智慧。就像我們平常作什麼事，說等我想一想，想一想就是思惟修，就是觀照。這一靜下來，判斷一些事物，我們當然沒有大定力，有時候判斷錯誤，那是慧解的錯誤。如果有了定力，有了智慧，那個意念就變成智慧，能觀照不亂，觀照時不是散亂，而是智慧現前，這個智慧現前就是定下來所產生的觀照。

若定多慧少，容易入什麼毛病呢？容易入散亂，定不住。定得住了，再起些觀照，定下來所起的觀照，那叫慧解現前，不是散亂。文殊師利菩薩教我們修定、修慧的時候，要先發願，不是在定慧上，修法不是〈淨行品〉裡講的，講修定、修觀，單有教授的方法。修定，天臺宗講〈六妙門〉、〈摩訶止觀〉，賢首家講三觀，三觀前有十方便，怎麼樣觀想六相？怎麼樣觀想十玄？怎麼樣觀想四法界，單有修行的次第。這個地方的具體指導教授方法是什麼呢？就是發願。你學每一部經，每一品有他主要的重點，這個重點就是發願。說你要修定，要修觀的時候，千萬不要忘記發願！修定的時候沒修之前就發願，願一切眾生用定來伏心，願一切眾生用慧來觀照，能見如實理。你所作的，跟自性的佛性不相乖諍，發這麼個願。修定的時候，讓一切眾生莫貪輕安境界。修定的時候最初要得到輕安很快樂的。一步一步的入定，也就是人間的九次第定，他非常的愉快，一坐定上去，他高興，一直坐下去；沒得到的，毛焦火辣的，腿子也痛了，心裡也不安定。

初步得到定的，坐幾個鐘頭很快樂的，定安喜樂。但是不要貪戀，那叫著於禪味。就像吃飲食似的，你喜歡吃辣的，貪那個辣味，坐禪的時候他生出喜樂，非常歡喜。這個是入魔境，從定中多分容易入魔。學教的人不會的！學禪定的，如果沒有老師指導，教理不通達，容易著魔。這個地方是定跟慧，主要是發願，願眾生，目的是在發願，要調和的不偏於沈寂，沈寂是定多了。不偏於慧解，慧解也出很多魔障，大家還沒有到這個程度，還沒有到這個慧解。慧解發生什麼？本來不會作詩也不會寫詩詞，什麼都不會，但是一發生慧解的時候，什麼都會了，不但會了，而且是非常的高超，這叫作魔境不是聖境。這得發在出家人身上，在家得也得不到的。

因此，在觀中有定力，不偏於觀。定中也有觀！每部經論都這樣講，但有些用的名詞不同，「奢摩他」、「毗鉢舍那」，有些經上是用這個名詞，沒有直接翻「奢摩他」就是止，「毗鉢舍那」就是觀，止觀雙運，把兩者合起來。見到眞實理，又叫如實理。古來的大德跟我們說了很多，讓你判斷。修定、修慧的前十年，見山是山，見水是水；修到二十年，見山不是山、見水也不是水。等功夫修到了三十年、四十年，見山還是山。什麼意思呢？前十年，沒有見到眞理，還是世俗的相，山是山，水是水，人人看都是這樣子。等你修到二十年，功夫到了（得說證得的，沒證得的還不是），山不是山，水不是水，一切都是空的。證得空理之後，而再進修，這是證得理，理還成事，修到三十年功夫，理事無礙，山還歸於山，水還歸於水。

證得的功夫是什麼樣子？什麼區別？見山是山的時候是指著世間說的，見山不是山是你證得實際，信心已經成就，相似見佛的眞性，見自己的法性。知道性空了，性空還要緣起，所以見山還是山，見水還是水，那跟你第一次見山是山完全不一樣。他是用理來成事，不是純粹事。如果是不能夠這樣，不能夠利益衆生，不能隨緣，見了衆生沒有苦樂，你還度他做什麼？都是空的。到了見山還是山，見水還是水，讓你利益衆生，還諸法的本來面目。這個諸法也是幻化境界，要還它的本來面目，不是這個相。達到這種境界，才是修行大乘法所說的，信心成就了，能夠入住位，才達到發心住。到這個位置再發菩提心，叫相似菩提。這一共有三十個位置，十住、十行、十迴向，這三十個歷位、位位修，一位比一位前進。到登了初地，歡喜地，眞正見了法身，這是一分。三賢位見的是相似，登地見的是眞的。現在我們發願，隨修哪一法，都發願，發願什麼呢？願一切衆生，不是發願都是爲了自己，就是爲了度衆生。其實度衆生也是度自己，自己也是衆生一份。

我小孩的時候，北方家裡頭燒火，那火不挑起來，沒有空氣它不著火的。拿那個燒火棍，把它挑一挑！柴火燒完了，柴火棍也跟著燒光了。就像佛菩薩度衆生，菩薩度衆生，好像沒度自己，就像那燒火棍，把柴火都燒完了，衆生度了，你也跟著燒完了。當你度衆生的時候，讓衆生斷煩惱，你不斷嗎？就是這個涵義，叫衆生不貪不瞋不癡，你要去貪瞋癡嗎？懂得這個道理，就知道發願的意思。我們現在講〈淨行品〉，〈淨行品〉的目的是發願，怎麼樣發願？遇著什麼發什麼願，這叫「善用其心」，把你的心用到日常生活，眼見、耳聞、身所作，心裡所想。一個不離開衆生，一個不離開佛法僧三寶，這是學〈淨行品〉這一品的目的。

我們經常說觀，究竟你想什麼呢？想一切諸法如幻。一天一個樣，我們在普壽寺住好像沒變，不對，天天在變，天氣也在變，人也在變！人老不是一下子就從十歲就到六十歲！你們現在都二三十歲，三十多歲、二十多歲，怎麼來的？從小孩子一天一天變的，不是一下子三歲就蹦到三十歲，沒有這樣跳躍的。一天一天的變化，你並不感覺，你看昨天跟今天，今天跟昨天，差不多吧！明天大概還是這個樣子。其實，今天已經不是昨天，明天也不是今天。早晨的六點鐘跟我們晚上六點鐘不一樣，要說你壽命的話，你也死了十二個鐘頭。人是顛倒的，明明減一歲，或者他六十歲該死，他現在活到三十五了，或者活到四十歲了，減少了，他不說減少，他說增多。二十歲、二十一歲、二十二歲，實際是減，他把減變成增，這也是顛倒。好多的日常生活事，如果「善用其心」，你去觀察，諸法如幻，其實就是演戲。

在北京演林黛玉的那位女居士，在北京演的很紅，上回來這裡跟我受三皈，要是把她演戲上裝，跟來受三皈的時候，簡直不是同一個人，哪是同一個人呢？我問她：「妳哪個是幻化身？」她答覆不出來，說不懂得。我說妳那林黛玉是眞的嗎？假的。妳也沒看過林黛玉，模仿的！現在妳戲裝卸了，現在還是林黛玉嗎？

從這上面你可以觀想一切諸法如幻。諸位沒有出家的時候，沒有現菩薩相的時候，自己拿自己的相片，跟自己沒出家之前，對照一下子，是一樣嗎？你剛出家跟現在出家五年以上，再看自己，是一樣嗎？不過我們這戲還沒演完，等你演完收場了，你就知道。我們還沒收場，什麼時候收場？不是說再來輩子，都不是。等你了得一切諸法如夢幻泡影的時候，證得了，收場了。再回頭看自己無量生所作的，現在大家看電影看戲，這個是藉假修眞，修觀。觀完了，引證致心，入於寂、寂照。照入於寂就是定，從定再生起觀照，那就叫慧。這樣子來觀照，來處理一切事物，每天生活起居，處理一切事物，完全不一樣。怎麼不一樣法呢？碰見哪個同學惹你煩惱，這是假的，不往心裡去，一點煩惱都不生。最初是辦不到的，或者偶爾想得到；久而久之，習慣成自然，那你的功夫就有了。怎麼樣觀照把他攝爲入定呢？以下，文殊菩薩就告訴我們。

四 將行披挂時願

下足住時　當願眾生　心得解脫　安住不動
若舉於足　當願眾生　出生死海　具眾善法
著下裙時　當願眾生　服諸善根　具足慚愧
整衣束帶　當願眾生　檢束善根　不令散失
若著上衣　當願眾生　獲勝善根　至法彼岸
著僧伽梨　當願眾生　入第一位　得不動法

這一共是六個偈頌，教我們「善用其心」。怎麼用？你怎麼觀照？一抬腿，一下腳，都是佛道。你要「善用其心」，舉足下足的時候，你的心動不動，當然起心動念。在起心動念的時候，你要注意，舉足下足，注重威儀，應當注重你的行爲。除了行爲之外，還要想想你的心裡在想什麼。這是告訴我們在行動當中，一定不要離開淨行，文殊菩薩告訴我們清淨行。說你的行為、你的威儀，你的心裡在想什麼。你要注意了，「下足住時，當願眾生，心得解脫，安住不動」，發願。一抬腿，「若舉於足，當願眾生，出生死海，具眾善法。」向前邁步的時候，這是出生死海，願一切眾生，都要出離，這叫「善用其心」。舉足下足就是心裡頭隨念。你沒有學過，不會學到文殊菩薩〈淨行品〉；學過，你也沒有這個智慧。觀照的時候，使你不離開一百四十一願。從早晨起來到晚上，你能一件事情都沒離開過嗎？等你聽完了也如是，你現在聽的時候也如是。

舉足下足，應該注意你的心！他的特點是告訴我們，你在行動當中，一定要發心，發什麼心？迴向。迴向文殊師利菩薩教我們的淨行。你能這樣用，就是文殊菩薩的智慧。不能這樣用，就是迷惑、沈淪三界，永遠出離不了。在行動當中要注重你的心，告訴我們你在行動當中要發心迴向清淨行，使你的心有所緣，你的心裡不思念，所有緣念，緣念什麼呢？緣念文殊師利菩薩的教導，你如果念念這樣念，念念這樣發願，念念都是文殊師利菩薩。還另外求什麼加持？加持也就是如是，一舉一動就是發心迴向清淨行。

《華嚴經》所有的教授就告訴我們，先把心空了，舉足下足就得解脫，解脫是什麼？就是自在，自在必須得心空。翻過來說，有煩惱就是動，舉足下足本來是動，在動的時候你一發心，變了，動變成智慧。在沒舉足動足的時候不是結跏趺坐嗎？

不是修定、修慧嗎？那腿子放下了，要動了，跏趺坐之後，你要放腳，放腳要走路，不要把那定還歸於散滅，要發願，還在定。下足舉足還在定，告訴我們「善用其心」，在定中才能如是。動中修行定，定中修習慧。在定中修行是沒有問題的，下足，你把腿子放下，腳一著地，站起來要走路了，以文殊菩薩智慧發願就把他都變成殊勝行，殊勝行都變成清淨的行門。

以下是穿衣服，你在床上，大家各人功力不一樣的，有的起來床了，恢復知覺，盤上腿，要靜坐一下。靜坐一下，結跏趺坐之後了，把禪觀修完了，就發願度衆生。之後穿裙子，我們沒有裙子，我們是穿褲子，穿褲子的時候就作爲下裙想，印度是不穿褲子的，繫個裙子。著裙的時候，也要發願度衆生，「當願衆生，服諸善根，具足慚愧」。裙子就是遮羞布，掩蓋下體，把它當成行善根，行善法，懺悔過去的罪，具足慚愧。之後穿上衣，因爲穿裙子得繫帶子，不然裙子怎麼掛？拿個帶子繫裙子，整衣束帶，整整上衣，整整下衣，把你的善根檢查一下。穿衣服本來是穿衣服，現在不是穿衣服，而是檢查我們的善根。下足時，願一切衆生，心得解脫，明明是要走路，心安住不動。若舉足時也當願衆生，往哪走？出生死海，走路不是走路，走菩提路，離開生死苦海，所行都是善法。著下裙時，生慚愧心。懺悔，服的是善根。「整衣束帶」，願衆生把善根檢束好，不可把善根丟了，檢束好，令善根不散失。

穿上衣的時候，「當願衆生，獲勝善根，至法彼岸」。沒學〈淨行品〉，你不會這麼用！即使你學了〈淨行品〉，也不見得每個地方都做得了。等你作的時候大家試驗一下子，到時是不是忘了。我的方法是起來先念一遍〈淨行品〉，臨時忘了，我已經念過了，這個還是不算的，你做哪個工作必須得跟上。

「著僧伽梨」（按：「梨」或作「黎」），專指出家二眾說的。披這個衣，這個衣是福田衣，是度眾生的。僧伽梨是佛，入第一位要成佛，這衣叫說法衣，僧伽梨，說法才能穿的。那個福田相跟比丘的福田相不同。

這六個願合起來，依照這個去作，「善用其心」。你舉足下足穿衣服，乃至於吃飯，都應當如是作。這樣作有什麼好處呢？心裡頭發願，就是菩薩事業，度眾生！從結跏趺坐，放下腿子，乃至穿上衣、穿下衣，都在度眾生，念念都在發願，發的是菩提心，念念都在度眾生。這個是三不退，哪三不退？位、行、念。念念都願眾生，這叫念不退；一作時就發願，是行不退；位不退，不失掉你的住位，常住於法，住於菩提法。修行人如果能夠依著〈淨行品〉這麼去做，身口意三業都能得到清淨。

五　澡漱盥洗時願

手執楊枝　當願眾生　皆得妙法　究竟清淨

嚼楊枝時　當願眾生　其心調淨　噬諸煩惱

早上起來，把衣服穿好，該漱漱口、刷牙！佛在世的時候沒有牙刷，也沒有牙膏。我的兩個依止師，弘一老法師、慈舟老法師，從來不用牙刷、牙膏！弟子給他們的最好供養就是楊枝。所以在弘一老法師的遺物當中，還攢了不少楊枝，一捆一捆的楊枝，十根一捆，必須得十根，表示十大願王。因爲佛就如是嚼楊枝。在嚼楊枝時，「當願衆生，皆得妙法，究竟清淨」。這本來是事，迴向於理。

楊枝對人有五種利益，有五種好處，「一明目，二除痰，三除口氣，四辨味，五消食」。現在我們都用牙刷，哪去找楊枝？如果現在我們這幾百人要找楊枝，現在冬天沒有楊柳樹，怎麼辦？夏天預先剪好的。在印度，佛提倡這種習慣。楊枝能夠明目，能夠除你的痰。你睡了一夜覺，口裡有很多氣味，它能除這些氣味，除你不清淨的氣味。把牙齒洗乾淨，牙根就清淨了，口裡就沒有異味。又者，楊枝還能幫助消化。因爲有五種好處，所以他加上「皆得妙法」。手裡拿楊枝的時候就發願了，願衆生除掉五種垢病，如果合法的時候，把你的貪瞋癡三業都除掉。

「皆得妙法」，「妙法」，有時候一句話就帶過去了，微妙不可思議法。我們分開來說，當你入初住的時候，十信滿心，入到發心住！這個發心住，一發心便成正覺，入到法界性海裡頭，這叫相似入。登初地才是眞入，不是眞正的入。這是三賢位的菩薩，十住十行十迴向。聖賢聖賢，聖人是指登地菩薩說的，在佛教，登地菩薩是聖人。這三十位叫三賢位，屬於賢人，等迴向滿了，登了地，那就入了聖位，見了法身，證得法身。

《華嚴經》是一成一切成，初發心住便成正覺，如是二心初心難。發菩提心非常難，發了心，成正覺，漸漸就容易了，上了軌道。因為用不離體，前面是一步一步的證得這個體。「嚼楊枝時」，就發這個願，這是講妙法，「妙法」這兩個字是這樣解釋的。因為以妙法才能夠達到究竟成佛。拿楊枝的時候，要嚼了！剛一拿到的時候，要發願把煩惱都嚼斷。嚼楊枝要用嚼的，我們現在拿牙刷牙膏，我們把牙膏當成藥品，牙膏本來也是藥品，它是除味、除垢、除淨的。我們刷牙時也發願，願轉煩惱成菩提，把一切垢染，口齒上的垢染變成清淨，把煩惱都除斷了，你拿牙刷刷的時候，也可以發這個願。漱完口得方便，方便就是「大小便」。

大小便時　當願眾生　棄貪瞋癡　蠲除罪法

依我們現在的習慣，都在洗手間刷牙、漱口、洗臉。佛在世時不是這樣的，刷牙漱口在外面的。等到入廁的時候，又不同了。大家想想佛在世的時候，比丘、比丘尼的生活，住在山林裡頭，有廁所嗎？連住房都沒有，解大小便的時候，發這願就行了。反正排除不淨物的時候，把貪戀、瞋恨心、愚癡心、無明根本都除掉，把我們所有錯誤的事都蠲除了。

事訖就水　當願眾生　出世法中　速疾而往

大小便完了，就是「事訖」，得用水洗洗手。佛在世時是用水來洗，沒有草紙，也不像我們小時候用土塊，或者剝個高粱稈。佛在世時用水，現在我們用草紙，用紙的時候就可以發願。情況有變化，你隨這個變化發願，目的就是大小便時，棄貪瞋癡。大小便完了，用紙擦也好，用水洗也好。不要留戀廁所，洗手間再好，誰也不願在洗手間住。「出世法中，速疾而往」，把廁所比成三界，說三界像廁所那麼髒，趕快離開吧。大小便完了，出世法中，速疾而往，趕快超出三界，不要因循怠惰，要精勤。

現在我們洗手間修得很好，如果大家上太原，沒辦法，中間要排泄一下，可以看看那個洗手間。中國現在最欠缺的就是洗手間，外國人到中國來旅遊，特別是從太原到五臺山的路上，沒有洗手間，打野的打野。我帶我們美國的弟子來朝五臺山，事先告訴他們一人多準備一把傘，他們說幹什麼？下雨我們可以住在車裡頭。我說，到時候自有妙用。大家要排泄的時候，沒有洗手間，可以把傘打開，女眾蹲到那兒去解，那就是你們的洗手間。佛在世時也如是。

我在西藏的時候，拉薩最好的一條大街叫八角街，早晨一起來，不是尿就是糞。這是西藏人的習慣，隨地都是廁所。他們穿裙子，不論男眾女眾，把裙子一撒，這個得要技術，往下一蹲，這麼一撒，整整一個圓圈。不過他們有個毛病，大小便都不揩！我跟他們說，多念念《華嚴經》的〈淨行品〉。當大小便完了之後，起來拿水洗洗手，那都自己帶的。比丘菩薩都帶十八般物，學戒律的都知道，帶個淨水瓶，帶著水，之後就洗洗手，洗洗大小便。

洗滌形穢　當願眾生　清淨調柔　畢竟無垢

在用水洗手的時候，也要發願。「洗滌形穢，當願眾生，清淨調柔，畢竟無垢」。「調柔」，把剛強的性格、所有的煩惱、不好的生活習慣，調和一下，讓它清淨，要柔軟、要隨順，這叫「清淨調柔」，使它清淨沒有垢染。「清淨」是從性體上說的。把我們現在有形有相的形體，迴向到性體上，這是文詞的變化。文殊菩薩教授我們最重要的是「當願眾生」，別忘了眾生。遇到任何環境，遇到任何事，一個想到眾生，一個想到佛法，一個想到出離，一個想到清淨。

以水盥掌　當願眾生　得清淨手　受持佛法

大小便完了，洗手的時候，「以水盥掌」，污垢完了還要清淨一下，「得清淨手，受持佛法」。特別是念經、禮佛、作佛事的時候，一定要念這個偈子。沒有拿水洗洗手，你搓一搓，或者拿帕子擦一擦，都要念。要得到清淨的手，才能受持佛法。

以水洗面　當願眾生　得淨法門　永無垢染

我們給佛開光，拿水給佛灑淨的時候，也要念這個偈子，「得淨法門，永無垢染」，願一切衆生都能永遠沒有垢染。以水洗的時候，就「當願衆生，得淨法門，永無垢染」。洗臉，洗手，凡是洗的時候，都把它迴向得淨法門。什麼叫淨法門呢？大家一進山門就看到了，空、無相、無願，清淨法門。門是通達的意思，通達無相，通達無願，通達清淨，這叫三解脫門，空、無相、無願，這是從體上說的，永遠沒有垢染，無相還有垢染嗎？我們天天一百四十一願，每個願都是願，怎麼會無願呢？從有願達到無願。在行的當中有願，證得的時候無願。怎麼能達到空、無相、無願呢？妙門，還有兩個方便門，現在我們走的是方便門，這叫方便門。三（山）門叫究竟解脫門，有時候寫「般若」，我們這裡寫的是「般若解脫」。那就叫方便，般若解脫是方便法。發願的意思，永遠沒有垢染，達到究竟清淨。凡是說到法門的時候，都是指佛所說的教法，「門」是形容詞，是比喻。

六　乞食道行時願

手執錫杖　當願眾生　設大施會　示如實道

錫杖，我們沒有拿！沒有拿錫杖時，這個願等於不發，沒拿等於沒有事嗎？沒有事，你發什麼願呢？大家看地藏菩薩，在印度行頭陀行，單有部《錫杖經》，你們看過沒有？《錫杖經》只有兩頁。拿錫杖的時候，有時候是金屬，拿錫做的，這是表示煩惱，在印度修頭陀行，得有十八頭陀，行頭陀行的才用得到。「錫杖」，表示清煩惱。

這個法傳到中國來，以前住山裡的比丘，叫方便鏟。錫杖上頭是連環，有時候用六個環，表示六道輪迴。地藏菩薩是十二個環，有的九個環，各各表法不同，是除掉你的煩惱。「設大施會」是什麼意思？那個時候比丘住山林，得有件武器，拿個方便鏟。為什麼上面有環呢？不是讓你去跟眾生打仗，拿方便鏟去殺他。若拿這個錫杖殺他，你一搖，鈴不就響嗎？環一響，畜生就嚇跑了。我們是拿的方便鏟。涵義是一個人住在山林的時候，虎狼獅子野獸，你搖一下，牠就跑了。拿錫杖，表示斷煩惱，能夠明白佛法，這是錫杖所表的意思。

這一願，大家很少發，沒有這個實物。但是後面有兩句話，「設大施會」，拿著錫杖的，就是施給眾生眞實的道理，讓一切眾生從定慧得到眞實的道理，就是得到菩提道，眞實道理就得到菩提道。又者，讓你離開雜染，離開染汙，得到自在。

拿錫杖就發願，「設大施會」，要平等的布施。在森林裡，如果看見死獸的骨屍，要救度已經死的野獸、或者鳥雀，把牠掩埋一下。

過去古來的時候，一手拿著錫杖，一手拿著鉢，用鉢養我們的身體，用錫杖養我們的法身。現在都沒有了，在我們國土裡，拿方便鏟的也沒有。現在坐飛機坐火車，拿方便鏟絕對上不去，拿把小刀子都不行，還拿方便鏟！還拿錫杖！大光法師從香港來到上海大馬路，拿著錫杖穿著紅祖衣，穿著大黃袍，托個鉢，讓一切眾生看看三寶相。他一現相，就被弄到派出所，眾生還沒看見，警察就先看見。一看是香港來的，他說要是大陸的，非關禁閉不可。給他買張票，送回去了。這是隨緣吧！

執持應器 當願眾生 成就法器 受天人供

什麼叫「應器」？梵語「鉢多羅」，此云「應量器」。有些道友受了戒，他們都持鉢，到哪去都用鉢吃飯。我這個師父，用的是飯碗，從來沒用鉢。這是隨緣！拿飯碗的時候，「當願眾生，成就法器，受天人供」。「鉢多羅」是「應量器」，佛在世的時候，托鉢乞食，不像我們拿飯碗，吃完了再添，沒有！應你的飯量。你只能把鉢拿去，人家給你把鉢填滿，托回去。我們現在是七碟子八碗，好幾個盤好幾個菜，都倒到鉢裡。喝湯怎麼辦呢？只有不喝，湯若泡到裡頭就沒法吃。那個時候的應量器就如是，和尚所托的鉢，應你胃口的大小。

這個法到中國來沒有實行。學戒律的要用鉢。受戒的時候，一定三衣一鉢，必須得給你飯碗。那就看你的胃口好大，胃有毛病時，吃不下去，那就少一點，這是指正常的時候。你有毛病了，可以少要一點，但是一天只能乞食一次。那時候住居的條件很差，住在山林裡。若是住在五臺山，到村子裡討食，要走很遠的路，一天只能乞食一回。當施主施給你的時候，也知道你中午能吃好多，有時候日中一食，等你走到那差不多就到中午了，再拿回來吃完飯，下午還能去乞嗎？不可能。日中一食是這麼形容的。

我們比丘叫「乞士」，乞求的「乞」，「士」是指人說的，尊敬的、乞討的人。乞討什麼呢？向諸佛菩薩求法，上求法。乞討人間，是乞求飲食，所以叫「乞士」。「比丘」翻「乞士」，又翻「怖魔」、「破惡」，有三種涵義。你拿這鉢叫「應量器」，就是「鉢多羅」。你拿起飯碗，沒拿起鉢，拿起飯碗來想到，「當願衆生」，這是食器，變成法器。我們是受人間供。中國和尚受天供的，只有道宣律師，天人給他送飯。這個鉢能受天人的供養，能受人間的供養，一般的都受人間的供養。我們現在不乞食了，起了床，漱完口，大小便都完了，三衣披好了，就該吃飯了。拿起鉢表示吃飯的意思，吃飯得化緣，不是家裡做。爲什麼比丘個人化個人的？要是像我們這幾百人托個鉢去化緣，除非拿個大鍋給我們煮好，否則不可能的。你在這家化，我在那家化。你們在這個村子化，我到那個村子化，化的飲食都不一樣。

發趾向道　當願眾生　趣佛所行　入無依處

隨著環境的不同，你要發願。「當願眾生，趣佛所行，入無依處」。把衣穿好了，搭好了，預備去乞食了，這要發願。因爲早晨起床的事，都作完了。現在比佛在世有一樣最好的，我們吃完飯了，就是上殿，或者修行、作佛事，佛在世時比丘可辦不到。等你漱完口、刷完牙，一上午就是化緣，來回走路了。化緣討飯，討完飯，回來吃飯，吃完飯把鉢洗好。等整理完了，差不多了，不能再化第二次緣。「日中一食」，就是這麼產生的。早粥，你離得近可以，你化回來吃完了，中午再去化，那個時間就很多浪費在路上，諸佛都如是。

等你舉足要上路的時候，抬腿要走的時候，「發趾向道」，要走路的時候，「趾」是足趾，前面那五個腳趾頭，那叫「趾」。「發趾」，要走路的時候，還沒化緣，還沒討飲食，這時候走路的時候，「當願眾生，趣佛所行，入無依處」。佛如是作，我也如是作。佛走的是什麼路？菩提路。發願讓一切眾生都趣向佛的菩提路，達到究竟成佛。

「入無依處」，得先說有依，有依才能達到無依。心裡頭依賴眾生去討飲食，這就是有依。同時，把討飲食依賴眾生，轉化依賴佛求法，把討飲食變成了依賴佛，向佛求法。依賴眾生，向眾生討飲食，求求活命，活命是爲了修道，修道爲了成佛。

但是我們自己本具的佛法僧三寶，自己本具的！吃飯，你沒有具足，因此向居士、向信徒乞食，把它觀想為以法為食。這個涵義是說乞食的時候，你就發願，佛怎麼作，我怎麼作。佛怎麼走，我也怎麼走，趣向佛所走的道路。跨足將入道的那一刻，發願究竟成佛。

若在於道　當願眾生　能行佛道　向無餘法
涉路而去　當願眾生　履淨法界　心無障礙
見昇高路　當願眾生　永出三界　心無怯弱

走到道路上，還沒討到飲食。在印度討飲食，都是三五里，有的遠一點，幾十里。為什麼？比丘住都住到山林裡，人家村落不會建到山林裡，大都住到城市、鄉鎮，你得從山林走到城市，路上還有很遠的路。有的遠，有的近。佛在世時，比丘的生活、行動，你要體會。我到印度鹿野苑，看五比丘住的地方，現在鹿野苑周圍也沒有什麼人家，他們乞食的時候，要走很遠的路，才走到村落。哪有像我們現在在普壽寺裡住著，人家送來糧食，又有大寮，煮好了，打個板你就去吃，吃飽了再回來，也無非一點鐘，時間很短。那個時候的比丘為什麼行道時要用功？當乞食的時候，要用功就在這兒用，行動當中就用功了，就修行了。一天當中，乞食之後回來，上半天沒有了，不是這樣子嗎？現在末法有末法的優越性，在道的時候就修行了，就修道了。

《華嚴經》是在走的時候就修道了，善財童子五十三參，從這位善知識到那位善知識，有的時候要走十幾年才到那位善知識處。這十幾年在路上邊走邊修行、邊走邊修行，等到那位善知識處，這位善知識的法他都修成功了。佛在世的時候，未成道以前，也不能離開現實。在修道的時候，在道上就修了。「若在於道」，就是走路的時候，說我走這個路是行佛道。走在道路上要發願，願一切衆生都走佛道。

那時候走路上，用心修道，不怕被汽車撞，也不怕被自行車撞，爲什麼？什麼車都沒有，很安靜。從山上下來，大概都是羊腸小路，沒有大道。但必須想到現實，因爲修行不能離開客觀現實。我們現在修行，講到〈淨行品〉，有些我們現在沒有了，要不要發願呢？等你念到〈淨行品〉，手執錫杖，沒有！沒有你可以借。跟誰借？跟地藏菩薩借。地藏菩薩我借你的手杖，我發個願，借你手杖發個願。「若在於道」，從寢室出來到齋堂，這也是在道，你要發願，「能行佛道」，我要發菩提心，「向無餘法」，別的法我不向，向究竟佛道，我究竟證得佛的果德，餘法我不要。要發這麼個願，心裡作如是想。

那時候化緣乞食也要爬坡，一上一下，上坡的時候發上坡的願，下坡的時候發下坡的願。先發上坡的願，路是高低不平的，有邪路有彎路，我們都把它歸於正路。

「若在於道，當願眾生，能行佛道，向無餘法。」在走道路的時候，道路有長有短，從寢室出來到法堂，這也是在道上。在舉足下足，走路的時候，要發什麼願呢？所行的都是佛道！但是願一切眾生，所走的道路都是佛道，趣向佛菩提，你走道路時就是行菩薩道。走道路上了就發願，剛一出門就發願，說我走的道都是佛道。現在我們聽《華嚴經》，你走的是華嚴菩提道的次第，一步一步的這樣走。在道路上就發願，願什麼呢？願一切眾生所走的都在佛道上。乃至吃飯、穿衣，全是佛道，因爲是從你心裡說。驗境知心，在境上，知道你的心想什麼、做什麼，從開始發心信佛，乃至成就道業，到發心住的住，再到行、迴向，再登地，你走的這條道路全是究竟成佛的道路。不是自己如是，發願願一切眾生，所有在行道的時候，都是行佛道的。以這個願力，將來感果的時候，證得佛的果德。

「涉路而去，當願眾生，履淨法界，心無障礙。」「涉路」是向前走，向前走路的時候也要發願。「履」就是你穿的鞋，或者走路的腳，都是清淨法界。一邊走路一邊發願，清淨法界是指一眞的清淨法界，得入菩提道的究竟圓滿之心，那叫法界心，叫清淨法界。到了這個時間，你修行的一切障礙、執著都得到解脫，沒有障礙了！入了眞法界之後，心裡沒有障礙了，這是發願，不是證得。因爲在你走路的時候心裡所想的，一步一步走，想我走的菩提道，向著一眞法界走，能夠達到一眞法界。走路時高低不平，像我們在院子裡頭就高低不平，要進法堂就要上臺階，兩邊上臺階。你們往上邊走，我們從上邊下來，一個從下向上，一個從上向下。從下向上就叫昇高路，往上升，那要發願，發願衆生永遠脫離三界。

走路的時候，高低不平，我們現在修的柏油馬路，還是高低不平，路有上坡有下坡，有平行，遇什麼路就發什麼願。往上升就發願，「永出三界，心無怯弱」。爲什麼加個「心無怯弱」呢？從凡夫地想要到達佛地，路途非常長遠，障礙很多。大家回憶一下，還不說到成佛，就你出家想住佛學院，想找個好道場，在現在都很難。遇著這些困難的境界，怎麼樣呢？不退怯，要堅強，不軟弱。在走路的時候，有時候朝黛螺頂，要爬坡，現在這種天爬北台，在院子裡風還不怎麼大，你到北台看看！而且路不是直的，有斜坡，有向上爬，有時又下坡。總而言之，在走路的時候要發願，願一切衆生離開不清淨的世界，到清淨的一眞法界。

見趣下路　當願衆生　其心謙下　長佛善根

向上是高路，向下是低路，下坡的時候，不要隨波逐流！不要驕傲自滿，要「其心謙下」，「謙」是謙卑的意思，不要我慢貢高，消除我慢，「長佛善根」。

見斜曲路　當願衆生　捨不正道　永除惡見

道路是彎彎曲曲的，不是筆直的。你走斜曲路，知道這是方便。捨掉不正確的邪知邪見邪覺觀，要除掉邪知邪見的思想！形容你走正道，千萬莫走邪道，在法上說，走邪路把它糾正為正道，捨掉不正的道路。不正道是什麼呢？看問題的看法，有時是惡見，這是歪曲路。

若見直路　當願眾生　其心正直　無諂無誑

「諂」是諂媚，「誑」是虛假。作任何事情、說任何話，不假於欺騙，都是入理的、眞實的、正直的。對於有地位的人不要過分地謙卑諂媚，對於貧窮困苦的人要有慈悲心，不要懷有輕賤心。這個心人人都有的，出家人不應當有。學道的人，心裡要正直平等，看一切人都平等！對於有錢有地位的人，這是他的福報，尊敬他過去生的福報，對於那個窮苦痛苦的人，可憐他造業，因為過去造的業，今生感這個報。菩薩走在直路上想到這些問題，直路上怎麼觀想？正直無私。

見路多塵　當願眾生　遠離塵坌　獲清淨法

道路不是那麼清淨的，不是那麼平順的，有的汙區塵土多。這是形容一切染法，你在娑婆世界沒有染法是不可能的，但是你轉變染法成淨法，「當願眾生，遠離塵垒，獲清淨法」，離開污染污濁的現相，心裡不著。

見路無塵 當願眾生 常行大悲 其心潤澤

「見路無塵」，像走柏油馬路，平坦的直路，那又發願了，要「常行大悲，其心潤澤」。路上很清淨的，你自己發心，希望一切眾生都在大慈大悲的智慧水中滋潤，生起大悲心，這就有智慧的大悲，憐憫一切眾生，發願度一切眾生。

若見險道 當願眾生 住正法界 離諸罪難

「險道」，險惡的路，險惡包括很多，路途不平靜，或者有野獸虎狼獅子，乃至有土匪惡霸搶劫，這都是罪難。離這些罪難，脫離一切危惡困苦的事。路上高低不平坷坎，這也是險路。現在有些人挖陷阱，他是抓野獸的，你並不知道，走在山路裡頭，掉下去了。這是說人世上的險路很多，走路的時候要小心，要發願，願眾生離開險路，住於正法！世間上所有的事物引導你去犯罪、引導你墮三塗的事很多，願一切眾生都能離開，別再造罪了，其心不作惡，行善的意思。

菩薩在行大悲道的時候，有沒有險難？像初發意的菩薩，剛發心，智慧不具足，光有一個大悲憐憫心，這是很危險的！要出悲障，障住你大悲心。我們學佛之後，因爲佛的教導知道世間的一切人在苦難中，有的家庭破碎，有的遇著災難，未來會墮三塗惡報，將來的苦是無量的。自己學了佛法，懂得對他們生起悲哀的，大悲心是對衆生的痛苦生起悲哀，那就得給他們想找個出路，怎樣幫助他也想度他。但你的力量不夠，沒有智慧能給他解除痛苦，所以要多發願，要住正法界，讓一切衆生離開罪難，那就求出離，斷生死苦，證得有餘涅槃樂。既不要執空，也不要執有！這個願是指菩薩行菩薩道，行〈淨行品〉的時候，只說發願，當願衆生，不能轉變衆生。我們天天求文殊菩薩，有的道友就問我說：「我們天天求文殊師利菩薩，智慧還是不開！」要是那麼容易開的話，大概三塗就沒有人了，沒有墮三塗的。你的業障沒消完，聖境不現前。

如果文殊菩薩現身，你不能理解，還是轉變不了！因爲你看見苦，把苦當成眞實，以這個觀念本身就沒辦法度衆生，這些現相，在菩薩認爲是空的，在衆生是不空的。苦和樂是現前境界相，如果不執著，苦和樂平等平等，沒有樂也就沒有苦，沒有苦也就沒有樂。有智慧的大悲心令衆生增加智慧，沒有智慧的大悲心不能利益衆生，所以悲必須具智。爲什麼說智悲雙運？大智慧跟悲心兩者要結合。現在我們是遇見什麼發什麼願就好了！文殊師利菩薩在〈淨行品〉，叫我們遇著什麼境界就發什麼願。看見險道，看見一切衆生都走的是險道，爭名利，爭財富，貪五欲，都在險道上遊戲，就像踩鋼絲一樣的，很危險的。因爲一切衆生遇什麼境界就被什麼境界轉，所以文殊菩薩叫我們「善用其心」，要我們心能轉境，不要被境界轉。

若見眾會　當願眾生　說甚深法　一切和合

「衆會」，人多聚會的地方，「會」就是會合在一起，聚會的時候應該發願，發什麼願呢？「說甚深法」，不說人我是非法，不說妄言綺語法，不說惡口，說善語，說論出世間法，就叫甚深法。一切衆生都無鬥諍，都和合，令每位菩薩、每位聞法者都能發心，人人都能聞佛法，這個世間還有鬥爭嗎？那就沒有了。看我們現實的社會，國跟國鬥，人跟人鬥，只要有人聚會的，就有鬥爭。在聚會當中，你發願知道佛的甚深法，什麼是最甚深法呢？空義。那有什麼鬥諍可存在呢？一切衆生都能和合。

若見大柱　當願眾生　離我諍心　無有忿恨

就像我們這間房的樑柱，看見大柱子就發心，「離我諍心」，不要諍，也沒有忿恨。見著大柱子發願，以前我很不理解，見著柱子有什麼諍？它沒有諍，也沒有忿恨，見著這個柱子要發願，「離我諍心」。我就聯想到小說、戲劇，「大柱」是指重要的意思。我看明朝海瑞，大家稱讚他，「本是我朝中」，就是明朝的，「擎天柱一根」！從這個擎天柱一根，這根大柱承受這間房子，大家看見我們這三層樓，就是這根柱子承受的。頂樑柱，它的負荷得很重！我們菩薩發心，菩薩要度一切眾生，他的負荷量很重。有時事情上要從理上想，再回到事上想。像我們自己度自己就夠困難的，很不容易省悟，還讓你發願，說這四五百個人都讓你度，那負荷量是很大的，是這麼個形容詞。

荷擔的重量很重，見了大柱就想到，發了菩提心的人要行菩薩道，我的頭頂上頂著一切眾生，我要把他們都度了，要利益眾生，使他們都能紹隆佛種。「大柱」是形容的意思，想到大柱的負荷量，也想到自己，既然爲佛子，要發願度眾生，怎麼樣度人家？眾生不是那麼好度的，甭說不信佛的，已經信佛了還要驗證自己的心。

舉個現實的例子，天臺山國清寺後山住著一位修行人，我也不知道他是出家人、在家人，他也不跟你說明白。他說：「老法師，您不是學地藏菩薩的嗎？人家說您念的很靈，我現在被魔纏住了，請您把這個魔給我消了。」我說：「我沒有這個力量，只能告訴你方法，你自己消。」我跟他說不要再給我打電話，他還是照樣打，打多少次了呢？現在我給他算著，大概是五十次以上。你不理他，他要找你，菩薩心難發。他跟你糾纏，好像我魔他一樣，這是不可思議的，發心很難！如果你對他不了解也不認識，從來沒見過，連個名字都不告訴你，有這樣事嗎？現實就有，有這樣人嗎？就是有。我說：「你不是信佛的！」他就跟我吵起來：「我是信佛的！」

我說：「信佛的人還叫鬼迷上了！」要你念《地藏經》，你說你念了，念了不靈，你是怎麼念的？念的方法也不同，誠懇念的嗎？不誠懇念的嗎？有些是冤業的，有些人跟他講理是沒法講的，講也講不清楚。

還有一位女衆，給我來了好多次電話，來了電話我不理她，她就是給你打！要是把電話機關了，別人來正事也耽誤了。

「若見大柱，當願衆生，離我諍心，無有忿根。」忿恨生了根，他就要忿，忿會生根的，若想斷除忿的根，不生忿很難。我剛才說這個，你跟她生忿恨，她是誰？也不知道她是誰，她就干擾你。之後，「我跟您出家吧！」「妳是老幾，妳要出家我會收妳嗎？」對待衆生，若發心你的負荷就很重。怎麼叫負荷很重？你不是發了菩薩心嗎？你不是要行菩薩道嗎？我求你，你就要行菩薩道，不行菩薩道還發什麼菩薩心？他還要罵你一頓。如何對待呢？所以負荷量很重的時候，你看這一根大柱負擔好重，撐著上面的重量！看見它，你要發菩提心，沒有忿恨，沒有諍心。明明是冒火的事，用慈悲心，把冒火的壓一下，這還不是忍辱。若是見著負荷量很重的，要發願願一切衆生離開諍。離開諍，第一件事放下架子，不要認爲自己了不起。

我剛才舉海瑞，海瑞認爲自己了不起，皇帝就不用他，官也丟了。他自己稱，「駕海紫金樑，擎天柱一根」，天都能撐得住，「大柱」就是這個涵義。意思是對於不同的知見，心裡不要去諍，不諍是什麼？放下就是了。凡是諍，擡槓，爭執，得兩人互相擡，那我撂下了，讓他一個人就去諍吧！他諍不起來，擡槓擡槓、那槓子我這邊不擡了，他也就擡不動了，不是擡槓。意思是遇什麼事，放下！文殊菩薩叫我們，說看見這種事要發願，願什麼呢？願一切衆生不要諍。

遇有不同的知見，道友之間要不要爭執呢？永嘉大師〈證道歌〉說，「圓頓教無人情」，講圓頓大法的時候，沒有人的感情加入。說我有懷疑，不能解決，「有疑不決直須諍」，這個要你諍。諍的目的，「非是山僧爭人我」，我不是人我知見的來諍，「修行恐落斷常坑」，在修行、修道的時候，要是不諍，你不落於斷見，可就落於常見，知見一定要諍！諍的目的是爲了消除斷常的知見，不是爭人我，爭個你強我勝，這就是圓頓教。

這句話我想了很久，見道、明白之後，還是要諍，但是這個諍不是人我知見的諍。文殊菩薩是叫我們離我諍心，離開人我知見，不要無謂的諍，無謂地生起忿恨。永嘉大師說的諍不是爭人我，不是爭忿恨，而是說修行的時候，若不給你正確的知見，不是落於斷見，說空了，什麼都沒有了，這是落斷見；又有了，落於常見，好像人我是非永遠存在的，就是這個涵義。

若見叢林　當願衆生　諸天及人　所應敬禮

這也是不容易理解的。看見一片樹林子要發願，發什麼願呢？「諸天及人，所應敬禮」。說見了樹林子，給樹林子磕頭嗎？不是這個意思，你給樹林子磕頭，什麼用處都沒有！但是想到一片樹林，就想到利益眾生，樹林的好處呢？眾生在熱惱當中，樹林能給他作蔭涼。例如說樹木，在人生生活當中，樹木可以給我們作房子，我們冷了可以作火柴燒火，樹林子對於眾生有很多的利益。文殊菩薩教導我們說，看見樹林子，想到菩薩行菩薩道的時候，他所修行的法門，所作的事情，非常之多。見境生心，見著樹林境，想到觀世音菩薩、地藏菩薩、文殊師利菩薩、普賢菩薩，大菩薩利益眾生的時候，給眾生作了很多事情，非常之多。

因爲眾生無量，根機各個不同！我們看生活習慣、飲食起居，南方人吃東西，炒菜若加點糖，他高興了，北方人要吃鹹一點，山西人要吃醋，四川要吃辣的，口味不一樣，個性也就不一樣，愛好也不一樣。菩薩說法利益眾生的時候也如是，就像叢林一樣。因此，對叢林才生起尊敬心，一見到叢林就想到菩薩行菩薩道。我們學佛，或者理解不多；文殊菩薩教導我們說遇什麼境，發什麼願，處處時時想到佛法僧三寶。

《華嚴經》上講，「譬如暗室寶，無燈不能照」，夜間的時候，沒有燈不能照。「佛法無人說，雖慧莫能了」，大菩薩行菩薩道，講解佛法，是讓眾生覺悟。我們一看經就懂，認爲自己有學問，其實他理解錯了，佛經上所說的不是那個意思。例如我們現在說大柱，說叢林，你往佛法上會！大柱、叢林，另有涵義的。例如說我們念「般若」，他們念「般若」，這兩個完全不一樣，好多的字都不一樣，佛教文字的涵義非常廣。我念「南無」，「南無阿彌陀佛」，他念「南無」，「南邊沒有阿彌陀佛」，得到西邊去找，完全不是那麼回事。「若見叢林，當願衆生，諸天及人，所應敬禮」的涵義在此，不是見著樹林子去磕頭，而是讓你想到佛菩薩。

若見高山　當願眾生　善根超出　無能至頂

見高山就發願！現在我們五臺山，哪個台頂都很高的，發什麼願呢？「善根超出」。你的善根像高山那麼高，道德像高山那麼高，要想達到頂，必須得成佛。達到頂表示成佛道，形容修道一步一步地登上高山。

見棘刺樹　當願眾生　疾得翦除　三毒之刺

剛才說見到樹林，樹林裡也不全部都是好的，還有長刺的樹，紮人很痛的。修學的人，要把貪瞋癡愛、身邊戒禁邪這些東西都除掉。像你身上紮了樹上的刺，像貪瞋癡三毒似的要拔除掉，發願讓衆生，永遠沒有三毒。

見樹葉茂　當願眾生　以定解脫　而為蔭映

見到樹長得很繁盛、很茂密，就發願了，「以定解脫」，使一切眾生沒有束縛。「樹葉茂」，你可在底下乘涼，又可以避雨，是這個涵義。但是你要注意，若是下大雨天，打雷天，頂好別在樹底下待，因爲怕樹走了電。在樹底下躲雨，多雷的時候會被電死的，這要注意的。不過文殊菩薩在此處叫我們發願，是指解脫的意思，給眾生解脫，解脫得修定慧，以定才能解脫。

若見華開　當願眾生　神通等法　如華開敷

夏天的時候看見華開，華開是因，說我們修道修的神通三昧，就像華開一樣，華開了美觀，還給人家一種柔和的感覺，香氣的感覺。在因地修行的時候，給一切眾生的好處，度一切眾生，神通自在妙用就像華開一樣的，使人人心裡歡喜，自己內心也解脫，那叫什麼呢？智慧華開。華，表示慧性。我們講神通，一天吃飯穿衣行住坐臥都是神通，你體會到沒有？「神」是自然的心，神名天心，天者是自然義，佛經上講天是自然義。慧就是通，慧性一切都能通達，什麼都能明了、明照。智慧是光明，光明就是慧性，這叫神通。有的人是報感通的，小孩的五欲境界不深，前生有修練，今生他一學就會，不學也會，這是他具足的報通，這叫報通。

大家知道狐仙，狐、黃、柳、豆，這四類眾生，生下來就有通。並不是狐狸都有通，單有那麼一類狐。這是修道沒成，入了邪門外道，修道沒成，墮了畜生，但是牠的通不失掉。這是形容詞，形容有報得的，有修得的，有證得的。諸佛、菩薩、阿羅漢，他們是證得的。

過去我們有段時間提倡特異功能，專找有特異功能的，他什麼都知道，那就叫通。五眼六通，通的意思就是沒有障礙。一般的人不能理解他能理解，人家做不到他能做得到，這叫神通。就像華開一樣，因華開放，就是他的慧性。

若見樹華　當願眾生　眾相如華　具三十二

「三十二」是佛的莊嚴相，是指化身，不是報身，也不是佛的法身。像樹華一樣的，一切眾生都能成佛。見著樹華就發願，願一切眾生都像華一樣，能夠具足三十二相，換句話說就是都能成佛，願一切眾生都能成佛。

若見果實　當願眾生　獲最勝法　證菩提道

「果實」是開華所結的果子，我們吃的糧食都經過開華，都經過因而成的果。修道的人也如是。果實要靠開華，沒有因華怎麼能結到果呢？就是這個意思。結了果，就是說你修行的時候，修到一定程度，成熟了。像每位道友從發心出家到現在，雖然還沒有成佛，也沒有證得阿羅漢也還沒有了生死；但是你的感受上，比以前在家的時候，煩惱少多了。沒有那些境，遇境才生心，沒有那些境，煩惱自然就少了，而且我們生活很單純。在這個時候，你應當看見果實發願的時候，「獲最勝法」，最後能證菩提道，開華結果。我們雖然還沒證菩提道，現在懂得什麼叫菩提道，怎麼樣才能達到菩提道。有證得的，有修得的，有理解到了！現在我們是信，在信的當中，信而後行，邊解邊行，邊行邊開悟，究竟成就。

若見大河　當願眾生　得預法流　入佛智海

見著大河要發心，河水是永遠不停的，永遠在流動的。我們見著河流就像我們遇到法流，佛所說的法，佛所有的教法，使我們從凡夫地到佛地。到佛地就入佛的智慧海，一切水都流入大海。一切眾生如果發心想求成佛，得先預流！預流是說，你得先入佛門，這算是預流。把一切河形容像一切法那樣，你若參與到法裡，你就入佛的智慧海，學佛所說的法，能使你開智慧，就入了這個法流。我們自皈依佛，當願眾生，願一切眾生，都能夠成佛。皈依三寶，就依佛，就續佛慧命，紹隆佛種，使佛的一切法流常時不斷，使一切眾生都能得度，讓一切眾生都能歸到佛的智慧海。

這是文殊師利菩薩告訴我們的「善用其心」，見什麼發什麼願，見什麼發什麼願，看見什麼都想到眾生，想到佛果。這有兩種，一個想到眾生是受苦的，如果把苦難都解除，達到究竟成佛。文殊菩薩教我們「善用其心」是願一切成佛，不但自已成佛，還讓一切眾生都成佛。見到什麼境，都要發願。後面說吃飯、走路行住坐臥，都變成聖境，都達到成佛，都達到這個目的。現在是在因上的招感，達到究竟圓滿的果，有因才有果。

若見陂澤　當願眾生　疾悟諸佛　一味之法

佛說的法很多，我們常用八萬四千來形容，說八萬四千法門，其實八萬四千法門也是不夠的，眾生不止八萬四千，各個是各個機，各個機有各個機感。感是感應的感，就像形容水，有海有河有江，有沼堤有陂澤，水是無窮無盡的，小水流、小河流都是這樣的，佛所說的法也如是。願一切眾生從哪一法入門都可以，都能夠成佛！儘管是大河小河，乃至小河又小沼澤，都是水，凡是水都要歸於海。

中國有兩大水系，一個長江，一個黃河。在它流動當中顏色不同，水流不同。我們說面善心惡是長江，長江看著很平靜的，底下濤波凶湧。黃河不然了，面惡心善，上頭流的很兇猛，掉到黃河裡，有時候淹不死，它底下非常平穩的。這是形容陂澤，形容水。水形容什麼？一切眾生的煩惱，讓他把煩惱的流變成智慧流，轉換一下就是了，悟得佛法叫智慧海。在眾生叫煩惱海，陂澤也如是。陂澤就是小水，不是大水。太湖、鄱陽湖，這是大湖。

在西藏，凡是小水坑，都叫海，他用佛教的涵義來形容。西藏的海都在山頂上，五千多米高空，上頭有海，而且不凍。我們北台也是三千尺，什麼都凍。海的意思是不凍，不結冰。什麼原因呢？按地質學研究，西藏最高山朱穆朗瑪峰，過去是海底，現在朱穆朗瑪峰每年還再升高。從什麼論證是海底呢？山頂上有貝殼，有海底的實物，在朱穆朗瑪峰撿到的貝殼，經過億萬萬年了！凡是水，不管大大小小，都叫水。佛所說的法，不論從哪一門入，八萬四千法門，你只要有一法入，這一法通達成就了，一切法都知道了。

若見池沼　當願眾生　語業滿足　巧能演說

前面說「陂澤」，這裡說的是「池沼」，是指小水池，一般用水來灌地；有時寺廟裡有放生池，養生的，或者澆澆花，這是水池。這形容利益一切眾生、給他說法的時候要善巧，要方便演說，讓他能夠投入，這叫應機說法。對哪一類機就給他說哪一法，他能夠理解明白。如果道友們沒念過書，你給她講深入的道理，她聽不懂！你給她講念佛的好處，跟她講你別發火，別發脾氣，不要對你的子女很貪愛，對人家的子女很憎嫌！給她講這些，她聽得進去，這叫家長理短。凡是說家長的話，講道理是說不通的，理是短的，因爲她不懂。過去年老的婦女，執著的非常厲害，你給她講道理，不行的，你給她現實講事物，不管海也好，江湖也好，沼堤也好，一個花池的水池也好，都是水！只要得到灌溉，得到水的利益，就好了。對一切眾生，不管說多也好，說少也好，說深的佛理也好，說淺近的佛的道理也好，只要他去做，依著一門深入，得到實益就好了。

若見汲井　當願眾生　具足辯才　演一切法

「汲井」就是打井，我們院子也打了好幾口井。目的是把地下水提上來，好有水吃！地表沒水，打個井，深度到了，水源就有了。

我們前面講的是用水形容語業，語業怎麼樣才能圓滿，那就得達到辯才無礙。給人講道理的時候，要能夠不失時機。人家問你，你能答，答的時候能使他滿意，這叫不失時機。有些外道，他講的法不是事實，不可能做得到，乃至於邪知邪見，就是不入正道。不入正道的，他要破滅佛法，毀滅佛法，那就跟他有鬥爭，鬥爭是指語言上說的。就像汲井的水，地下水，你打井，是無窮無盡的，地下水是無窮無盡的。形容跟外道鬥爭的時候，辯才無礙，能夠演說一切法。

我們那時候在青島、在天津、在北京，基督教、天主教經常找佛教徒開會，三教開會互相辯論，那就靠著辯才。你給他講佛教講佛法，他是不聽的。你可以講基督教的法，可以講九仙道、理門，我們東北就很多，你說他也不壞，不喝酒也不許燒煙！但是他不是佛教，他所說的跟佛所說的道理不相吻合，所以要具足辯才。對於破滅佛法的，給他演說佛法，轉邪歸正，這個得有辯才，辯才像汲井似的，取之不盡，用之不竭。

若見湧泉　當願眾生　方便增長　善根無盡

我們培育積累善根，像湧泉那樣。看見湧泉就發願，願一切衆生，他的善根增長，方便善巧慧增長他的善根，一直到成佛。善根無盡，就拿湧泉水來形容。我在鼓山學法的時候，那間廟叫湧泉寺。爲什麼叫湧泉寺呢？這間廟原來是龍住的，第一代老和尙跟他化緣，他不肯捨，老和尙說：「我跟你借，借完了給你培善根。」「借可以，什麼時候還？」他說：「打五板就還了！」我們早晨打板要打五板就還了。龍一聽打五板，那很容易了，借給你。因此鼓山早晨起來的時候不打五板。

再往明朝，哪個年間我記不得了，我是在鼓山聽老和尙給小和尙講故事，聽到這麼個故事。我們有位打板的師父就不信邪，他說：「我打個五板看看！」他就打五板，這一打五板不得了了，釋迦牟尼佛跟迦葉阿難尊者座底下有個洞，那個洞就冒上水來了。香燈師趕緊就找老和尙，老和尙拿一部《華嚴經》放在上頭，水就下去了。到了我們那個時候，鼓山還是不打五板，只打四板。大殿底下全是空的，底下是龍潭，從方丈的後頭有個小門，現在都封死了。從那下去，可以從湧泉寺底下走到放生池，放生池有個洞，可以從那裡鑽出來。

湧泉寺之所以叫湧泉寺，是因爲建在湧泉上的。過去古來大德的寺廟都是這樣，有好多神話。湖北玉泉寺，智者大師修的，關聖帝君變成蟒蛇，也就是龍，牠的宮捐獻給智者大師，之後他也做了護法，智者大師才叫護法伽藍，爲什麼我們塑關聖帝君？他成了佛教的護法。這也是湧泉的意思。湧泉就是地下水，它也是永遠不斷。這是比方佛所教授的方法，我們那個智慧永遠不斷的，只有增長，你入了佛門，學了之後，智慧是不斷的，爲什麼？善根無盡故，永遠不會斷的。

若見橋道　當願眾生　廣度一切　猶如橋梁

「橋」就是度，此岸到不了彼岸，搭座橋，度一切衆生像橋樑那樣子。比喻我們的心，我們的身體，就是度一切衆生。爲了利益一切衆生緣故，我們就像橋道，見了橋要發願，「當願衆生，廣度一切，猶如橋梁（樑）」。形容詞，見什麼境，就發什麼願。

現在坐飛機怎麼發願呢？文殊師利菩薩沒說，坐火車怎麼發願呢？這是發願最好的時候。過去的人走路，除非是坐船、過橋，一般集體行動的時候少，除非是行軍打仗。你坐飛機、坐火車，正好是發願的時候。坐飛機、坐火車，乃至於坐大汽車、公共汽車，你都發願，自己想怎麼發就怎麼發，說我把你們都度成佛了，我再成佛。別認爲這是假的，這才是眞的，讓你成佛成的快一點，自己業障消的也快點。你不是感覺自己的緣法不好嗎？人越多你越發願，先把你們都度了成佛，之後我再成佛。

這些人變成你的弟子，你將來要說法，他就來聽，他見著你就高興、有緣，因爲你發願度過他。感覺你的緣法不好嗎？是過去發願少，光顧自己不管別人。以後凡是人多的地方都要發願。因爲過橋的人是多的，沒有對象的，沒有簡擇的！富人可以過、窮人不可以過橋？沒有的！普度一切，就像橋樑一樣，度衆生的時候就像橋樑一樣，同時把你的身心變成橋，讓每一個人踩在我身上去成佛，這樣發願來利益衆生。像那個橋的道路一樣，尤其是平等對待，不分老少，不分尊卑。

若見流水　當願眾生　得善意欲　洗除惑垢

我們看流動的水，流動水都是清涼的。你看流動的水，想到你的人生，前面已經過去了，那個水不會再流回來！凡是流水只能往下流，不能再回來，永遠沒有回來的時候。所以發願的時候，願一切衆生，把一切惡念、惡事、惡行、罪業都消失了，流走了沒有了！我的身心清淨，所有的惑染塵垢都洗刷乾淨了，隨著就流走了，增長的是善念。

見修園圃　當願眾生　五欲圃中　耘除愛草

「園圃」是形容詞，形容菩提園。菩提園不許有貪愛的草，不許有瞋恨，不許有貪愛，不許有愚癡。長的野草都要除掉，因爲有雜草叢生，花就長不起來了，園圃就不能成爲好的園圃，必須除掉雜草。入了佛法之門，行菩薩道的法，不許再有貪愛愚癡瞋恨，五欲不許生長。生長的都是什麼呢？智慧、五根、五力、信進念定慧，慈悲喜捨，把貪愛草都除掉，除掉五欲的愛草，五欲愛草除掉了，善根就增長。

見無憂林　當願眾生　永離貪愛　不生憂怖

樹林是無情的，怎麼會有無憂林呢？樹林有什麼憂愁？大森林本身沒有憂愁，因爲生長出來我們的知見，我們的知見有分別，森林是物質的，它使我們生貪愛之心。如果森林花草茂密，我們更有貪愛之心，不是說那個物質，而是見森林者。無憂林是無情的，當然無憂，也沒有歡喜，它本身是沒有愛染的。我們願一切眾生像無憂林那樣，像森林那樣，沒有患得患失，沒有患得患失就沒有憂悲苦惱，不生憂怖，把愛離掉。這是從心地上形容無憂無慮，那就放下了，放下你的身心。

若見園苑　當願眾生　勤修諸行　趣佛菩提

這也是形容菩提園，若具足了智慧，可以叫作智慧園。凡是見到我們修的園林，像我們院子裡修花園，都可以作這個想。這叫智慧園，或者叫般若園，或者叫慈悲園。在宣化法師修建的美國萬佛城，好比從戒學部到菩提部很遠，自己都要開小車，萬佛城裡面很大，是座山城，裡頭修的馬路，取名爲菩提路、智慧路。這是形容詞，說我們看見什麼事物，不論看見什麼事物都發願，看見花園，看見亭臺樓閣，「勤修諸行，趣佛菩提」。

像我們走路，路上所遇見的橋樑也好，或者現在修花園，修園圃也好，都要發願。按照文殊大士教我們的，大菩薩走的路，全部是圓滿的。各個的大善知識，他們所走的路，各入各的法門，不像大菩薩這樣圓滿的；但是自己感覺著你的因緣，哪個對你相適應，就如是發願，照著去作吧！作的時候，應當根據你的智慧，根據具體的現實情況，頂好不採取公式化，只要是得到利益就好了。這是形容修行的時候，念佛也好，拜懺也好，說我持一個咒也好，任何一法都能達到究竟圓滿菩提的道果。你明白這種道理，法法都可以入道。但是你得喜歡，喜歡表示你跟這一法相應。這是出世間法，不是世間法。世間法我們都喜歡，煩惱重嗎？煩惱重那就不同了。這是斷煩惱的法，法法都能達到菩提道果。這個法對你不相應，不要勉強去作，非要去作不可，達不到、效果也不好。因爲你過去沒有修過，從來沒有這個因緣，現在勉強去作，你達不到究竟。

有人跟我說他念《地藏經》，念的不好，那念〈普門品〉就好了，這不是固定的。你念哪個好，你就念哪一法，不是固定的。爲什麼佛說八萬四千法門？就是這個意思。文殊菩薩教授我們，遇著什麼境界，遇著什麼事物，就發什麼願。願一切眾生，他根據這條道走，這條也是菩提道，八萬四千法門都是菩提道。

文殊教授我們的一百四十一願，都是菩提道，你發願就好了。有的時候我們忘了，讀完〈淨行品〉，上下坡會發願嗎？有的時候嫌麻煩，一會上一會下，你還能緊著發願嗎？但是從你早晨一睜開眼睛，〈淨行品〉的每一願都能作得到嗎？眞正都作得到了，一願都不落，但是這個沒有那個環境，你可以發別的願，就拿十大願王來補，念普賢菩薩十大願、文殊菩薩十大願。普賢十大願大家都背得，因爲他簡單，文殊菩薩十大願，文字多一點。

文殊菩薩有這個願，憎我的、害我的、或者惱害我的，我一定發願度你！只要跟我有個緣，我一定度你。辱我賤我侮辱我，都度你成佛。如果忘了，就把文殊菩薩十大願補上。因爲這裡有好多境界我們沒有，沒有怎麼發這個願，你可以看著這個境，遇境生心，遇到什麼境界就發什麼願！一百四十一願有個總綱，「善用其心」。你把心用好就好了。你用的是什麼心？覺悟的心，明白的心。

見嚴飾人　當願眾生　三十二相　以為嚴好

「嚴飾」就是莊嚴，現在講化裝，古來時候講究的是珠寶。大家看少數民族，特別是西藏，珊瑚、瑪瑙、九眼珠，特別是在腦殼上戴的，二三十斤，很不舒服，想隨便轉個腦殼很不容易的，可是人喜歡。大家看電視，他把珊瑚掛一身，越顯得有錢、莊嚴。若見這個應當發願，嚴飾是世間相的，不是眞正的嚴飾，眞正的嚴飾是用佛教莊嚴自己的德行。這個是指佛的三十二相，轉輪聖王也有，一些大菩薩也有，都讓衆生成佛，以三十二相爲莊嚴。因爲最好的莊嚴就是自己有內行，外人見不到的，你修行的法門，以福德智慧來莊嚴，福德智慧莊嚴。最好的嚴飾是行菩薩道，行六波羅蜜。如果我們經常禮懺，經常讀誦大乘經典，人家見著你生起歡喜心，德之感召的嚴飾，不是形相的。

三十二相嚴飾呢？「嚴」是莊嚴，「飾」是飾好。我們所說的誦經、拜懺、禮佛、念經，這是發自於內相，不是外相。對於善惡、因果，佛弟子起碼要確信不疑，因爲相信因果，能夠轉變你的內心，這是最好的莊嚴。「定業不可轉」，但是下文有一句，「三昧加持力」，你的業已經定了，看著你的外相，人家不生歡喜心，那是你的業定了。但是你把他轉變了，或者念經，讀誦大乘禮拜，內心轉相，外相就轉了，人家看著你是福德相。能轉不能轉就看你自己。不能轉的，受了就是了。受不了，還是要轉的，就靠自己內心的轉變，持誦、禮拜，把造的業消失了，贖回來。罪惡相跟福德相，大家都有所感觸！看殺人的，你們接觸的少了，我接觸的多了，惡業造重的人，他的相貌你一見他，使你生起恐怖感，那是他所作的業。人見著你生歡喜心，平平淡淡的，也沒有歡喜心，也沒有不高興的樣子，這是平常的意思。

罪，就是惡業，是你妄心所起的，妄心所造的，現在你止妄，把造罪惡的妄想心停止下來了，相貌立刻就轉變。但是，第一個自己得有觀察力，習慣成自然。一位道友你接近他，他是不是內部有功行？這是不爲人所知的功行。他不說，你見著他感覺到，有一種氣息給你。作惡的心，或者到這兒來問你，來求佛法，還是一個虛妄心，一個罪惡心，你馬上會感覺得到的。相由心生，心生則種種法生，心滅則種種法滅，這個道理很簡單，但是你得要用心。這絕不是算命批八字，不是五種活命。那種術也非常的靈，那是根據術理，但不是佛法。所謂嚴飾者，是以莊嚴嚴飾轉變你的因果，轉變你的業感。見到有珠寶嚴飾的人，想到用佛法來莊嚴自己。勸一切衆生，用佛法來莊嚴，不要用世間相來莊嚴，世間相莊嚴是莊嚴不到的。莊嚴的人，有珠寶玉器，你念這個偈子，見嚴飾人就當願衆生，三十二相以爲嚴好。現在這種嚴飾人很少，除了少數民族。不論多富有的，他不是沒有錢莊嚴，而是不敢莊嚴，爲什麼？怕人家搶，怕人家綁票，時代不同了。

見無嚴飾　當願衆生　捨諸飾好　具頭陀行

行頭陀行，「頭陀」的翻譯是「抖擻」，抖擻精神去行道。行頭陀行是不睡覺的，日中一食，夜不倒單，不能住在宅院，不能住到房舍，經常住在山林裡，行苦行。行苦行的，什麼飾好都沒有，心裡只想著無常、苦，那叫行苦行的人。我們現行所作的，就是讀誦大乘，禮拜、拜懺，這個不是行苦行。住山裡修道的，一般人所能享受的，他都不享受。例如我們在家裡念念佛、拜拜懺不是很好嗎？爲什麼要去朝山？朝山，一步一個頭，那就叫行苦行。有大米白麵不吃，要吃雜糧，專門撿苦的吃，這也叫行苦行。應當得到的享受，把他放棄了，這也叫行苦行。

不要一切飾好，我們諸位師父，特別是比丘尼師父，妳現在到這兒來是不是行苦行？所有世間相，有的人說莊嚴很多的，大多數是指女性說，男性戴個戒指就了不得了，戴珠寶的，男性的很少，這是指印度說。世間法上，你遇著什麼境界相，就發什麼願！看那很莊嚴的，有嚴飾的跟沒嚴飾的，有嚴飾的，願他以佛的三十二相來莊嚴爲嚴好，世間相是無常的。沒有莊嚴相，行頭陀行，行苦行，是消掉過去的業，爲什麼要這樣做？爲了消過去的業。無嚴飾，沒福報；有嚴飾，有福報！不可以享受太過份，享受過份了，福報盡了。我們說人的一生，三窮三富過到老，太陽不是總照到你家！有福不可以過份享受，沒福你可以培福，培福的最好方法是依著佛的教導。佛教導我們別造業，多行布施，隨喜人家的功德，你沒福，看到有福的人供養，我隨喜他，隨喜一份。這是人間的。還有天上的，諸大菩薩行菩薩道的福德，你要隨喜功德，隨喜了，你就能得到隨喜功德那一份。

見樂著人　當願眾生　以法自娛　歡愛不捨

見無樂著　當願眾生　有為事中　心無所樂
見歡樂人　當願眾生　常得安樂　樂供養佛
見苦惱人　當願眾生　獲根本智　滅除眾苦

或者是過往觀聽、戲院，一切處所，你到那個地方，要放下執著，要看破。喜歡執著的人，見什麼執著什麼，特別是對於法的執著！例如，佛說無常，他就執著無常，這是法執。無常，認得無常不爲他所轉，但是可不爲他執著。一切都無常，什麼都不想幹，那麻煩了。在有爲法當中，心裡沒有什麼可歡樂的。但是沒有證得的時候，這個法，你還不能捨棄。現在人我執沒去掉，我見沒去掉，法我必須得有。無常就是無常，苦就是苦，說不執著了，不執著了你能放得下嗎？當你病的時候，痛苦的時候，四大不調的時候，你說我不執著，沒有苦，做得到不？做得到，當然很好。

說到持戒，大家學戒，什麼都不執著，對於戒律一切不遵守戒！遵守戒叫執著，不遵守戒叫不執著，能這樣解釋嗎？執著與不執著，是讓你轉境。對於樂的境界不著，對於苦的境界也不著。怎麼樣才能不執著呢？你必須得有修爲。有些人非常執著，是執著的人我見？還是執著的法？人我見就是我認爲對的，一定是對的。誰建議也不聽，佛所說的教法也不信，你認爲那是迷信。這種執著要不得的，這種執著叫人我執，這是苦。

如果是有根機的人，過去有修爲，對佛法有信仰、有修行的人對任何法，都看破、放下，才能得到自在，但是這是一步一步來的。也不是讓你過份的執著，什麼事過份，都叫執著。現在人世間認爲這個法，大家都通行的，比如說國家定個法，你不執著、不行是不行的，你違法了，道也修不成。國家規定的法律不讓你做的事，絕對不能做。佛所制的戒讓你不作的事，你一定得執著守。佛所說的無常，這個份你得執著，就是無常。你拿不出來一件事實來證明法是常的，你證明不了。

「樂著」，有些人喜歡執著，有人專門喜歡擡槓，你說東，他一定說西，這叫執著。意思是讓你的心轉境，不要被境界執著住。執著有兩種，一個我執，一個法執。斷法執，必須得入聖人的境界，入到法性的理體，心能轉變境界。坐禪的時候，得到輕安了，千萬不要被輕安執著住，執著禪味，那叫禪味。像吃飲食有種味道，坐禪有種味道，如果每天坐上一個小時、兩個小時，坐久了，一坐下什麼都不想了，再不想動了，很快樂的，這叫輕安樂。一切得放下！

還有讀大乘經典，不曉得大家有沒有這種境界，你讀大乘經典，心裡生歡樂，生法喜，念了還想念，就想不下座！你讀上三個鐘頭、四個鐘頭，就好像一刻鐘，這也叫法喜。但你還是得放下，不要執著，執著就容易入一種邪境，魔就趁你的執著而入。爲什麼講五十種陰魔呢？我們一說魔難就以爲是外頭來的鬼神，不是的！

是自己心裡演變的，這叫執著。像證得我空理，「我」沒有了，佛所說一切法還是眞實的，這叫法執。佛所說的一切教法是眞實的。大乘根機，他不同的，沒有法也沒有我，法是對境說的，因爲衆生有這個執著，佛才說這些法，如果沒有執著，佛一切法都不成立。但是一切有爲的法，凡是有相的、有作的，你若貪戀不捨，這就叫染著。你的心被境界所轉，苦就在這轉裡頭。這個裡頭，包括世間、出世間。

爲什麼阿羅漢還放不下？他放不下的是法，不是人我知見。他斷了見思煩惱，但是他不能斷見思煩惱的法，叫法執。我是無的，法是有的。若見著這種，你的知見、看問題的看法，不要執著，不要隨相上轉。說一個人，自從媽媽生我們之後，從小孩子變大了，大的變成十幾歲，二十幾歲，完了三十幾歲，乃至到四五十歲，人生很短暫的，前二十年，一至二十歲都在學習、生活，學習怎麼樣做人，怎麼樣做事，你得有本事，自己混飯吃，一至二十歲，這二十年不算。如果死了，那就沒辦法，短命的。二十歲以後，最多是到五十歲，這三十年不害病的話，你有好多快樂的時間？三十年光陰很短暫。何況遇著苦難，後面這個就不同了，人生是不能比的，各個不同。

就拿正常的，中間有好多快樂？每位道友可以這樣想，沒有可執著的，沒有可快樂的，這樣你就放下了。等你一死又輪廻，又回到原地，這叫輪廻，回到原地！並不一定做人，六道輪廻，輪廻過去，又轉回來，轉回來又過去，就這麼來回輾轉！

如果惡事作多了，總在惡道來回循環，惡果成熟。善事作多總在善業當中轉，那他樂多苦少。若在三惡道，苦多，樂沒有！除非脫離三惡道，到了人道、天道，才有快樂。一切因果都如是的。這事你知道多了，沒有什麼可貪戀的！當最快樂的時候，知道這是無常的。最痛苦的時候，你也觀想，也是無常的。受完了就完了，過去就完了。在痛苦的時候，能夠放得下，能夠磨練的過得去，能夠支持你以佛的教導，在快樂的時候不把他享受完了，留有餘地，也不去貪戀。

有時候畜生的生活比人好，有的人還不如畜生。六道也是不同的，現在中國開始養寵物，愛狗、愛貓，各人養的不同。我看見人家養的，那個愛狗的，或者愛那小貓的，他把注意力都到貓上，愛狗的也如是，這是養寵物。馬，我們看見馬都是服務的。我在西藏看見兩種馬，一種馬，一天都在支差，那馬瘦的不得了。怎麼叫支差呢？在西藏沒有交通，當然沒有車子，也沒有代步的公務車，帶的東西怎麼辦呢？這站跟那站，老百姓要支差，政府是專制的。輪流著派，你走這個路線沒有人家的。當差的都從一百來里，兩百來里，到他當差的日子，他就在這兒等著，每天要給來往過路的，但是必須得官家、辦公事的，有政府官去的，就支差！西藏叫烏拉，我看那匹馬是最苦的。另一種馬，像達賴有幾匹馬，一天當中有馬夫給牠洗澡。吃的料都是精選的，人都沒有吃到那樣子！藏人把青稞磨成糌粑，那馬吃青稞還得選，不能有稗子在裡頭，這匹馬前生修福不修慧，墮到畜生道。

你可以在世間看，有為的事情、有相的事情，沒有一點快樂的，不要貪戀，不要執著。你怎麼樣能放得下呢？多觀察，多比較，之後用佛所教導的來體會認識。一切的六道輪迴是循迴轉的，有些畜生給人服務，人還給畜生服務，都如是。我們給大家服務，大家也給我們服務。我們要是發菩薩心、行菩薩道，破戒了，我們懺悔！要是知見的見破了，怎麼懺悔？那得自己改造。你看什麼問題，要發什麼願，這是文殊師利菩薩告訴我們，見著什麼境界相就發什麼願。發願的目的是轉變，看到苦衆生，我們發願讓他轉苦為樂，不要再受苦難。看到執著的衆生，我們就發願，願一切衆生不要執著。這兩個願就如是，乃至有裝飾跟沒裝飾，都要發願。

現在好多人為了賺錢，開設獸醫醫院。人生病都住不起醫院，有錢人家養的寵物狗，住醫院一天就花幾百元。在美國進到獸醫醫院，一天最少一百五十塊錢美金，這只是一天。那狗的福報，比很多人的福報大，這也是牠前輩子修來的。狗跟狗不一樣，人跟人也是不一樣，六道輪迴雖然是六道，六道各個不同，千差萬別。現在有的弟子認為，當老法師多好，大家都恭敬他！你知道老法師怎麼來的嗎？每個人不要羨慕別人。現在到了冬季，這個打電話，「師父，我給您寄件毛衣！」我穿得完嗎？人家給我的，我馬上就又給別人，我穿不了的。

我住監獄的時候，一毛三分錢，買一斤豆瓣，我沒有錢買，只能看見別人吃！住在監獄裡頭，你若有錢買點小口味，他可以給你買，但是你得有錢，錢哪來？因爲家人跟你斷絕關係，所有關係都斷了。福報失掉的時候什麼都沒有，不是人爲的，是你自己的業！人的一生，像你們沒有經過大波大浪，在普壽寺住的時候，或者回小廟住的時候，回想自己看著是很平淡，其實你很多的煩惱。住著不如意，離開又捨不得，有時候心裡頭矛盾，哎！在這裡住感覺太不舒服，規矩太多，離開吧！捨不得。離開了再回來恐怕又不行。

這叫見，見就是看問題的看法。你這個福報不能再享受，這個環境待不了。之後再想回來，辦不到。你看人家可以走、可以回來，有些執事，我看他們可以隨便就走了，你就辦不到。你走了可以，回却回不來了。不是說平等？是平等，在你的福報因緣上，不平等，這是眼前的事！爲什麼說這間廟好，那間廟不好，你不能把你住的那間廟改變一下？比他還好？我們求生極樂世界，爲什麼不發願造一個極樂世界？拿人現成的，念念人家的名號，你就去了，你也發願，阿彌陀佛是四十八願修的。這就靠衆生的見，看問題的見。還有一種，緣，我們把他變成法緣、殊勝緣，性起的因緣。不要隨俗緣，把這個緣變一下，變成很好的緣，但是你必須證得空性。

這一切都是見的問題！見受快樂的人，願一切衆生常得安樂，他怎麼得的安樂？這是過去修福修來的，你羨慕沒得用！人的一生，苦樂是參半的，參半就不錯了。我對自己的觀念，是苦多樂少。人家供養你，現在給你吃的，你吃不下去，等你吃得下去的時候沒有，你說怪不怪！能吃的時候沒有，不吃的時候，他要給你。這叫福。你那個福有了，什麼都有了，大千世界都是你的，成了佛。他完全不需要了，衆生是需要福，有福就有報，報感來就是快樂，沒有苦就是沒有福報，就是受苦。多幸福的人，多有錢的人，冬天冷就是冷，他不能把冬天變成熱（「樂」），變成很溫暖的，這是辦不到。儘管他是保溫設備，我們是燒暖氣，那個暖氣不大舒服，若是自然的就感覺很舒服。一切都如是，你見了歡樂的人，發願願一切衆生常時安樂，安樂怎麼來的嗎？供養佛，怎麼樣才能得到安樂？供養三寶。這個安樂非常可靠，信不信也如是。你到道場來念佛、念法、念僧，這個福報，再加上發願生極樂世界，那個福報是大的。

那地方沒有三惡業！你想造三惡業，沒有，你也不會想。但是怎麼能生得去呢？有三惡業，你生不去！那地方人最歡樂了，他也沒有個樂。大家回想一下，苦和樂，如果在苦中沒苦了，這就是樂。經常在樂中，他從來沒有苦，不知道什麼叫苦。過去有一位皇帝出了這麼笑話，大臣給他上奏，說老百姓遭災害了，沒有糧食吃。他說沒糧食吃有什麼關係，那就吃肉。糧食都沒得吃，還有肉吃嗎？那肉怎麼出來的？也得吃糧食。

所以歡樂也好，悲哀也好，文殊菩薩叫我們發願，發願作什麼？度衆生。看衆生歡樂的時候，衆生並不認得，把歡樂再積累，再轉成福報來供養佛法僧三寶，或者照顧別人，供養別人，那福報就轉大了。如果把福報享受完了，受苦了。爲什麼我們有些道友們怕生天，生天一享樂，就樂迷了，樂了迷糊了，他沒法修福，天人不會修福，盡是享樂。樂享完了，那苦報又來了，再墮三塗。所以叫輪轉。

最好的修道是什麼呢？苦樂參半，一半是苦一半是樂，有苦有樂，他能發生覺悟。現在諸位道友在人間，心裡想修道，知道人間是苦。任何哪一位，說你如意不如意？吉祥如意，那是妙吉祥，他是永遠如意的。因爲你不吉祥，如意不了。我們認爲過去哪些大德法師，或者參禪的哪一位禪師，或者淨土宗修成的大德，來去自由，你問他快樂不快樂？如果有大悲心的，有慈悲喜捨的，爲什麼《法華經》的常啼菩薩常哭？地藏菩薩快樂不快樂？他看見衆生這麼苦，大菩薩沒有煩惱了。爲什麼？是哭他自己嗎？不是的，哭衆生。他知道衆生是空的嗎？是沒有的嗎？他哭是哭衆生不悟，他知道是空的，衆生空不了，衆生的苦，眞是苦。

每位道友，如果害病發高燒，燒得糊裡糊塗，你認爲是苦不是苦？這是假的，你假得了嗎？功夫沒到的時候，假不了的，這叫「苦惱人」。爲什麼？沒有智慧。見到苦惱人，願一切衆生得到根本的智慧，根本智慧就是證得空理的時候。就這一念之間，一個悟，一個迷。就像有一副對說，「夢裡明明有六趣，覺後空空無大千。」在夢裡是六趣循環，經常苦樂。有時候想通，想不通，怎麼樣是有智慧、能滅諸苦？怎麼樣是沒智慧？現在我們學的是智慧，不要爲世間相所轉。怎麼叫想通？想不通？怎麼叫看破放下，放不下？要靠自己，自己常時觀照。

什麼人是幸福的？什麼都不執著，什麼苦惱都沒有，還不說眞正放得下。人苦惱嗎？一般說是沒有的苦惱。有的人，他當然歡樂了，事實也不盡然，也不是都是這樣的。

我們東北有位老財主，家大業大，土地很多。他的老夫人跟他說：「你家大業大，一天愁眉苦臉的做什麼？歡樂一點，田園這麼多，還不如一個放牛的小孩子。」童工，在東北叫半拉子，半拉子就是半個工。他一天都在笑，唱歌，歡歡樂樂的。他說：「這個問題很簡單，這個小孩子，我可以馬上讓他不唱了，你信不信？」他的老夫人當然不信，哪有這個事？晚上他就到小孩子餵草的地方，丟個元寶，元寶是五十兩一錠銀子。元寶丟那兒了，小孩子餵草的時候，一看，哎呀！元寶。高興得不得了，他沒想到怎麼來的，沒有智慧，小童子，他很快樂。但這一錠元寶就把他害了，爲什麼？拿元寶幹什麼呢？現在冬天了，要做件棉衣，想得就多了。又想，不在這兒做了，回家去，自己買頭牛，放自己的牛。就這一錠元寶，他早晨出去也不唱，回來也不唱。

這個老夫人一看，可能給他什麼藥吃了？就問老財主說：「你是怎麼讓他不笑，眞的不笑也不唱。你是不是把他害了？」「沒有，這很簡單，你再等兩天。」又等兩天，他晚上到小童子放牛的地方，說那天我掉個元寶，你看到了沒有？小童子就傻了眼，不說是不行的，就說我看見了。他說：「給我。」小童子沒辦法，就把元寶交給老東家。第二天他什麼都不想，又唱起來了。大家從這個故事想，是有好？還是沒有好？

過去有個故事，有一個人撿了顆雞蛋，那主意就打得多了，怎麼樣抱小雞，想得可多了，一高興，忘其所以，把雞蛋給打了，什麼都破滅，什麼都沒有。這些聽來好像是笑話，實際上我們學道的人，苦惱是怎麼產生的？是有好？是沒有好？有的時候，看破了，心不貪戀，意不顛倒。怎麼修行方法呢？那就靠自己，看你怎麼鍛煉。所以要看破點，怎麼叫看破呢？這些東西不是我的，連我的肉體也不是我的。一回，是辦不到，兩回，是辦不到，你要觀想一千遍、一萬遍，天天這樣想，這叫思惟修，他就辦到了，知道他是假的。

修道的時候，難就難在一個認識上。我跟大家講過，有一位老修行住山裡修道，他的護法弟子供養他，他在山裡頭受人家供養十多年，感覺自己道業沒有成就，就跟老護法告假，下山去參學參學。那護法是母女，就連夜給師父做件棉襖，冬天冷了，做件棉袍。完了師父要走路、要參學，需要錢，就給了四個小元寶。白天供養他之後，晚上那居士家裡的馬生了個小馬駒，生下來就死了。死的時候，肚皮有老和尚的引磬，引磬的把露到馬肚皮外頭。老居士的女兒就跟她媽媽說：「媽媽，你看那馬肚皮怎麼有個東西？」老居士把肚皮劃開，一看，是師父的引磬。她很奇怪，師父的引磬怎麼跑到馬肚皮裡？

第二天就去問師父。這位師父在修行的時候，他的座前突然現朵大蓮花，接他來了。他想：「我從來沒念佛，沒求往生，也不想生極樂世界，怎麼會現蓮花？」他拿起引磬來就丟到那裡，那蓮花就合了，就到馬肚皮上。等到居士來問他的時候，老和尚說首偈子：「一領棉襖一張皮，四個元寶四個蹄」，棉袍就是馬的皮，四個元寶就是馬的四個蹄子。「若非老僧定力好」，如果不是我的定力好，「險些變了汝坐騎」，就變了馬。這說明他有定力，有智慧。若是看見蓮花，很喜歡就跳上去了，就麻煩了。

在我們臨命終的時候，或者在病重的時候，往往有些境界相，這就叫境界相。你有沒有智慧判斷？判斷錯誤，墮落了。有智慧，判斷得正確，得解脫。這僅是一個考驗，並不是他成道了。講這個故事，是他的定力還好，自己能認識自己。我們之所以修行，就是要認識自己。

我們現在念〈淨行品〉，〈淨行品〉不是說這些事我們能作得到！面對這些境界，文殊菩薩只叫我們發願。任何事物，別忘了發願，利益眾生。你不是想成佛嗎？想成佛先度眾生，不度眾生成不了佛，度眾生先得發願。大家看一百四十一願，第一句是遇到什麼事、什麼境，第二句一定是當願眾生，主要重點就是當願眾生，一百四十一個當願眾生。最後一句，一定是成佛，願一切眾生成佛。第一句是境，第二句是發願，第三句是轉化，把現實境界轉化成聖境，第四句是絕對達到究竟。

每一個偈子都是這樣，就是看你歷境，經歷什麼境。第一種是培福，我們沒有福，成佛要福德智慧都具足。

我們現在是命薄福淺，福很淺，命很薄。肉體根本不是自己的，經常作這樣觀想，使你的心裡清淨。心裡清淨，出世的因果，一個度衆生，一個成佛。天天這樣想是因，將來一定能成就這個果。一百四十一願，一個度衆生，一個成佛，發願就是度衆生。遇到什麼境界相，就發什麼願，使你斷煩惱，證菩提。要經常如是想！因爲你所遇到的事，每天遇到的事，這一百四十一願大概也差不多包括了，但我們所作的不同，歸納一下，你的一舉一動，離不開你的心念。心念就念文殊菩薩的淨行，這叫清淨行，你的所作所爲，都在清淨中。在清淨中就把過去的污染都洗刷乾淨了。

〈淨行品〉，大家天天念。你們的善根可能比我大一點，我念了二十多年〈淨行品〉，以前念的不算，中間斷了。是不是都照這樣做？辦不到。爲什麼辦不到？一個是自己的業。一歷境的時候，高興得忘了，不高興的煩惱了，煩惱念什麼也沒有用，反正解脫不了。一個是煩惱，智慧就照不到了。還有什麼毛病呢？念久了，念久生煩，什麼也得不到，總想得到什麼，這是衆生的心，我們現在出家是爲了得道。今年跟去年差不多，我們好多道友有住八年，有住六年，還有住十幾年的，好像跟以前差不多。這是你的觀念，實際上已經變了，自己不認識自己。最難的就是自己不認識自己，你念大乘經也好，一天修道也好，好像平平常常的，一天都如是，也沒什麼突出的。開悟也沒有開悟。至於造罪，你在這裡造不了什麼罪，只是思想在想，行爲是絕對沒有的。

就在平淡當中，你的業障不發現，就是勝利了，你要懂得。業障沒有找到你，找到你，業障發現了，你就不舒服。很多人因病離開普壽寺，那叫什麼魔呢？病魔。病的魔把你磨的不能在這裡住，這也是障道因緣。還有其他的魔障，但是你要認識它。剛才跟大家講見，看問題的看法。遇見一些事，怎麼體會？怎麼認識？最後怎麼處理？最難的是處理，你處理什麼事都有個方法，有智慧的處理方法，跟沒智慧的處理方法，絕對不一樣。在逆境還容易，在佛教叫當頭棒。逆境來了，當頭棒你能夠認識它，不被它所轉。但是順境來了，那叫腦後針，人家在你腦後扎你一針，你看不見，防不勝防，這個很困難的。

見無病人　當願眾生　入真實慧　永無病惱
見疾病人　當願眾生　知身空寂　離乖諍法

文殊菩薩教我們，見到有病跟沒病的人，你怎麼樣對待？這個病是指知見的病，也就是看問題的看法。

病是四大不調，四大不調就乖諍，乖是乖違。火大了，這兒長瘡，那兒長癤子。

水大了，排泄，泄肚子。還有其他的感染雜病，你可以觀察吧！苦惱的境界很多，病的苦惱，對健康人來說，那是很苦的，沒有病的人沒有！不過是嚴重不嚴重，痛苦不痛苦。有些慢性的病並不痛苦，痛苦是急性的病。有病的時候，你可以觀察性空。這不是你有病現在觀，就能得到的！這是你平常修，病苦來了，性空觀，觀成功了，解脫了。

還有當下頓悟的。大家都知道二祖立雪斷臂，冬天站在雪地跟達摩祖師求法，達摩祖師說他輕心慢心，二祖就把膀子割下一隻來，剁一隻膀子那痛得不得了，他就求達摩祖師給他安心。達摩祖師跟他說：「把心找來，我給你安。」就這麼一句話，二祖神光馬上開悟了，開悟就不痛了，血也不流了。悟得跟沒悟得，迷跟悟兩者絕對不同。有疾病不能知道身空寂，二祖立雪斷臂他能知道身空寂，悟得身空寂，認得乖諍法，諍法就不乖諍了，就如如了，如如就沒有痛苦。有病的人就乖諍，大家用智慧觀察，四大本空！四大本來沒有實體的，肉體是假的，身體是虛妄的。

我們天天拜懺，觀空的！有疾病的時候，「知身空寂」，很難哪！過去我的老法師的老法師，是中興四教的諦閑老法師，在寧波觀宗寺佛學院講四教。他病重的時候很痛苦，他的侍者說：「老法師，您平常不是講假觀，修修假觀吧！不就不苦了嗎？不就不難過了嗎？」諦老法師跟他說：「觀是假的，痛還是眞的。」他本身的功力不消說了。但是我們每位道友沒病的時候，觀這四大假合，不是有病、痛苦的時候，再去觀！而是你平常修的時候，基礎打下了，到時候拿來就用，明白嗎？我們平常念經、修行、打坐，爲什麼？病苦來了，能知道它是假的，天天想它是假的，小痛小災，你能夠忍受。不到身上你不知道的，到身上你就知道了。

你經常受苦的鍛煉，苦是逼迫性，什麼苦的鍛煉呢？現在大家在普壽寺，沒有什麼苦境，沒有什麼鍛煉。這不是什麼很了不得的，經常在苦上鍛煉，不認爲是苦。我有個鍛煉的機會，三十三年，那苦受了很多！等到我開刀的時候，打麻針。有人說，開刀大手術，麻藥過去一定叫喚。我的弟子有兩派，他們打賭，有一派說，我開完刀一定叫！有位弟子說：「師父還會叫？修行這麼多年，修行什麼？」有一派就不信，說：「師父絕對不會叫。」特別是跟我打麻藥針的醫師，他皈依我，是美國專家，打麻藥針的技術，非常的難，得看開刀的時間，麻藥的分量。多了，就把腦子麻醉壞了。少了，痛得人是沒法承擔。我因爲受過苦的鍛煉，開過刀之後的苦，痛不痛？痛是痛，但能忍受。有些人，苦的時候鍛煉能忍受，像你割個口子，小孩子是受不了的，他就叫喚。大人不好意思哭。

到病重的時候，誰也作不了主，哭喊叫喚，什麼境界都現前。若見著病苦的人，或者見到沒病苦的人，文殊菩薩叫我們發願。見到沒病苦的時候，要想到痛苦的時候，要修眞實慧。眞實慧，斷了煩惱，就沒有病惱，生老病死苦，這是苦難，你平常就要鍛煉。大家恐怕沒有這個鍛煉，沒病找罪受，鍛煉那個幹什麼？預防有病的時候。地水火風，四百四病，每一部分有一百一病。平常就鍛煉了，他來了就不怕，你早準備好了，知道你要來。平常就把病準備好，你要來了，我不怕你，我準備好了，鍛煉過。我最近就感覺腿抽筋，坐坐就往一塊抽，難受得很。念經的時候念得聲音大一點，痛苦就減輕一點，這是減輕痛苦的辦法。心裡別幫它的忙，腿抽筋，你想跑步，它就減輕一點，這是對治它的，這是眞實慧。平常沒病的時候，用智慧照了，否則生病、痛苦的時候，你怎麼對治它！有些同學一痛苦的時候，「阿彌陀佛！阿彌陀佛！阿彌陀佛！」那就是對治的方法。心裡轉移，把重點寄託到阿彌陀佛身上，痛苦就減輕了，這也是好處。或者念觀世音菩薩，或者念地藏菩薩，痛苦時，你去喊，不如喊佛菩薩名號，還能得到加持，這得有智慧的。沒智慧的忘了，光想痛苦。

見有病的人發願，願一切眾生知道這個身是空的，是寂靜的，是空寂的。身體一病，就乖違了，不正常了。病苦還正常嗎？不正常了。在地水火風四大乖離的時候，每一大偏重，我們就產生病苦。病苦是沒有實體的，是根據你肉體的實體，它不調和了，或者水大偏多，就腹瀉、出虛汗。火大偏多了，發高燒了。風大偏多了，就風濕。地水火風四大，都有偏多的時候。地大還有偏多嗎？有，骨質增生，這兒長個包，那兒長個瘡，這都是地大偏多。這都是假的，空的，最後歸於無有。你說人，就算不火葬，自己擱那兒擺著，他會爛得什麼都沒有了。燒吧！快一點，乾淨一點，是這樣的意思。反正肉體是空寂的，是乖諍的，一乖諍就叫病。

懂得這個道理，平常就認識清楚，平常就修病苦觀。觀無常就是這樣修，到它來的時候，你說：「我早就想到你要來，來就來吧。」雖然也痛苦，比平常不觀的人減輕得多，能放得下。這兩種是讓我們修觀！這個時候，文殊菩薩教我們，一定想到眾生，無病的時候想到眾生，有病的時候也想到眾生。我們一天看到的是沒病的人，就念這個偈子，「見無病人，當願眾生，永無病惱」。一天你見一個人想到，「見無病人，當願眾生」，一切都沒病惱。你一天多念幾遍，將來自己也沒有病惱。

讀〈淨行品〉就是修行，再用心去想就是觀。觀長了，就叫定，什麼事情做得自然了，就叫定。

我是遇什麼事都往我們修道上想！什麼事想長了，也是自然了！一動念就「當願眾生」，一動念就「成佛」，除了這兩個念頭，別的沒有。害病的時候，當願眾生成佛！當願眾生成佛！把病苦就忘了，這不是笑話。一天當中，你當願眾生成佛，舉心動念、舉足下足，都是當願眾生成佛。你有病的時候想病，沒病的想沒病，這叫修行。想找什麼法門？這就是絕好的法門。文殊菩薩告訴我們的練心之法。淨行！心裡的一舉一動，身體的一舉一動，只要起心動念，就是要眾生成佛，別的什麼都沒有。念念如是，什麼都忘了，這叫專注一境，即同如來。專注一境上頭，當願眾生成佛，願一切眾生成佛，遇到什麼境界，都成佛。

修行，沒有其他的，沒有什麼奇特的，這個絕對不會著魔。當願眾生成佛，有什麼魔難來，什麼魔都不會著。這一百四十一願，還沒有說你去做，而是讓你信得及，絕對如是信，成就信了。等你入了住位，菩提心不退，當願衆生成佛，這就是菩提心。當願衆生，遇到任何事當願衆生，沒忘了衆生，願衆生幹什麼呢？成佛。

「見無病人」、「見疾病人」，這兩個偈頌，一個是健康，一個是生病。前面講的是苦惱的人，現在是講不苦惱的人，這是以病苦來說的。苦惱的情況很多，但是有病的病苦，那是很特別的一類。現在大家都是健康人，假使你進醫院讓醫生檢查一下，起碼有半數不健康了。爲什麼這樣說？我們人身上，有的那個病發作了你才感覺得到，有的沒發作，還沒感覺得到。特別是癌症，等一發作，痛苦的要死，苦的很厲害，再治療就晚了，癌細胞擴散了。沒病誰肯去檢查？因爲有這種病，完了檢查出來，就檢查出那種病。現在我們一般的是健康人，健康人就見到沒有病的人，就應願衆生，怎麼樣才能沒得病？「入眞實慧」，就沒病了。沒有得到眞實的智慧之前都有病，發願希望沒病的人別害病。這個是你遇見哪個人，是你看見的，不是醫院的，在外頭走在路上的你可以發願，有不明顯的病、有明顯的病。這是說八苦之中的病苦，生老病死只是一種，苦難還多。當你的苦難沒有發作，每個人經常觀想性空。能觀想達到了，證實了，就永遠沒病。

我們要發願沒有病，你有這個肉體，必然有病。或者，這個飲食不好，或者到絕糧的地方，有餓病，想喝水沒水了，有渴病，那也叫害病。或者走路走的過份疲勞，也就病了，因爲肉體是物質的，有形有相的。生下來有肉體，必定要有病，共有四百四病。每一個有主要的病，還有附屬的病。本來沒有病，他煩惱病了，煩惱本身就是病。本來很健康，今天一個什麼事，或者家裡來封信，或者哪個朋友打個電話，引起你的煩惱事，黑夜睡眠不好，翻天覆去想這個事，這一想影響睡眠，睡眠一不好就影響到身體的健康。

現在我們在五臺山，早晨是二、三度，或者到四度，中午十六、七度，一相差就差十七、八度。如果身體穿的衣服稍不注意，或者在外面工作、勞動，或者到外面辦事，中午很熱，一會氣候變化了，不適應了！吃素又過午不食的人，抵抗力差，一遇到寒一點也受不了，八寒八熱就引起病。病了又沒有克服病的力量，隨病轉，本來不該死的，壽命還沒到，因爲治療不當，沒有醫藥就死了，這是現實的情況。

怎麼對待這個病？文殊師利菩薩告訴我們，當你感覺很健康的時候，就發願願一切衆生都能入眞實慧。這個眞實慧是講性空道理，能見到性空，病惱就沒有了。物質是不存在的，是假的，知道性空，達到性空的人，那就「善用其心」。文殊菩薩告訴我們就是「善用其心」，分別對待呢？就觀自己這個實體，地水火風成就現在這個實體，這個實體永遠沒有病苦。平常的時候，經常修觀，觀眞實慧，等觀力成就、證得、入道了，病苦就沒有了。這句話文殊師利菩薩告訴我們，見無病的人，他現在是沒病，沒有入眞實慧會害病的，隨時都可以害病，入了眞實慧，就永遠沒有病惱。

翻過來說，見著有病的人，說這個身體是假的，是空的，是寂靜不動的。但是這些乖諍，四大不調，不調就乖違，違背就諍。火大了，火要增勝，地水火風四大總是要增勝的！但是你要修觀，觀空寂、觀眞實慧，這兩種就是「善用其心」的觀點。你這個實體，你認識它，能夠有慧。有了空慧，看一切法，能夠了解一切法的眞實性。

一切法的眞實性是空寂的，幻化不實的。有病這樣對待，沒病也準備這樣對待，就是轉你的境界，變成你的智慧，有了智慧的觀照，你對這個身體不要執著，不要隨它所轉，這是我們當前的大病。哪一個人如果沒有證到我空、沒證到人空的時候，沒病的時候，沒有，沒苦惱的時候也沒有。你有執著，就有了病。確實生了病，八苦之中生老病死的病苦，你感覺到苦，苦是一種什麼性呢？是逼迫性，身心不安。你再想自由的活動，辦不到了。

病苦有種壓力，有種逼迫性，主要是讓我們修觀。文殊菩薩教授我們，當你健康的時候，要想到病苦的時候。健康的時候要修行，要好好修觀，到病苦的時候你才用得上。修道的時候，在生死、在現實的身體上，能夠這樣理解了，你的貪愛心漸漸就消失，這是修道的前方便。有病還能修道嗎？病苦壓迫你，苦是一種逼迫性。

兩者都願衆生，一個願衆生入眞實慧，一個願衆生得空寂，沒病的時候修道入眞實慧，有病的時候知道身體是空寂。能入空寂就能入定，定就克服了。過去大德我沒見到，我見到的是虛雲老和尙，鼓山在修圍牆的時候，他去看。牆倒了把他壓到裡頭，那盡是大石頭，人家把他擡出來的時候，身上都是傷。他就用空寂功夫，怎麼用空寂的功夫呢？扶他回寮房，他在裡面把門鎖上，誰也不讓看。到了七天，他把門打開，出來了，什麼病都沒有，這是他空寂的功夫成就了。當你病苦的時候，放得下，看得破，靜坐能夠入空寂，入定讓他自己調合。平常沒有修，沒有這種功力，辦不到的。

虛雲老和尙過長江，沒錢過擺渡，他自己游過去，讓水把他泡了，就沖走了。沖到好幾百里，沖到安徽馬鞍的采石磯，打魚的，以爲打了條大魚，把他撈上來，是位和尙！就把他送到廟裡，幫他溫暖溫暖，他就打坐，打坐又恢復了。

我知道他有幾件事，在終南山住茅篷，山上大雪天，看不著哪個是窪窪，哪個是坑，雪都平了。正是大家過年的時候，虛雲老和尙個子很大，身體很健壯，大家就找個代表下山去買點過年的東西，香蠟供佛，背上來，讓那雪一滑，掉到山洞裡去了。大家找他，該回來了，東找西找的，在雪窟窿裡，把他找到了。和尙跟和尙沒得感情，不是人家爲我下山去山下，安慰安慰他，都是責備，辦這麼點事都辦不成，把過年的香蠟都打濕了。這個責備幾句，那個責備幾句，責備完就走了。

他肚子也餓了，自己想做點粥，點著了就打坐，打坐就入定了。等到年過完了，大家說，回來看看他，「德清！」（那時叫「德清」，不叫「虛雲」）看看德清，該不生氣了，這年都過完也沒見到他，大家就去看他。看見他在那坐著，大家知道他入定了，拿引磬出定。問他：「你坐了好久？」「哎！你們不是剛走嗎？怎麼又都回來了？我熬著一鍋稀飯，還沒喝呢！」一把鍋蓋揭開，早都凍的冰冰，哪有稀飯，才知道入定了。有這個功力，什麼病能克服，所以他活了一百二十歲。

有這樣功力，不論有病、沒病都可以，做得到嗎？這就告訴我們應當要修。修道者能降伏病魔，人都一樣的，誰不害病？都害病。但是你怎麼對待病？沒病的時候怎麼作？有病的時候怎麼作？「善用其心」。沒病的時候就想到有病的，人沒病，給病的時候作準備。有病的時候要克服，會好的。但是要修觀，觀什麼呢？觀智慧，觀空寂，眞實慧就是空寂，空寂也就是眞實慧。怎麼能達到空寂？得有智慧，有了智慧就是空寂，空寂能生定，生定能生慧。那是修行的另一個法門，我們這裡只說發願，有病的時候發願，沒病的時候也要發願！看見病人要發願，看見沒病人也要發願，一個人永遠沒有病惱的痛苦，一個永遠是不乖諍，空寂了還諍什麼？沒有可諍的。降伏這兩種。

人除了病苦之外，還要想，當健康的時候想到不健康的時候，當生活優渥的時候，想到沒有的時候，這是修觀想的方法。有病的時候想到自己沒病時幹什麼去了，怎麼不好好修行來對治病苦！等到身體違合了，四大不調，有了乖諍，就是不調合。健康的時候想到不健康的時候，不健康的時候千萬莫想到健康的時候，越想到健康的時候，更痛苦了。當你富裕、生活條件很好的時候，要想到不富裕的時候。等到你不富裕的時候，千萬莫去想富裕的時候，那越想越痛苦。古來常有那麼兩句話，「常將有日思無日」，有的時候，想到沒有的時候。「莫待無時想有時」，等到沒有的時候，若想有的時候，那你可苦了。好多人，窮得就富不得，富得了就要不得。要不得，就是他做事不合理。

唐朝有位宰相叫李林甫，他吃餃子單吃中間有餡的，外號叫「丟餃太歲」，他把剩下的就丟了。宰相府後邊是一座寺院，他丟這個都隨水溝流出去，老和尚就撿起來曬乾。後來李林甫罷相，變了討口，所有家產都被國家沒收，皇帝賜給他一個金碗，不許他賣。金碗金筷子，「抱著金碗討飯吃」，就是指他說的。拿金碗，拿金筷子，別人看見，誰給？金碗金筷子，你賣了就是了，皇上不准他賣。拿著金碗金筷子要飯，要不到，「哎，後面那位老和尚可能給我，老鄰居了，可能有點感情吧。」老和尚就把他丟的餃子尖，給他煮上一碗吃，他吃著好香，這味道眞好。老和尚說：「這是你當年丟的！」他說：「我沒丟過！」老和尚就跟他說：「常將有時思無日！」沒有的時候想有的時候，這是諷刺。

說人，「三窮三富過到老」，一生有健康的時候，有不健康的時候，一生過到老。等你有病的時候，要看破、放下，要堅強。本來只有三分病，再加上七分的幫忙，就變成十分。人好多病，病只有幾分，心裡頭不舒服，病苦的時候，如果富有，他可以吃藥可以治療，窮人沒辦法，這叫貧病交加，又窮又害病。越貧的時候，病苦越多，營養不良，自然就有病苦。我們和尚都叫「窮衲子」，有的人自稱「貧僧」，寫字都寫個「貧僧」，或者寫「苦惱人」，我是個苦惱人。苦惱並不苦惱，貧並不貧，大家記得永嘉大師的歌，「窮釋子口稱貧，徹底窮來有幾人」，眞正窮的很徹底，「去年還有立錐地，今年窮得錐也無」。去年還有個插錐子地方是我的，今年連插錐子地方都沒有了。永嘉大師告訴我們說徹底窮，把煩惱窮到空寂，窮到空寂，什麼都沒有了，連身體也沒有了。到這個時候，「信手打開無盡藏，磚頭瓦塊盡奇珍」，石頭都變成奇珍，都變成黃金，都變成瑪瑙。但是你沒得到空寂，沒得到眞實慧，最後兩句話是得到眞實慧的人。

有病的人，感冒流鼻涕，鬧肚子。感冒會引起很多病，或者腦殼發燒，毛病多的很。但是再貧苦的人，他總有中間休閒一下，抓住這一點去分析，有病就觀病，觀病是怎麼得的？爲什麼會痛？這個跟那個假的相對照，假的嗎？空的嗎？爲什麼要痛？假使你放下了，在病苦的時候放下，不幫病的忙；之後觀四大假合，起碼減輕一點，不那麼痛。這就是佛教導的，「有覺覺痛，無痛痛覺」，你有個知覺，感覺到痛，那個痛可痛不到你知覺的覺。這個大家可能沒有觀過，感到有病的時候，痛的觀不成了，逼迫你的身心不得安。

這兩個偈子，是叫你「善用其心」，要修觀！沒病的時候放逸，有病的時候痛苦。有病的時候能修觀，提起正念，不論依著哪部經都可以。若依著〈普門品〉，就念觀世音菩薩，念得誠誠懇懇的，念到一心不亂，病都忘了，觀世音菩薩也來了，病也給你治好。若依《金剛經》，無我相、無人相、無眾生相、無受者相，病是受苦，受根本沒有受者相，沒有領納、不領納。若沒有四相，還有什麼呢？什麼都沒有。這兩個偈子是讓我們「善用其心」，讓你修觀。

見端正人　當願眾生　於佛菩薩　常生淨信
見醜陋人　當願眾生　於不善事　不生樂著

見到相貌端嚴的，人家見到就生恭敬心，生歡喜心。「端正」有兩種，一種是內相，一種是外相。如果是內相功德，智慧大的，人家都不看他外相，醜陋見不到，看他內相，對他生恭敬感，不因他的相貌。有種相貌很端正，心術很壞，人家見到他就討厭。什麼樣是端正人？有這兩種的差別。

中國歷史上，魏晉南北朝的道安禪師是慧遠大師的師父，他的弟子有四聖八哲。道安禪師小時候的相貌非常醜陋，個子又矮又黑，一臉的痲子，雖然他師父收他出家，對他不大喜歡。那時候他還沒有修德，成天叫他到地裡勞動，別的師兄弟，師父都教他們讀經，從來沒有教過他。

有一天道安要求他師父，「應該給我一本經！」他師父就給他一本淺顯的小經，如《八大人覺經》。他晚上回來，找他師父，他說：「師父，再給我換一本吧！」他師父就很不耐煩，又給他一本。他到晚上又來了，他說：「師父再給我換一本吧！」他師父就煩惱，給他很厚一本，看一個月也看不完。到晚上他說：「師父你再給我一本！」他師父就發火了，他說：「這本書看完了？」他說不但看完了，還會背的！他師父一聽，倒背如流，他師父才知道他有內慧，對他生起不同的看法。

在晉朝譯經院，道安禪師率先提出五種不譯，「五不翻」。外道跟他鬥法，有位習鑿齒，學問非常好，「四海習鑿齒」，跟他來鬥爭的，說：「四海之內，只有我習鑿齒，哪有你們佛教！」他是道教，跟道安法師辯論的時候，習鑿齒就輸了。道安回說：「彌天釋道安。」你四海算什麼，我天都彌了，徧滿虛空。他長得醜陋，但有實德。在外面看著很好，不做好事，內裡心裡非常醜陋。外相雖然很不好，內裡有內德，這叫有實德。

我們見端正人，願一切衆生像待佛菩薩那樣，佛菩薩相貌是最端正的，生起清淨信心。「見醜陋人」，把醜陋當成不好的事，「當願衆生，於不善事，不生樂著」，生厭離心，不要樂著。見著不好的事，不要去執著，想到他爲什麼醜陋？醜陋的原因，是過去種的善業不多，缺德事作的不少。這是內心的事。不好的事作多了，相貌就醜陋，譭謗大乘經典，譭謗三寶，之後墮落了！墮落之後，從地獄道出來，或者從惡鬼道出來，從畜生道出來又做人，相貌自然就不好。有時候是大菩薩的示現，那就作勝德。如果感覺人家見到你不喜歡，同學的道友師長，人見著不喜歡，應當怎麼辦？對佛前求懺悔。你的相貌本來也很不錯，爲什麼人家見著你不喜歡？害人害太多了，應當懺悔。這都是現實的事情，文殊師利菩薩教你發願願衆生，都應當相貌端正，讓人家見你能生起清淨信心。如果人家見你不滿意，要知道自己有缺陷，前生所作的善業不夠。

見報恩人　當願衆生　於佛菩薩　能知恩德
見背恩人　當願衆生　於有惡人　不加其報

我們經常迴向，上報四衆恩，下濟三塗苦，是指報父母恩、師長恩、佛菩薩恩，還有衆生恩。我們都知道報衆生恩，因爲沒有衆生，成不到佛。但是我們報衆生恩的思想很少，除非讀到〈普賢行願品〉，懂得衆生是成就佛果的助緣，沒有衆生成不到佛，不度衆生的菩薩，怎麼能成佛呢？只能作個阿羅漢，成道也作不了。沒有師長不能得出離，這是指出世間師長說的。沒有世間的師長你沒有知識，現在不是這樣看法。說假使一衆生想成佛，先要報佛恩、報菩薩恩、報父母恩、報師長恩，之後還要報衆生恩。

以前有首報佛恩的詩，「假使頂戴經塵劫」，我們把佛菩薩、一切衆生頂在頭頂上，經過好多劫。「身爲床座徧三千」，把我的身體變成床、變成座位，讓一切衆生都在我身上得休息，或者坐或者臥。這是形容詞，形容什麼呢？「若不傳法度衆生」，你不弘揚佛法、利益衆生的時候，「畢竟無有報恩者」，要想報佛恩，報一切衆生恩，報一切師長恩，只有發願說法利衆生！如果不行這一道，畢竟無能報佛恩，想報佛恩都報不盡。

我們每位道友要經常這樣想，想什麼呢？上報四重恩，下濟三塗苦。不要把傳正法輪的法，認爲要講一篇大道理，或者講經說法，不一定的！你勸人家念念佛，勸人家相信因果，當你勸他的時候，說個佛號，他聽見了，不管信不信，也算聞法。凡是佛經上，你隨便引幾句話，給人家解釋一下。說自己的福報不大，說法人家也不聽，不管別人聽不聽，還要度畜生，特別是度畜生，人家最討厭的蟑螂、老鼠，如果你碰見，給牠說說法。如果遇見獸類也好，飛禽類也好，牠死了，你遇到了你給牠念〈往生咒〉，念「阿彌陀佛」，這個善緣就結下了。來生再遇到你，他一定聽你的話，這樣也是度衆生。

「轉」字，轉法輪是傳授的意思，你對一切衆生，把佛所教授的法傳授給他。你到了不信佛的家庭，或者他信外道、信邪教，你勸他信佛，他不但不接受，還要罵你，那你替他懺悔。罵你，你也要說，但這是很難的。當一切衆生無依無靠的時候，這時候給他念「皈依佛、皈依法、皈依僧」，使他有依有靠。這個大家都會說，不是一定講哪部經，才叫傳法。你懂得佛法，勸人家念佛信佛都可以，這就是報佛恩。因為佛的發願，要度盡一切眾生，所以他作難行苦行。有些是我們做不到的，但是我們幫助一切眾生，對待一切畜生，對待六道眾生，勸他念一句佛，說個三皈，也是一種報佛恩。度人別人度不了，度自己。自己拜懺、念佛、讀誦大乘經典，這也是報四重恩。自己念經的時候，你在讀誦大乘的時候，觀想有無量眾生來聽，這是你肉眼看不到的。

感覺著身上發熱，那就是有很多有德的，或者天人圍著你來聽你念經，聲音小大沒有關係，能夠發出有一點音聲的，或者你默念，用意念來觀，那些天人都有神通的，他能聞到。當你念經的時候要觀想利益眾生。當你做任何事情，為什麼都有發願迴向，說你做一點點有德的事，念經、禮拜或者勸說，都是為了眾生，不是為了自己，這是最上、最好。你就在人間，就在六道眾生，行了菩薩道。如果你想度地獄、餓鬼道、度畜生道的眾生，最好念《地藏經》。佛說一切法不是為了自己，都是為了眾生。

我們要加一個迴向，除了度自己之外，還要把自己所得到的迴向給六道眾生，這就是在行菩薩道。行菩薩道，就是報眾生恩、報佛恩。六道眾生都有我的父母輪轉，也報父母的恩，這一個迴向就報了四重恩。懂得這個道理，當你念經也好，行住坐臥也好，一天都在發願，這是文殊菩薩教授我們的「善用其心」。但是這個觀想，只是觀想！觀想當中的迴向，你可以隨時這樣想，雖然做一件很小的事，但是經過你的迴向就擴大了，越擴越大。諸大菩薩來這個世界，因爲他不現高貴身，他現劣應身，跟衆生很接近的，度哪一類衆生就現哪一類衆生身。

在我們發願的時候，知道「一實境界，二種觀道」。「一實境界」是跟諸佛無二無別的體性。「二種觀道」，有多種解釋，我們把它作善惡兩途，善道跟惡道，讓善根的衆生再增長，直至成佛。沒有善根衆生，因爲你度他們，他也種了善根。「善用其心」，就是這個意思。有時候度衆生，或者念經也好，讀誦也好，他不接受，你不管他接受不接受。你的迴向力量，他現在不接受，給他種這麼個因緣，到因緣成熟的時候，他自然就接受了。因爲佛所說法，有權有實，權就是方便善巧，對什麼人說什麼話，我這樣跟他說，這不是佛法，他漸漸能入佛法。佛法是明白的方法，簡單的開示，能使他明白的，能使他明白了，明白你說的話，那就行了。

說度他成佛辦不到，讓他做人，從三惡道能夠轉到人道，轉人道漸漸地就可以了，沾了人味，漸漸就能聞到佛法，脫離三惡道苦海。爲什麼我們見著一切畜生先給他說「皈依佛，皈依法，皈依僧」呢？大家在受三皈的時候都知道，皈依佛再不墮地獄，皈依法再不墮畜生，皈依僧再不墮餓鬼。你說個三皈，使他離三塗，脫離三惡道。不要認爲自己還沒成就，菩薩從來沒想到自己成就沒成就，一心只想到衆生。大菩薩自己證到甚深的境界，他隱了，示現跟凡夫一樣的，給你講苦集滅道。

文殊、觀音、彌勒、地藏都講苦集滅道，最初出離的時候，不是都說《華嚴經》，都說《法華經》，那得漸漸得來。像我們，這是講《華嚴經》〈淨行品〉，〈淨行品〉是對著不淨行說的，先把不淨行顯一顯，之後才是淨行。懂得這個道理，法只要對機，只要人家得到好處就行了，沒有什麼大小。你說大法，不對機沒用處。「若不傳法度衆生，畢竟無有報恩者」，這句話只要你懂得了，只懂得個三皈也給人說三皈，得利益就好了，你增長智慧，他也得到解脫。

若見沙門　當願衆生　調柔寂靜　畢竟第一

出家人自稱「沙門」，「沙門」是什麼涵義？就是勤息，勤是精勤的勤，息是息滅的息。「勤修戒定慧，息滅貪瞋癡」，這叫「沙門」的涵義。又者叫「止息」，止一切惡，行一切善，調柔寂靜。「沙門」的涵義很多，怎麼解釋都可以通的。凡是出家人，不會跟人家瞪眼睛的，不跟衆生共同的鬥煩惱，他的聲音大，你的聲音比他的聲音還大，那叫鬥煩惱，出家人調柔寂靜，調和善順，調養身心，身無動亂，心不貪戀。若看見出家人，「當願衆生，調柔寂靜」，在人類說是第一，不貪、不執、不著。

見婆羅門　當願衆生　永持梵行　離一切惡

在印度，「婆羅門」是一種種姓，翻譯爲「淨裔」，是梵天留到人間的子孫，他不是人間的，而是天上所遺留的，天還是梵天，不是六欲天。「淨裔」，清淨人的後代，叫「淨裔」。同時，印度叫修瑜伽法，什麼叫瑜伽？叫相應法。與什麼相應呢？與天相應。現在修瑜伽的人很多的，願一切衆生都能夠修清淨行，他的行爲都是清淨的，止息一切惡。中國要是見著儒者，見著學者，也就是做學問的人，我們要跟這個願相結合。儒教講的是孝悌忠信，禮儀廉恥，孝順父母，有時他跟佛教是相合的。

見苦行人　當願衆生　依於苦行　至究竟處

我們朝山拜佛，朝山，或拜黛（大）螺頂，一步一步一個頭，朝五台磕頭，這是行苦行。穿糞掃衣，住到山洞裡頭，也叫行苦行，在山裡修行。吃的是很粗糙的，能裹腹就行了。穿的很單薄，但是不是討口子。他認爲吃苦，就是修行。見了這種修苦行的人，他是減少五欲的境界，吃苦的目的是減少五欲境界，不貪五欲境界，它跟外道不同的。苦行是有益的，不是無益的，目的是斷五欲境界，能對這個世界上，產生一種不貪戀的心，主要是從心作的。依著苦行能夠到究竟處，究竟處是未來劫的時候，一定能成佛，不貪不戀，放下身心去修道。

見操行人　當願眾生　堅持志行　不捨佛道

「操行」是有操守，表現精進不退。立定一個志向，一定做到徹底，怎麼做的徹底呢？發心成佛，一定達到成佛。發心學戒，把戒學好。發心學聽一部經，學一部經，要把這部經學好。這往往不由個人的意願爲轉移，中間會有好多障礙，也有很多煩惱。堅持你的志行，做什麼事一定要達到目的，絕對不捨佛道。這樣子堅持下去，就是有操行的人。我們的戒條很多，不一定說你全部不犯，堅持三條或者五條，這幾條堅定絕對不犯，這是一個。

如果修〈淨行品〉，文殊師利菩薩叫我們「善用其心」，這一百四十一願你作不到，能堅持三十條、五十條也能得度。說戒條很多，那都是枝節。你堅持著殺盜婬妄四根本不犯，也得度了。或堅持一戒，就靠這一戒，也能得度脫；但是得立定堅定不移的志向，堅持到底，不是半途而廢。能堅持到底，不是有學問的人，往往是沒學問的人，他只行一行兩行。有的學很多，思想很複雜，見異思遷，看見這個他就變了，看見那個又變了，一天就這麼變，到最後一事無成，一個也學不好，都如是。

所以，必須有操守，不能隨便地變，不能投機取巧。今天出家、明天又不出家，是變。往好了變可以，現在不是都往好了變。一般地不能操守，不能堅持志行，他是捨了佛道的。像我們大陸的法師到美國，一讀了美國的大學，還俗了。這是五欲境界，五欲境界是沾不得的，越沾越深，貪心是沒有止境的。因此，見著有操行的人，願一切衆生，都堅持他的志向，志向就是他發的願。發什麼願呢？永遠不捨佛道。佛教導我們的道路，一定堅持走下去，當然是障礙很多，遇礙而不悔。像建國初期，很多的道友在那種環境之下，沒有辦法，基本上都罷道還俗，受迫害的事很多，在五臺山，大家可以聽得到的，看見是沒看到了，這叫道難。我們行道的障礙很多，難緣很多，說你做一件事，當然有危險，有挫折，遇著危險，遇著挫折你就變了，那叫志行不堅定。

我經常勸道友們，看看那些祖師行道是怎麼行的。特別是比丘尼，〈神尼傳〉，大家看看那些比丘尼，她們是怎麼做的，起碼對我們有個鼓勵。讓你精進不要懈怠，遇點挫折、遇點危難，罷道了。建國初期，不信佛教、當黨員，可以升官又可以發財，之後壽命短促，死的又早，道沒有了！我們看受三皈很容易，破了三皈，連三皈都破了，還不說五戒，還不說戒條。宣誓的時候，「皈依佛、皈依法、皈依僧」，現在我不信佛、不信法、不信僧，爲什麼？沒得利益了，沒好處可得。這叫志行不堅定，捨棄佛教。這是大的。小的，學一部經，學一部論，或者學一部戒，還沒沾邊就退了，障礙很多的。勇猛心發不起來，退墮心，常時現前。

我們這裡，現在要到大學拿博士、拿碩士，看來是很容易，做起來很難。在名利中、在行道中障礙好多，勇猛心好發，發了之後又不能堅持，持久心很難，不能持久。當我們跟佛菩薩發願，我要學哪一部經，遇著挫折了，就不學了，還不說生命危險。建國初年，那些過來的老和尚，都是經過二三十年痛苦！有的承受不了痛苦，就跳放生池。但是這種是堅持到底的，寧捨生命都不退心，持久心不容易。過去有這麼兩句話，「慷慨赴死易，從容守土難」，接到命令，為了國家存亡，把城守住，這非常難。說我犧牲了，生命不要了，這個容易。慷慨就是一時間的勇猛心，這個容易，或者自殺，完節不投降，這個還容易做得到。不許你死，只許把城守住，這個就難了。

弘揚佛法的弟子，不許死，堅持著弘揚佛法，這就難了。勇猛心好發，持久心就難了，堅持不捨，像我們發心出家，堅持出家，堅持志向。中間罷道還俗，自己最初發心堅持，精進，作作就懈怠了。出家一年，佛在眼前！出家三年，佛上西天！出家十年，佛沒有了，不知道佛哪去了，心裡沒佛了，就是這個涵義。這個偈頌，文殊菩薩教授我們，說堅持志行，不要捨佛道，不要背棄佛道，遇著任何挫折，乃至捨生命，堅持信佛的信念，不要丟掉！不丟掉永遠得度，丟掉就不得度了。丟掉不但不得度，還走到相反的道路上，那就容易墮落三塗。

「見操行人」，「操行」可以當作自己發願講，自己發願，想要作一件事，就堅持到底，這叫「操行」。出家之後行道，要求解脫，要精進。發了願，不能違背自己的願，違背了願就沒有操守。好比一條戒，自己想發心念佛，自己想發心念一部經，這就叫操守。自己想作一件事，一定把他做好。那也得看什麼事情。文殊師利教授我們出了家之後，要堅持就是操守，當好一個出家人，當好一個比丘、比丘尼。法門無量，自己學哪一法，要堅持一行，多了沒有這麼大精力，沒有這麼大智慧，你發了願並不是就能滿願，中間一定要挫折、障礙、危難。遇著障緣怎麼辦呢？堅定的不違背自己誓願，這個就叫「操行」。自己如是行，發願要一切眾生，堅持自己的願行。皈依三寶之後，任何的苦難逼迫，都不捨棄佛道，這叫「操行」。

文殊菩薩教授我們，要「善用其心」，修道不是容易的。過去我們講，求師訪道，求個好老師，老師求到了，他也只能針對你的個性、根性，告訴你修行法門！如果老師智慧大一點的，知道你學哪一法相應，給你介紹，勸你去學，學完之後，懂得了，完了去做。但是中間一定會遇著挫折，過去人有句俗話，不受魔不成佛。沒有障礙的時候，佛菩薩示現給你作障礙，佛菩薩幫助你修行，怎麼會給你作障礙呢？磨練你的意志，不經過磨練不能成佛。不說修道，我們現在後院鋪那個地，他擺來擺去，把那石頭又切磨，不受磨不成器，我看他們鋪地板都要些技術，合磚對縫，何況修道呢？

我們念阿彌陀佛，求生極樂世界，這個方便是最穩妥的；但是一百位念佛的，有一個能生到極樂世界嗎？念佛的方法沒有什麼奇特的，就是你的心裡，你的思想，有操行沒操行？這個問題關係非常的大，好多我們信佛、學佛道的人，學學他退心了，因為思想之中有一個極不好的念頭，一個求速成，希望很快成就，可是達不到！達不到他的操行沒有了，操守沒有了，他退了，這是一種。

狐疑不定！狐疑不定是今天念念佛，明天又去學學法，思想始終沒有定，這樣你不容易成。不捨佛道的時候，說你走的菩提道，行哪一法，你不要捨棄，東挑西挑，東挑西挑。這個錯路，我走的很多了。所以自己相信了，下了決定心，一門深入，求解脫、斷煩惱，你就在用功的行道當中，自己可以認得到，你的煩惱斷了好多？遇著境界相來了，你就不按菩提道走，走的是邪道！就這麼的進進退退，退退進進，一生很難得成就。很多學一法，很難得圓滿，學圓滿了之後，要照著他去做，東錯西錯，做不成。或者最初發的心，很勇猛，有個必得之心，今年沒得到，明年！明年沒得到，過了三年，他就退心了，這樣子持久心，不能生起，這樣子學道的時候，進進退退。

比如我們聽《華嚴經》，跟念佛求生極樂世界，有沒有障礙？沒有障礙！你把聽經的功德都迴向極樂世界，你的目的是這樣！到臨終的時候，一切善根全現前，障礙全消失，就能得生了。有的大德告訴我們，一心念佛了，聽經、作佛事，什麼都不要作。但是，我們這個心不能定下來。我們有時候打個佛七，讓我們一時定七天，這七天堅持不懈怠，這個還能做得到。七天坐下來，佛七打完了呢？臺灣有些弟子到高旻寺打禪七，我問他們打了這麼多禪七，有沒有煖氣？連個影子都沒有，連煖氣都生不出來。這是「向上一著」，大根器的人，種種善根，磨練磨練也好。三十年、五十年，坐壞了多少個蒲團，不是那麼容易的。聽教就是聞法，聞法就是磨練你的心，因爲你不懂，聽著各大菩薩、各個佛，這部經說的，那部經說的，歸宗還是菩提道次第。方法不同，這部經說的是由這個方法入，那部經說的，但是不離觀行，每部經都是讓你學觀行，下手的功夫跟中間的過程，略有不同，但都是了生死的，求解脫的。

像我們打工掙錢，不管做泥工也好，做石工也好，做木工也好，目的是掙錢。掙了錢，支配還是隨你。你要買件衣服也可以，下小館也可以，把錢掙到包包裡，想怎麼用就可以怎麼用。聞法、修道，當你得到了，你用到生極樂世界，可以！利益眾生去，可以！你說我不度人間，我要去度天上，到天上去度眾生吧。那根據你的用途。每天的聽經、上殿、過堂、作佛事，昨天晚上打普佛，打普佛是給人家打？是給自己打？我們很多道友說，我給人家打普佛。給人打普佛？打普佛就是念，今天晚上我們這個殿堂，給哪個道友廻向，人家請我們給他念經，請的人只能得到念經的功德三分。如果以七分來分，他只能得到一分，自己念的人得到六分。你給人家廻向是少分的，給他一點就是了，這叫施捨！實際上作的人，你得六分。是給人家念嗎？給自己念嗎？自他兩利，就看你怎麼「善用其心」！

我們現在學〈淨行品〉，文殊菩薩告訴我們「善用其心」！這個心，我用一個法門堅持不懈，反正都在菩提道上走，走快一點，走慢一點，或者坐汽車，或者坐飛機，或者步行，都是一樣的。怎麼用你的心？心是主帥，如果有一百萬大兵，主帥支配、分配，你的心讓他聽教，讓他聞法，讓他參禪，讓他念佛，哪一行門都可以；但是最終目的是成佛，在菩提道上，成就菩提果。

得把這個確定，確定之後，堅持不懈，把所作的一切都迴向！說我就是想生極樂世界，把你所作的聞法功德，乃於至你所行的，都能迴向到極樂世界，迴向到阿彌陀佛，這叫堅持，這叫「操行」。但是，自己一定給自己定一個功課。上殿、吃飯，乃至聽課，這算不算？都算。但是這是修行過程，不是目的。目的是指你的願力，有的道友想當法師，能當的到嗎？

我記得小時候，開始念書，我們那一班同學五十個，五年當中，只死了一個，而且是害病死了，他以前是參禪的，三十多歲才當學生，當學生學了五年《華嚴經》下來，學了四年多，害病死了。剩下四十九個，中間沒有請假的，沒有星期禮拜的，只有初一、十五放香，上午老法師不講課了，上午去洗洗澡、洗洗衣服，下午照常上課。慈舟老法師在病中還講課，只有一位法師，一位監學。到畢業了，死了一個，剩下全部在，中間沒有請假的。以前在這裡有一位是我們的同學，廣濟茅篷的淨如法師，他一直誦《華嚴經》，一九八幾年我去看他，他在重病中，還一直誦《華嚴經》，這也是堅持。四十九人當中，就我一人還在講經。其他人不是不能講，而是沒人聽，麻煩就在這裡。沒人聽，你講給誰聽？這叫沒有緣。一者緣法難，二者操行，人家信不信你！你講的再好，他不聽你的，你沒辦法。

大家都知道印光老法師，是中國近代的高僧。他從普陀山閉關出來講經，最初聽的人很多，一天比一天減少！他自己也發憤，從此不講了，就到靈巖山，專門提倡念佛，誰請他開示，很簡單，「老實念佛」。臺北的廣欽老和尚，弘一法師給他啓示過。廣欽老和尚閉關，老虎給他當護法，道德是有了，但是沒辦法講經。他是勸人家念佛，「老實念佛」就好了。當法師的，專是一途，得自己以法爲師，法師是什麼意思呢？「以法爲師」。第一個，自己得以法爲師。

我跟諸位法師說，你們將來都要弘法的，你必須得有行，光靠嘴說不行，很多人看你的行爲，或者你堅持一行，有操行。「操行」兩個字很簡單，作起來很難。你們現在剛發意，你這個操行在什麼時候才能表現出來呢？到臨命終的時候，操行如何？考驗功夫，到將要死的時候，自己能作得主。好比我生極樂世界，哪都不去，就生極樂世界，等阿彌陀佛來接你。眞來接你，不錯的，肯定的，這叫「操行」。「操行」，再說通俗點，立志，立志就是發願，我就這麼一個目標，那就行了，這是「操行」，堅持志行、不捨佛道。

見著甲冑　當願眾生　常服善鎧　趣無師法

這是表精進，表戰鬥。如果現在穿上盔甲，沒有用處，擋不住槍子彈，穿什麼？穿避彈衣。現在的盔甲是穿避彈的背心，子彈打不進去。這個時候，披善法鎧，「趣無師法」。什麼叫「無師法」呢？沒有老師，老師是誰呢？老師就是無爲，以無爲爲老師。自己觀自己的心，觀無爲。有老師的時候，老師啓發你、引誘你，給你解說。沒有老師，自己反聞聞自性，聞自己的心性，從這個證得自己心性。心性是什麼樣子呢？無爲。說魔軍，誰是魔軍？自己的胡思亂想，那就是魔軍。你的煩惱，你的冤家對頭是什麼？是你的煩惱，障你聖道的！自己跟自己起煩惱，就是內心起的障礙。在《楞嚴經》說有五十種，色受想行識五蘊，每蘊有十種蘊魔，叫五蘊魔，內心的魔。你作戰是跟他作戰的，所以你修道的當中，堅持不懈的跟內心所起的障礙作鬥爭。

觀自心的自相，觀到無爲，這就是護善法。善法就是你的盔甲，常時這樣觀心，堅持下去，消除你內部的魔障。外部的魔你容易對治，內心的魔不容易對治。修道者，常時觀無爲。鎧仗是用於打仗的，甲冑都是用於打仗的。鎧仗是不好的，甲冑是不好的，穿這個衣服就要去打戰。但是我們把他翻過來，文殊菩薩教授我們，面對你的內心魔障，穿什麼盔甲？精進，不是懈怠。觀一切諸法無相、無作、無爲。

見無鎧仗　當願衆生　永離一切　不善之業

凡是是非爭議的事情、作戰的地方、不淨的地方、不能修道的地方，你要離開。但是你內心裡的煩惱，怎麼離開？觀無爲，觀煩惱的起處。不善的事情，永遠要離開。有爭議的地方不要去，有戰爭的地方不要去，這叫趨吉避凶。爭議就是不清淨了，尤其是國土跟國土的爭議。

見論議人　當願衆生　於諸異論　悉能摧伏

「論議」是互相的論辯，也就是有爭執。假使人家對佛教提出來批評，批評了不好的意見，爲了維護佛法，發揚正知正見，那跟人家辯論，這些人就是外道、異道。辯論的時候，必須得有說服力。說服力不是說自己先學一套，沒標準的，你曉得人家會問你什麼呢？你不知道人家會問你什麼。或者坐飛機上、坐火車上、坐輪船上，有時經過很長時間，大家坐到一起，看你是個和尚，他感覺很怪。那時候我們年紀很小的，看見小和尚，他坐車坐船坐的無聊了，想找你開開心，你必須得有本事說服他。

「你爲什麼出家？」講些世間的道理，你給他講佛教授的方法來對治他。大家看〈影塵回憶錄〉，倓老法師有一次坐在火車上，一位基督教徒跟他辯論，兩人在火車上就辯論；就在議論當中，「悉能摧伏」，運用文殊菩薩的智慧。願一切眾生在跟異論外道辯論之前，有正知正見的觀念，有無礙的辯才，能戰勝他。這個就需要學習，你不學，怎麼知道呢？為什麼我們要學習論藏，論藏就是辯論，意思就是摧邪顯正，摧伏一切邪知邪見，顯佛所說的正知正見。

見正命人　當願眾生　得清淨命　不矯威儀

「矯威儀」是指邪命。邪命有五種，「一詐現奇特，二自說功德，三占相吉凶，四高聲現威，令他敬畏，五為他說法。」現奇特相、給你算命、批八字，穿粗垢衣，或者穿祖衣，反正處處現奇特相，跟人家不同。說自己是行菩薩道的，不為名利，過去我們菩薩給人家談休咎，給眾生指引迷途！一加上名利就叫奇特相，接受名聞利養。我近二十年，經常講《地藏三經》，講到《占察善惡業報經》，堅淨信菩薩請佛，說末法這些時候，怎麼樣能知道？雖然沒有神通，沒有得道，也能有什麼樣一個方法，讓他能知道？佛說你問這個方法問的太好了，這是《占察善惡業報經》上的原話，「善哉！善哉！」說你問的太好了，但是這個問題，地藏菩薩會給你說的。佛不答覆他，佛不說，請地藏菩薩說。

佛制的戒，有五種邪命，占卜、行相、談休咎、算命打卦、批八字，這些都不可以的。所以請地藏菩薩說，因為地藏菩薩有善巧方便，讓修占察善惡業報，就是要談這些事。大家都知道占察輪，談休咎，問吉凶禍福，但是不為名利。同時，這跟社會上批八字算卦的不同，得先拜占察懺，這是先以欲勾牽，漸令入佛道。你不是想明白嗎？可以，你拜占察懺。拜完了用占察輪，占察輪跟社會上的六爻八卦不同的。六爻八卦，是從無為法說的。無為，佛教也說。我們說的無為跟他說的無為，有點不同。他說無極生太極，太極生兩儀，兩儀生四象，四象生八卦，乾、坎、坤、震、巽、離、艮、兌，八卦，八八六十四卦，一切算卦的不離開《易經》。易，變易的易，他就告訴你一切法都在變異當中，所以兩儀生四象就變了，四象生八卦，乾、坎、坤、震、巽、離、艮、兌。乾、坎、坤、震、巽、離、艮、兌，一卦有六爻，後來又發展出紫微斗數，反正都是算命批八字的這套。靈不靈呢？確實是不錯的，當時很靈，但是你要掌握一個字，易。

你若學會《易經》，懂得了，這就是佛教的一個「業」字。你的業隨時變化，你作善業，善報就要報了，卦象就變了。看風水、看陰陽、看陰宅、看陽宅，埋到這個地方，子孫後代就能做大官，發大財。滿清的十三陵（河北易縣），或者明朝的十三陵（北京昌平區），看看乾隆皇帝跟西太后陵墓的風水，為什麼他們會挫骨揚灰呢？現在誰都可以到十三陵，那不是風水問題，而是品德問題，德沒有了，什麼風水也沒有。過去的福德有，他就有。為什麼算命批八字的，不給和尚、老道算呢？因為和尚一天在變，早晨念經念的心很相應，變了，他是聖人。他下午想錢，想男女關係想，又變了，業障又發現了。道教也講，《易經》就是變異。但是學這些的人，他是拿來活命，跟人要錢，所以叫五種邪命，和尚不能做。所以堅淨信菩薩請地藏菩薩，地藏菩薩就給他說了，怎麼知道善惡因果報應？趣善避惡。

使用占察輪相的相法，有個前題，得先禮佛、禮法、禮僧，之後還得禮地藏菩薩，禮完了，還得念一千聲地藏菩薩聖號。等到禮完了佛法僧三寶，再念地藏菩薩聖號，擲的卦象就變了。擲的卦象不好，要倒楣、生病，或者病了要死，活不了了！若還想活著，地藏菩薩告訴你，念我名號一萬聲，或者拜懺，之後再擲。這部經，和尚都不講，明朝藕益大師，提倡一回，做了一本〈義疏〉。後來弘一老法師提倡，因為那些人都不會作輪相，弘一法師會作輪相，他是學藝術的，從他才發起，但也沒誰信。等我到美國才開始講，信的人很多。為什麼？他們說很靈，靈完了你得修道，不修道不靈了。修道得發菩提心。想轉變嗎？可以，業果可以轉變，那得依著地藏菩薩教授。《占察善惡業報經》，一九八八年在美國紐約講的《占察善惡業報經講記》，是我一個弟子記錄下來的，作為一個參考。一九九八年我又在普壽寺講，方廣印的《占察善惡業報經新講》就是普壽寺同學整理的。這部經我講了很多遍，講到對異論摧伏的時候，得清淨命，不矯威儀。什麼叫邪命？什麼叫正命？邪變成正，如果你收人家錢，拿他當成社會算命的，那叫邪命。這叫五種邪命。邪命是戒律所不許的，所以堅淨信菩薩請佛說，佛不說，因為佛制過戒，佛請地藏菩薩說，地藏菩薩有善巧方便。

還有一部經，《大乘大集地藏十輪經》，一九九五年我在加拿大講過一遍，因爲這部經講起來時間很長，大家聽起來很害怕。爲什麼呢？《大乘大集地藏十輪經》是給末法時代的娑婆世界錄音、錄像，你看看那部經，左一個十輪，又一個十輪。比如說貪，怎麼樣貪？貪財、貪色、貪物質，每一貪叫十輪。每一輪裡下又是十輪，重重無盡的十輪，把現在末法衆生的醜陋相，五濁惡世的相全部顯現了，那可不像《地藏經》只大概說一說地獄。

在《地藏十輪經》，地獄的相太多了，並不是在地獄才叫地獄，在人間地獄，現在我們就可以看到，每天要死好多人，死於彈炸的，或者肉身炸彈，把炸彈綁在身上，先炸死自己，之後再炸死別人，這是過去沒有的。過去都想自己活命，把別人炸死，現在是先把自己炸死，再炸死你們，不然炸不到。這是惡心所發展的。異論還很多，爲什麼一吵架聲音很大呢？表示威力很大的，聲音越大，他的嗓門越高，好像他就勝利了，吵架聲音都很大的。沒有吵架的，坐這安安穩穩、悄悄地說，那是講道理，不叫吵架。目的是讓別人怕你，這叫「高聲現威」，也是活命的一種，也是異論的一種。

還有好多邪知邪見，有人說：「女人不能念《地藏經》，黑天不能念《地藏經》！」這叫異論。我跟他辯論過，說地藏菩薩不是菩薩，我說他也不是比丘，我說地藏菩薩現的是比丘相，大家看看諸菩薩相，只有地藏菩薩，手拿著錫杖，沒有瓔珞，沒有珠寶，現的是比丘相。這些都叫辯論，各個菩薩所提的辯論很多，在西藏看或者在印度看原始的觀世音菩薩像，哪有女人像呢？中國漢人，把觀世音菩薩畫成女人像！看看原始的觀世音菩薩像，他是化身，不是本來的本身。這些你必須明了，如果自己都不明了，人家問起你，怎麼跟人家辯論呢？現在你要弘揚《占察善惡業報經》，佛制的戒不許，地藏菩薩出了《占察善惡業報經》，又算命又打卦，那就是卦象！也得跟人辯論，也得說服人家，目的是利益一切眾生，這是菩薩的方便善巧。這是十度當中的方便度，善巧方便。要想引一切眾生入佛門的話，他有很多邪知邪見，必須在論議當中，把他摧伏。

這只是一句話，如果沒有文殊菩薩的智慧，你沒有學就去辯論怎麼能勝利呢？辯論是摧伏，摧伏是讓他產生信仰，因為眾生邪知邪見，他不信，不信要把他折伏，讓他信，這就靠辯論。還有眾生的活命，我們持戒、念佛、學經、學法，這是正命。人家供養，我們還沒有出去化，過去叫化緣，沒有緣是化不到的！化緣是給眾生種善根，大菩薩行菩薩道，給眾生現三寶相，讓他種善根，結個緣，不是讓他給你東西，也不是給你錢。過去廟裡都請幾位化主師父，專門拿緣簿到外頭化緣，現在這種緣簿吃得開嗎？臺灣還有，在我們大陸拿緣簿化緣，恐怕不可能。我們現在燒煤炭，吃的大米，有的是人家送來的，他要來結緣，緣就建立在這上頭。你們信不信？

你坐這兒觀想、修道，護法會叫他給你送來的，相信嗎？

鼓山的故事非常多。那時候我在鼓山湧泉寺當小和尚，從十六歲到二十一歲，那時候也跟虛雲老和尚打交道，虛雲老和尚盡給我們講故事。明朝的時候，一個老和尚作方丈，人家說他沒福報，經常斷頓，沒福報，大衆沒有飯吃。說多了，老和尚就現個神通，怎麼現？不是老和尚去了，而是護法去了。當家師跟老和尚報告：「明天早晨沒有下鍋的米了。」老和尚說：「把倉庫掃一掃吧。」掃也掃不出來了，沒有了。沒有也沒關係，燒兩鍋開水就好了。鹽巴還有沒有？鹽巴也沒有了。鹽巴沒有了，米沒有了，老和尚就說白水過堂，一人喝碗白開水就好了。因爲鼓山材火多，不要化緣，到山上砍去就是了。

這天晚上，護法神就來找福州知府說：「鼓山的師父，明天早晨沒有吃的了，今天晚上你給想辦法，不然我要報復你。」過去的官吏都怕鬼神，那個知府當夜就找官吏，凡是蒸饅頭、烙餅的，夜間送到鼓山。等打板的時候，要開水過堂，饅頭、餅都送來了，有這本事嗎？這是鼓山的故事。

正命的人，「得清淨命」，不要顧慮衣服、飲食！有福報、有緣法，自然就來，爲什麼呢？有人給你送來。一點都沒有，求緣！化緣，化緣是化不來的。有的人活著是污濁命，不是清淨命。他作起威儀相，威儀相是什麼呢？裝模作樣，沒有威儀，裝個威儀。不是和尚，他要穿黃袍子，搭紅祖衣，做起很威儀的樣子，假的。在上海，和尙作佛事作經懺，作經懺就給敗壞了。大家想想，趕經懺是念經拜懺，爲什麼不好呢？就像現在的香港，這個地方佛事上午做完了，中午又趕到那個地方去了。假使身體好，你想掙錢，一天可以趕三場。身體這樣長期下去行嗎？我有些學生在香港趕經懺，趕得身體都壞了！住佛學院也費了很多腦筋，到香港去掙錢，想買幢樓，怎麼辦呢？趕經懺。一天趕三場，那簡直不要命了，要不了幾年，就可以買幢小樓，自己開佛堂應酬佛事。

以前我剛到上海，在街上有「應酬佛事，帶趕經懺」，這沒有什麼錯，下文就不好，「價錢面議」，你要作堂佛事，或者趕經懺，或者拜藥師懺，或者拜大悲懺，好多錢呢？當面講。這不是和尙，而是上班的和尙，怎麼叫上班的和尙？租一個門面，就是佛事的辦公室。穿上衣袍，到晚上下班了，往那一挂，門一關，走了。第二天早晨來上班來了，這叫假和尙。指佛穿衣，賴佛吃飯，他的收入還不少，這叫非正命。見著非正命的人，你要發願！其實念經、拜懺是好事，入佛道還不是好事嗎？念經拜懺。一講價錢就不是好事，這叫出賣佛法。

在美國有人問我：「趕經懺的下地獄不？」我說：「也能升天，也能成佛。」他說：「我沒聽說過。」我說：「那你就聽吧！我跟你講講。」不管他以什麼方式，怎麼造業，他是以三寶的法去造業，業還完了呢？他念經，不管念《藥師經》，拜《大悲懺》，有沒有功德？造業當然不對，販賣佛法是不對，但是他有功德的一面。

那比開鋪子、賣醬油、賣米麵、賣饅頭、開餐館的好多了，他有善根的一面。不論他怎麼樣都能沾著佛法的邊，這是我的觀念。像《華嚴經》，他以謗毀的方式，謗毀也得說《大方廣佛華嚴經》，謗毀《大方廣佛華嚴經》，謗毀是罪過，他能念到《大方廣佛華嚴經》，也把他度了，不過時間很長，他有善根的一面。大家如果念念文殊菩薩十大願，普賢菩薩十大願，只要你沾到佛法一點邊，不管你怎麼沾、怎麼造罪，造罪那邊下地獄，之後還有善根的一面。我是這樣看的，對任何眾生，不要輕視他。

還有，我對還俗的小和尚，或者比丘，比丘尼，我還是跟他們接近！我告訴他們，雖然還俗，不要忘了三寶，該念經還是要念，該念佛還是要念，這是你的業障發現。你念的善根永遠種下，還可以消災免難。不然，你還了俗，不管是比丘、比丘尼，生活永遠是不會好的。如果你再念念經，生活會好的。不好的時候，你想到佛菩薩護法，不讓你這樣做，還可以回來。你一念經、一念佛，護法還護持你。罷道的時候是業障發現，但你對三寶留戀，照樣的奉持，業障會轉化的，不是一成不變的。

大家看五臺山的牛心菩薩，過去是法師，人家請他說法，他講價錢，要好多錢，錢少了不給你講，白講他更不作！因此他就墮了五百世，他那心是牛心，又傻又笨。大概是在大華嚴寺住，文殊菩薩就給他換心。他非常慚愧，大家都呵斥他說笨得要死，他就朝五台，朝文殊菩薩。碰見一個老人，五個台他都轉完了，後來他感覺這個老人不同了，他就求他救他！那老人跟他說：「我給你換心吧！」拿如意把他的心勾出來，說：「你這個心是牛心，我還給你原來的心！」牛心菩薩的故事就是這樣。他一懺悔，一悔過，他又回來了。他過去作法師，墮了五百世，五百世都是牛心，因爲吝法，有法不說，說法要講價錢，要供養。我們和尙的故事很多，大家多看看〈高僧傳〉，懂得了正命跟非命兩種的不同。

說念佛，我專念地藏菩薩，因爲地藏菩薩跟觀世音菩薩，他們對我們這個世界的衆生，特別有緣。你念《地藏經》也好，念觀音菩薩的〈普門品〉也好，你有千百萬億願、千百萬億事，求地藏菩薩、求觀音菩薩都靈。爲什麼？這兩位菩薩專管我們的閒事，娑婆世界的衆生，什麼事都管，只要你求他。別的菩薩沒有發這個願，求的時候不見得靈。所以念菩薩的時候就是正命，不念菩薩的時候就是邪命。

正命，是「見正命人，當願衆生，得清淨命，不矯威儀」。「不矯威儀」，不要矯揉造作，不要裝模作樣。要眞正得到清淨命，不爲邪命去生活。但是一定要以戒律爲本，以法身爲慧命，以無爲爲道業，成就無爲。不爲邪命生活，不算命，不批八字，化緣的師父給人說佛法，目的是化緣，就叫邪命。給人家講解，或者勸人念佛，或者人家問，請問佛法你給人說，心裡無所貪求，這叫正命。

正命、邪命，我們就是比較而言，就是用心，怎麼「善用其心」。中間沒有夾雜，沒有名利思想、沒有攀緣思想！說法的目的是把他腰包的錢說到我的腰包來，這就叫邪命。沒有這個思想，跟你沒有關係。有的法師，請他一座，要講價錢，我到那裡去要供養好多？少了不幹。這是邪命，不管所說的法是不是正法，你的心不是「善用其心」，用到了名聞利養，這就不對。以法養我們的慧命，法身慧命，但是得有食，沒食你的生命怎麼活著呢？釋迦牟尼佛涅槃的時候，白毫相光的一分福德，夠末法弟子自活，生活是沒有問題的。

過去有兩句俗話，「凍不死蔥」，中國東北都是零下十度、二十度，現在好一點。我小時候，好多地區零下五十度。但是大蔥埋到地裡，冬天不收回家裡，讓雪一甕，大蔥營養特別充分，是甜的，不是辣的。「凍不死蔥」，大蔥是凍不死的，零下一百度大蔥也凍不死。「餓不死僧」，沒有哪個和尚是路倒、餓死的。我在北京，那時候是二十多歲，住在北海公園裡，人家問我：「你經常說『凍不死僧』，街上有個路倒，是和尚，你怎麼解釋？」我說：「他一定是鴉片煙鬼。」他問說：「眞的嗎？」我說：「眞的，不是鴉片煙鬼，不會凍死的。」那時候在廟裡有好多抽鴉片煙的，和尚都有一盞燈，不是供佛燈，而是鴉片煙燈。他一說路倒，我就知道一定是鴉片煙鬼，犯了隱，倒在路上，死了。過去一看哪，眞是個鴉片煙鬼，確實是這樣。

你行正道，修行的和尚，不管住山裡，住多高，住多遠，人跡到不了的地方，護法會給你送去的。人到不了，天人能到得了，神能到得了，怕什麼呢？我們有些師父們，住山怕鬼。我說，那些鬼你怕他做什麼？他們是來聞法的。你不是給人說，人家不聽你的，你給鬼說，鬼找你來給他說法，讓他得度。

正命邪命，是在你的用心上說，有沒有法師跟他要錢的？那法師得大神通，不是一般的法師，他知道這傢夥非常慳吝，一文不捨。那好了，你讓我法，拿錢吧。他把他的錢拿來，這手拿來，那手就作布施，作供養，給他培福。我們和尚就給他當介紹所，把他介紹給諸佛菩薩。大菩薩什麼都示現，文殊師利菩薩並不是坐在山裡頭，讓大家磕頭禮拜，不是這樣子的。徧十方法界，文殊菩薩都去現身。對於邪命的，文殊菩薩現身，作個正命的，或者也示現邪命的，度邪命的人，要這樣來看菩薩。

若見於王　當願眾生　得為法王　恆轉正法
若見王子　當願眾生　從法化生　而為佛子
若見長者　當願眾生　善能明斷　不行惡法
若見大臣　當願眾生　恆守正念　習行眾善

這四願講王宮大臣。我們道友們很少接觸王宮大臣，不接觸也不熟悉。在世俗間，這是尊貴的，做了皇帝，做了大臣，他們有權有錢，能夠左右人民的幸福和災害，這四種人就是這樣。我們把他轉化爲於法自在，在法上能自在。法上怎麼表現自在呢？見思二惑能斷，還不說塵沙無明，還不說大菩薩。之後才能斷一切煩惱，斷一切無明，能夠得自在，經常轉正法輪。他若示現做國王，習行的都是善法，要一切衆生持五戒、行十善，這個世界一定安定。這個世界災難頻繁，這個國土一定是不行十善業，這是很容易判斷的。

「長者」，就是大富的，最有錢的，商業上的董事長、總經理，好像沒有權，他的錢就是權。過去說，有錢能使鬼推磨，這是形容詞！說有了錢，現在的法制國家，拿錢照樣能買。

大臣、國王、長者，他們是有權的，可以讓你富貴，也可以讓你貧窮。在過去，當縣長就可以滅門，現在不行了。滅門的縣令，能使你抄家滅門。七品小芝麻縣，官很小，他能使你抄家滅門。這是讓國王、大臣，轉成善法。國王，願他成爲佛，成爲法王。王子，「從法化生」，可以成爲菩薩，成爲佛子。長者，讓他明辯是非，不讓他作惡事，不作惡法，只作善事。這四類人，善惡兩途，觀想讓他們作善，不讓他們作惡。這就是觀想，讓他們「善用其心」。大家發願，每個國家的總統或者領導人，讓他們心裡生善心所，不要行惡法。如果都不爭權、不奪利的話，世界就太平了，哪還有打仗的？沒有了。

若見城廓　當願眾生　得堅固身　心無所屈

現在沒有用了，城牆都拆了！城牆是防禦敵人的，現在從空中來，飛機給你丟兩個炸彈，防得了嗎？「城廓」（按：「廓」或作「郭」）是什麼呢？把它回歸到佛法上，說你的心就是城，不讓貪瞋癡這些賊迷惑，要防範你的心城。像在家的佛弟子，沒受五戒，你受個三皈，也得防範，別讓他再去墮落，信邪門外道，就破了三皈，三皈也是戒！還有五戒，乃至比丘、比丘尼戒。「得堅固身」，「安得金剛不壞體，永住世間剎塵劫」。怎麼樣才是金剛不壞體？悟得空性，所作無爲，一切都是無爲法，悟得空性，這才是金剛不壞。無形無相的，還怎麼壞？得這樣身。心，根本就無爲，還能把它屈到嗎？「屈」是屈服的意思。這是見城，拿它比喻法，防範一切惡。「諸惡莫作」就是戒，佛叫我們「諸惡莫作」是止持，「諸善奉行」就是作持。「城廓」表什麼？表佛所制的一切戒法，不要犯，犯了就是作惡。心城，心像城廓一樣，要防範你虛妄的妄想，你那些煩惱賊、見思惑的賊，要防範住，別犯戒。

若見王都　當願眾生　功德共聚　心恆喜樂

「王都」跟城不同，城是縣城、省城、府城，「王都」是國王居住的地點，這一個國家的王都，是一切大臣共同議事的地點。願眾生，「功德共聚」，功德聚在一起的地方，心裡常時歡樂，聚集無量性功德。你的心城防好了，一切戒律都守住了，具足無量性功德。我們一天持誦、禮拜，除了念經、作佛事，吃飯、穿衣服都是作佛事，心裡頭常時愉愉快快的，煩惱不生。

見處林藪　當願眾生　應為天人　之所歎仰

前面是城廓，這裡是寂靜處。「林藪」是什麼意思？就是阿蘭如處，「阿蘭若」翻「寂靜處」，離城市很遠，離開聚落，修道沒有干擾，出家人應該遠離城市。現在有所不同，我們五臺山是城？還是山？現在變成城了，台懷鎮不是城嗎？朝山的時候，比五台縣還熱鬧，但是它是個山。我們這山裡，有好多阿蘭若寂靜處，普壽寺就是寂靜處。不是一個人住的就叫寂靜處。凡是阿蘭若，佛精舍，佛的道場，都叫寂靜處，就是修道的處所、說道的處所、行道的處所，都叫寂靜處。比丘大多數都住在森林、樹下，這樣好修行，清淨沒有什麼干擾，修道的處所。

天人所見的人間，只要有修道者，四眾弟子都可以，他非常恭敬、供養。供養不一定是給財物，他的供養是在空中給你合掌、禮拜，就像好多人看見空中雲彩的變化！處所不同，反映的情況不同。你到公安局，一定是談犯罪的事，或者治安問題。你到法院，一定是打官司，否則到法院幹什麼？他是打官司的。你到百貨公司，一定是搞經濟的。什麼處所，做什麼事！你到五臺山，到普壽寺，除了問佛法還談什麼？我們這裡不講其他的交易。

有人這樣問過我：「老法師，那些在家弟子，他們拼命的掙錢，想盡腦子，為什麼白給你們？」我說：「你是幹什麼的？」他也是大公司的老闆、董事長，我說：「你連這個還不懂，這是搞交易的。」他問：「你們也搞交易？」我說：「是。」「什麼交易？」我說：「他要求福！他感覺在社會上，做傷天害理的生意，怕下地獄。找和尚給我們消消災，就把錢給我們一些！請我們替你們消災的，這是罪福的貿易處所。」若是真心供養三寶，那是善根。若是拿些錢，那是買消罪，買福德。他又問：「還有這麼多？」我說：「還多得很，你要學一學，受過三皈才懂得，沒受三皈你不會懂得的。」

有時候說法的時候，並不一定說好聽的話，特別是有錢有勢的人，你要折伏他。他對三寶恭敬嗎？他給你個紅包，他認為出家人都愛錢，你可以不收。為什麼？罪業太大了，造業太髒，我不能給你消災，我消不了，拿回去吧，另外找消災的地方。這叫折伏，不要盡給他說好聽的，否則他也消不了災。你受他那個錢，不好受。我是說真的，你拿他那個錢吃飯、穿衣服，身上毛焦火辣的，很不舒服。世間人跟人不一樣，為什麼天人恭敬那些修道者？因為他有德。天人也想修福，不然他福盡了，五衰相現，他就會下地獄的，他也想培福。懂得這個道理就好了。

七　到城乞食時願

入里乞食　當願眾生　入深法界　心無障礙

「里」，就是鄉村、城鎮、聚落，想求飲食，你得到聚落，聚落就是農村。那時候比丘住在山林裡，能到國王那兒去求飲食嗎？不可能。能到都市去嗎？他住得很偏僻，都在鄉鎮上，或者有十幾戶人家，都可以。那個時候的印度國土，僧人乞食，乃至外道也乞食，一樣的。他住在深山老林裡頭，哪有吃的？有時候住在深山老林，他不乞食，他得犯戒，挖地下長的藥材。好多藥材是和尚發明的，和尚撿百草，可以吃的，他就煮熟了吃。很多藥材，像天麻是補大腦的，沒住山林裡頭，哪有天麻，藥鋪買天麻，很貴的。我們那時當犯人，肚子餓了，煮天麻當飯吃。

有好多事物，你要是有智慧，有方便善巧，就解脫，沒有智慧的，方便善巧就是束縛。這是文殊師利菩薩教授我們的，讓我們發願，看到在林藪住的修道者，對他們恭敬，那就叫阿蘭若處。大家讀《金剛經》，僧人大多數都住阿蘭若處，修道時沒有什麼干擾。等你住在這個地方，必須到農村去求飲食，那就是「入深法界，心無障礙」。這個山林，象徵入深法界，是指法說的。你在樹林裡化不到緣的，化飯是化不到的，只有到城市裡。但你不能住到城市裡頭，修道很不方便。

現在我們寺廟，好多是修到城市裡，也有搞政治。像我們客堂的知客，經常到縣政府，到各各局處，爲什麼？作護法。說我們到市裡乞食，深入法界。求飲食無障礙，深入法界，法界心是無障礙的，法界是形容的。我們講四法界，理法界、事法界、理事無礙法界、事事無礙法界，界是心生諸法，心裡頭生諸法，就叫法界，一切法還歸於心。法由心生，法還歸於心，這叫法界。入深法界就達到無爲，明明是求飲食，還是無爲。用心去觀，心無障礙。求飲食時，規定很多，要生平等心。若給人乞福，我向他乞討飲食，我給他幸福快樂，給他培福，也得給他說發願文。供養完了，還得問他：「你有何所求？」他要有所求，你就給他廻向，滿他的願。

「入深法界」，入世俗的城市，什麼都不要著。戒律上有個比喻，「如蜂採華，但取其味，不損色香」。蜜蜂只取味道，花不會壞的，顏色也不會壞的，它也不執著。比丘到塵世、到聚落去化緣，不要起執著心，不要起貪戀心，一切無著，心無障礙。這就是文殊菩薩教我們「善用其心」。

到人門戶　當願眾生　入於一切　佛法之門
入其家已　當願眾生　得入佛乘　三世平等
見不捨人　當願眾生　常不捨離　勝功德法

這是乞食的境界相，也是化飲食。化飲食到城市或者到城廓、到聚落，要乞食得到人家裡去！乞食在印度的規矩是托著鉢，到人門口，不許喊，不許叫，「化緣的來了」，這是不可以的。到門口就在門口一站，你站到人家門口的時候就發願，印度那個時候的農村風俗，比丘要化食了，每個家庭想布施的都會準備，你到人家門口這麼一站，就知道師父來化飲食。這個時候你心裡想：「當願眾生，入於一切，佛法之門」。到了人家的住室門口要發願，看見家門，就發願入於佛門。有的時候到人家門口，他請你進去，他事先準備好的，那比丘就進去了，單給你設座位，給你供上飲食，就在他家吃飯。有的他家裡用十二三歲的男孩女孩，多分是女孩多，早就準備好了，他不請你進去，就把供養的飲食放到你鉢裡。但是你這樣乞食化緣只能走三家，如果三家都沒有給你的，那你就回去，不許再多走，再多走就犯戒了。如果三家還沒人供養你，回去吧，今天托空鉢。

這只是到人家去乞食，到人門口要發願，什麼願呢？願一切衆生入佛法之門，見門、入門，發入門的願。他請你到他家裡頭去坐，受飲食，受供養，這個時候你要發願，「得入佛乘，三世平等」，進入人家裡頭之後，應當以佛眼觀一切。佛眼觀是怎麼觀法呢？第一個心境平等，有富有的家庭，有困難的家庭，不論富有的也好，貧困的也好，你發願觀想的時候，平等對待。如果是貧窮的家庭，他吃什麼供養什麼，那飲食就不好，就粗糙一點。如果是富有的家庭，那供養就很好了。

比丘在乞食的時候，不能夠起分別心，要平等對待。爲什麼說三世？貧富都與他的過去有關，過去沒有種善根，有沒有福報，也關於他的未來，今天供養飲食了，他雖然現生很貧困的，將來一定富有。他只是求世間福德說。比丘，到人家裡頭，就發願願一切眾生都入佛的境界，貧富平等。「佛乘」是什麼呢？你的心跟佛一樣的，要這樣觀察，心心平等。說你的心不要起分別念頭，走入大乘佛乘，或者無上乘。

用無上乘的心來觀一切境界相，就是觀一切，不論這個家庭是富有的，是貧困的，供養你的飲食，好和壞，不要起分別心。你到人家去，人家不供養你，你在門口站了一陣子，沒人理你，不能打門的，不能喊的。現在我們到人門口還敲敲門，告訴他們化緣的來了。他們要是不捨，不供養，你就走吧！你在門口站一站，沒誰理你，你就走開。走開時，發什麼願呢？也願眾生，「常不捨離，勝功德法」。「勝功德法」是什麼呢？就捨，布施就是勝功德法。這個眾生不肯布施，給他發願，等於加持，願他將來能捨。

不捨是什麼呢？殊勝功德法不捨，他不捨，也給他迴向，說你不捨很好，千萬不要把殊勝功德捨離掉，你這個不捨，就保護你的殊勝功德。不起煩惱心，不起憎恨心，還加持他，願他得殊勝功德。他不捨你就走了，走了願意他得勝功德法。他這個不捨，是不供養你飲食，給他發願，願他這個不捨是殊勝功德不捨。我們現在的心，恐怕沒有這種境界相，他不捨你就煩惱了，還加持他，還讓他得好處？恐怕我們現在的心，不捨就沒有緣，發願願他這個不捨得殊勝功德，對殊勝功德不捨，到他家門了也算有緣。

見能捨人　當願眾生　永得捨離　三惡道苦
若見空鉢　當願眾生　其心清淨　空無煩惱

「見能捨人，當願眾生，永得捨離，三惡道苦。」人家肯供養，肯捨離，讓他把三惡道苦捨掉，不捨的，讓他得到殊勝功德法，不要捨掉。這個兩種對照，見不供養、不捨的，也給他迴向，願一切眾生不捨離一切功德。見能捨的，就願一切眾生發願，捨離貪瞋癡，捨離三惡道苦。捨貧窮，捨痛苦，捨病惱，這是一切眾生都希望的；得歡樂，得富貴，得一切如意，這是一切眾生都希望的。但是在你乞食當中，什麼境界相都有，在印度好多證得阿羅漢果，化飲食化不到。有這麼兩句話，說這個比丘化不到緣的時候，是過去生修慧不修福，只知道自己修行，坐山裡修慧，既不布施眾生的衣物財物，也不布施眾生法。像我們出家人，布施只有法供養，對一切眾生都是法供養。對不捨的人也用法供養，對能捨的人也法供養，也用法供養，就是回報。

要是沒化到緣，托的是空鉢，回來了，是你過去生「修慧不修福，羅漢托空鉢」，證羅漢果受到人天供養，那福報很大了，證了阿羅漢果，但是沒人供養他，沒有緣。這時候你怎麼觀想呢？要是空鉢，也發願度眾生，空了很好，「其心清淨，空無煩惱」，意思是說你走一家，人家不供養你，走兩家，人家不供養你，走了三家，人家還是不供養你，不能再求了，事不過三。怎麼辦呢？不吃了，托空鉢回去。肚子餓了，空了，鉢也沒有飲食，這回發願發的是清淨願，什麼也沒有，「空無煩惱」。把煩惱都空掉了，都寂滅定了，煩惱空了，心裡就清淨了，乞不到飲食，肚子也空了，沒有糧食吃了，回去打坐，空肚子修行。沒吃飽飯，就睡不著覺，睡不著覺正好修行，不要起煩惱。我們到齋堂趕齋，或者因爲什麼事錯過了，沒有吃，煩惱不煩惱？今天空一頓飯，就當你害病，不想吃，那就回去吧！不要煩惱，就發這個願。

若見滿鉢　當願眾生　具足成滿　一切善法

「若見滿鉢」，供養很滿、很充足，那也發願了，「具足成滿，一切善法」。煩惱空掉了，剩下清淨法，成（盛）滿的都是善法，慈悲喜捨，布施持戒忍辱禪定智慧，這都是勝法，二種觀道，見滿鉢就發願，具足一切善法。或者你到人家，這家化飲食，人家非常恭敬你，一般的印度化飲食，童男童女把飲食頂到頭上，跪到他家門口等著，有的比丘還沒到，就跪到門口。這位比丘到離他臨近的村落，化緣時，大多數都認識了，都很熟悉了，因此人家對你很恭敬的。常時乞食，也不見得請你到家裡坐。比丘到了，就把童子、童女頂在頭頂上的飲食拿過來倒在鉢裡頭，再擱回到人家的頭頂上，完了就走了！

若得恭敬　當願眾生　恭敬修行　一切佛法

若得到恭敬發願，願一切眾生恭敬聖教，恭敬佛法，恭敬修行。「恭敬」是恭敬佛、法，你是僧，供養的是僧，佛法僧三寶都具足，是善法，具足一切佛法，都是善法。

不得恭敬　當願眾生　不行一切　不善之法

有時候到居士家庭，有的很恭敬，跪到那裡，有的小孩子調皮，不但不跪，就像打發討口子一樣，倒給你就跑了，很不恭敬。不恭敬的時候，你也不要煩惱，也要給他發願，不行一切不善之法，不恭敬、不禮貌，這都是不善法。

見慚恥人　當願眾生　具慚恥行　藏護諸根
見無慚恥　當願眾生　捨離無慚　住大慈道

在街道上，或是到村落上，看見有些人，非常謙虛，具足慚愧心，知道廉恥，就發願一切眾生都具足，六根保持清淨。眼、耳、鼻、舌、身、意六根，有時會犯錯誤，看見不知羞恥、不知慚愧的人，就常時思念慚愧，或者聽到惡聲音，這是不善的。聽到不正確的歌舞，要生起慚愧心，對不慚愧的人、不禮貌的人，不要生煩惱。不但不生煩惱，還給他廻向，願一切衆生，應當有慚恥，「藏護諸根」。有時乞飲食，你遇到的人，或者赤身露體的，不知道慚愧。你要懂得這是風俗習慣，像在國外，穿游泳服，乃至在海邊上裸體洗澡，你看見了，感覺這些人無恥、無慚無愧。但是人家這個國家就是這個風俗。有慚愧無慚愧，是這樣分的。我們所認爲的「無慚愧」，你應當生厭離心，住大慈道。

這是印度的風俗，跟中國的風俗，乃至歐洲的風俗、美國的風俗，各個風俗不一樣，要知道人家風俗。反正我們把無慚愧的人，當成惡人看待，把有慚愧的人當成善人看待，這是我們的分別心。對於這一切，都應當有個大慈悲心，「住大慈道」，就是生了慈悲心。對無慚無愧的人，不知道作惡事不好，他認爲他是對的，這是一種風俗習慣。在印度是一種風俗習慣，到我們這裡又是一種風俗習慣。我們看阿拉伯人，女性都戴著面紗，他們認爲女性不蒙面紗是無慚愧，這是他的風俗。每一個國家，每一個地區，都有風俗習慣。有很多的民族，三點不露，特別是女性的乳房。但是在西藏，藏族民族或者少數民族，不管有多少人，她拉下衣服就餵孩子，因爲沒有這個觀念。

說到國外，我是一九三六年到青島，那時青島湛山寺修好了，又修閒湛山精舍。就派我去湛山精舍住。湛山精舍在海水公寓的海邊，我看得很不順眼，那裡洗海水浴的人很多。有一位荷蘭人，中國話很好，在海關二十多年，他說：「法師你看不慣吧！得看慣一點，你們這個國家太閉塞了，這是運動，是健康的。」這叫習慣。後來到了美國，到了加拿大，到了新（紐）西蘭、澳洲，都是這樣子。文殊師利菩薩說這個法的時候，是指印度說的，不是到中國說的，也不是到歐洲說的，時代不同。我們學戒律也如是，印度風俗，不是中國風俗，更不是歐洲風俗。你就隨什麼因緣、對什麼機，在什麼時候說什麼話。我們認爲是錯誤的，人家認爲是對的；我們認爲是對的，人家認爲很封建。學佛法，佛教授我們的是圓融的。

這個道理可以用到戒律上。〈清淨道論〉，第一個就是論戒律。覺音長老在斯里蘭卡著〈清淨道論〉，是論佛在世所說的戒律跟現實生活。我們看不慣的事，人家講是衛生，人家翻過來看我們看不慣，認爲我們不講衛生。美國現在跟伊拉克打仗，想改變伊拉克的制度，讓他們民主，讓女的不要包腦殼，男女讀書在一個學校住沒有關係！人家中東是中東的生活，伊斯蘭教有他的教規。我們佛教能夠包容，能夠圓融，所以前面說，「住大慈道」。佛子應當都得住大慈道，大慈就是包容一切，只給眾生的快樂，隨眾生的緣。有慚恥無慚恥，應當隨你當時的國土、風俗、習慣。

現在很多寺廟，很多道場，四眾弟子共住，佛在世時不行，現在普壽寺不行，你到普陀山、峨眉山、九華山，四大名山都如是。我們不謗毀別人，現在四眾共住也好，「住大慈道」就是包容這些。你看不慣的，學著看慣一些，要隨緣。依你的心裡意願，可以這樣做，你不能讓一切眾生都隨你的意願。這是說乞食。乞食的時候，因緣好，討到了飲食，回來就好好用功，討飲食是為了保養身體，沒有身體怎麼能去用功？怎麼能修道？怎麼能成佛？

「比丘」翻為「乞士」，乞士是乞討的人，那跟討口子不一樣，他是上求諸佛之法，向三世諸佛、一切諸佛求佛法，來養我們的法身。向一切眾生求飲食，叫乞食，養我們的色身，目的是要得到法身。受人飲食了，乃至沒受到人家飲食，都要給人迴向，文殊菩薩教導我們「善用其心」，就是善給一切眾生迴向。

若得美食　當願眾生　滿足其願　心無羨欲

有時候，你得到很好的飲食，高高興興的，很願意給人迴向，滿足人家願。人家沒供養你飲食，也要給人迴向，給你的飲食很不好也應給迴向，你是不是高興地給人迴向？我們現在沒有這個情況，今天齋堂吃的飯菜，口味不合，你心裡生煩惱沒有？過去在福州、鼓山，打齋是打麵齋，有些人不喜歡吃麵，還不如不打齋，還能吃頓飯，打齋了根本不想吃。不但不給他迴向，還抱怨幾句，這是錯誤的。他沒有學〈淨行品〉。像這樣托鉢人家沒給，沒給還要給他迴向，心裡能平等嗎？沒有煩惱嗎？證了阿羅漢，那不錯了，他沒煩惱，所以「若得美食，當願眾生，滿足其願，心無羨欲」。

得不美食　當願眾生　莫不獲得　諸三昧味

得到好的飲食，高高興興的給人家迴向，不好的飲食也要高高興興的給人迴向。人家供養你飲食，一般的比丘乞食完了，都問人家：「汝何所願？汝何所求？」人家沒有什麼所求，那就一般的迴向！有所求，或者家有病人，祈禱他好，那就給人家迴向，這是個人對個人。現在我們是大眾，三寶弟子懂得供眾，打普佛供齋，這是大眾的迴向。當然他沒供養你，他也沒所願，對話也沒跟你對，自己發願給他迴向。像人家請你去應供，不去的有沒有呢？現在我們是集體生活，我們在外頭講經說法，居士請你到素菜餐廳吃飯，是去呢？是不去呢？不去是犯法的，犯戒法不犯國法。

佛是應供，佛名裡有「應供、正徧知」，這叫「應供」。你不去，或者你在說法，或者有什麼別的事故，得給人家說個吉祥如意。得到美好的飲食要給人家迴向，得到不好的飲食也給人家迴向，把不好飲食當成最好的三昧味，即法喜。好的不要起貪，不好的不要起憎嫌，要高高興興的，這樣的給人家迴向。不論好飲食、不好飲食，照樣的發願迴向。這不是戒律，一百四十一願不是戒律。文殊菩薩教授我們行清淨行，你不行沒有關係。你發願是你行菩薩道，我們說業障，障住你不能發願，這是淨行，不是戒律。

得柔軟食　當願眾生　大悲所熏　心意柔軟

「柔軟」，飲食很柔和。像我們一般人無所謂，老年人就不行，飯煮硬一點，吃下去，吃了他胃痛，喝稀飯就好了，就點鹹菜。齋堂沒得選擇，給你什麼吃什麼，不好的你不吃，或者你不吃，不要生煩惱。煮的爛一點，那好幾百人，有的喜歡吃硬的，有的喜歡吃軟的，個人愛好不一定，但是你是乞食，人家做給你什麼你吃什麼，有選擇嗎？到餐廳可以。過齋堂不行，還不允許你說話，沒有發言權，有什麼你吃什麼。都要發願，一個是大慈，一個是大悲，飲食不柔軟，你心裡柔軟一點，「大悲所熏，心意柔軟」。

有人問我說：「大眾僧不可不住，也不能久住，這樣對不對？」有的道友說，自己在這兒住七八年，住十來年，該不住常住了？不住常住，去修道吧！你自己有沒有本事獨立修道？自己單獨住一個地方修道，有沒有本事保持清淨三昧不斷。當你在常住住的時候，飲食是現前的，衣食住行是現前的。但是得有個要求，得隨眾，除了有病特殊，你一天也不上殿、不過堂、不隨眾，怎麼活著？可以到台懷鎮買點速食麵，反正有開水，沖點速食麵自己吃！一頓兩頓可以，你三天五天不上殿，糾察師問你怎麼不請假？住常住的不自由，不能心裡想怎麼著就怎麼著。你打坐或者持咒或者參禪，坐的很舒服，那邊打板了，今天有個普佛，你不去？住常住有大眾加持力，有它的好處。個人共住，或者住山裡頭，古來人說不破參不住山，沒悟明心見性之前，不能離開大衆！明心見性，你可以住山，可以自己住。爲什麼？不會再犯戒，不會再犯錯誤。

有人給我打電話說自己著了魔，男的遇著女鬼，女的遇著男鬼，這些大多數都發生在單衆。有沒有這些現相呢？確實是有，看你怎麼對待？有沒有清淨心？是因爲你的心不淨，外境才現前，心淨了外境不會現的。心淨了連國土都轉化，我們這些人心不淨才碰著天災、人禍、地震、戰爭、缺水。說你沒有大悲心沒有大慈心，這個飲食說軟弱，說柔軟，是表法的，說硬了，你用大悲心熏一熏就有了。你吃軟的飲食，心裡又柔軟，吃硬的飲食，我們和尚能做什麼？只能念咒，念念經，實在沒辦法了，求觀世音菩薩大慈大悲加持，求地藏菩薩加持，你還能做什麼？不能跟衆生鬥狠。

得麤澀食　當願衆生　心無染著　絕世貪愛
若飯食時　當願衆生　禪悅為食　法喜充滿
若受味時　當願衆生　得佛上味　甘露滿足
飯食已訖　當願衆生　所作皆辦　具諸佛法
若說法時　當願衆生　得無盡辯　廣宣法要

飲食是表法的。乞食是化緣吃飯，這是生活中最大的要緊事，一共說了有二十二願。飲食粗糙的，飲食不好的，飲食好的，反正在吃飯的時候有很多的事，說你的心，不要在這上起分別，不要把觀念都注重在吃飯上，應當注重在道業上。這些應當學習，學習發願，使你的心地清淨。文殊菩薩教授我們「善用其心」，衣服飲食，你每天離不開的。衣服可以多穿幾天，飲食不行。人家那些寺廟，是一天三餐，我們這個寺廟一天是兩餐。我小時候住寺廟，早晨永遠是稀飯，希望早晨有乾飯，那辦不到，還加饅頭、加花捲，哪有這個事，加兩塊地瓜都不可以。早晨就是稀飯泡菜，什麼泡菜？我那時最不愛吃的，但是頓頓都如是，在福建福州有種莧菜，那種醃不是鹽，泡不是泡的，醃的酸不酸，甜不甜，鹹不鹹，不曉得怎麼做。你吃也得吃，不吃也得吃，這頓是這個，二頓還是這個，永遠是這個。

爲了學法就得忍受，就像〈淨行品〉教我們的。那時還不懂得發願，學《華嚴經》學會了才知道，那時哪懂得發願，不高興了就是一肚子氣，高興的時候很少。那幾年過去了，到青島湛山寺就不同了，早晨有油酥花生米，油酥黃豆，各種小菜，那是北方的味道。而且供養的好，早晨稀飯饅頭花捲，什麼都有。大家在飲食上一定要注意，不管粗的細的，遇到什麼發什麼願，遇著粗糙的不好吃的，心裡不要生染，世間的貪愛要斷絕。

一到吃飯的時候，是以禪悅爲食，坐禪有種歡悅、喜悅。得到法喜，在口味上不要講究，要講究法味，以佛所說的法爲上味。「甘露」，經常有所謂的甘露灌頂，說是吉祥的藥，不死的藥。有的說是宋朝發明的，其實在漢武帝做銅雀台，接天露，天露就是露水，「甘露」，說吃這個可以不死，但是這個世界沒有不死的。有位大臣叫東方朔，他不認同不死藥，就把它吃了，皇帝就要殺他的頭，他說：「你斬不了我！」他說：「爲什麼我斬不了你？」他說：「我吃了甘露藥，你能殺得死我嗎？」皇帝就笑了，把他放了，沒有殺他。這叫甘露藥，關於甘露藥的故事很多，本來是道教發明的，佛教也講甘露。

我們現在受的味多數是素菜，各各地區的素菜都不同。像我們在西藏，他看見我們漢人吃素菜，他說你們不是人，我問他爲什麼？他說牛馬才吃草，你們吃草。他們從來不吃素菜，就是酥油糌粑，加點白糖就很好了。後來漢人多了，漸漸也習慣了。剛一解放，種大白菜，大蓮花白，蘿蔔都一二十斤，因爲土地肥沃，沒種過菜。

這一段經文是你遇什麼發什麼願，千萬不要生煩惱。我們一天在飲食上生煩惱的時候多。但是，有的道友不多，只是三五口，老法師自己會做，他嫌廚師做的不好，親自做十樣，我給他起的外號叫十樣錦。還有到廣東餐廳，最初我很不習慣，一會推過來一個小車，好幾十樣，看你要哪樣，都是一點點，吃一盤算一盤的錢，推過去，一會又推回來，飲食各各地區不同。說人生爲什麼？就是爲了吃飯穿衣，再吃的不好，那就沒有什麼意思，活著就沒有意思。我跟他講，我說人活著是爲了了生死，活著是爲了不活著，不活著是爲了常活著。怎麼講呢？他說人這一生就是吃穿，吃穿有什麼意思呢？爲了吃穿犯罪，坐監獄乃至捨掉性命，就是爲了吃穿，還有爲了男女關係。他不明白佛法，你給他說佛法，人的生活就爲了不生活。活著就爲了了生死，活著的目的就爲了生死，了生死之後永遠活著。這道理應當懂。

文殊菩薩讓我們作任何事物都要發願，轉化你的心。這個轉化只有兩種，一種是度衆生，一種是成佛。成佛是爲了度衆生，度衆生是爲了成佛，哪個在先？哪個在後？思惟一下。說你吃飯吃飽了，吃完了，我們結齋的時候，念：「飯食已訖，當願衆生，所作皆辦，具諸佛法。」結齋的時候，所辦事都能成佛。

吃飯是作一堂佛事，吃飯也是跟打普佛一樣，怎麼講？你吃的飲食是人家供養的，打普佛是另外加點錢，那給他念的多一點。吃飯的時候，也要給人家念，最後念：「飯食已訖，當願衆生，所作皆辦，具諸佛法」。這個偈，是根據文殊菩薩教授來的。吃飯穿衣是爲了生活，生活又爲了什麼？我們生活是爲了不生活，爲了死，死而後已。佛教徒不是這樣，我們爲了永遠的生活，不要在生滅流轉，證得自己的法身。但是，法輪未轉，食輪當先。轉法輪得吃飽肚子，法輪才能轉得動，不然法輪轉不動，把吃飯變成轉法輪。食輪，每天都如是轉，今生如是轉，來生如是轉，生生世世如是轉。到了三惡道就轉不成了，讓你發願，讓一切衆生具足佛法，永遠不要墮落三塗，吃飽飯了就要做點事。

八 還歸洗浴時願

從舍出時 當願眾生 深入佛智 永出三界

以下有五願，你吃飽飯了，從舍宅出去的時候，準備離開了。「深入佛智，永出三界」，離開三界走了，什麼舍？三界，「三界無安，猶如火災」，永遠離開三界。把家看成像三界一樣，從家出去，發願我永遠離開三界，再不到三界流轉。怎麼能出得去？「深入佛智」。願一切眾生都能有佛的智慧，有佛的智慧就能出得去；但是得深入，入淺了還出不去。換句話說得到解脫了，二死永絕，永斷一切煩惱，再不受三界的束縛，不受三界苦。

若入水時 當願眾生 入一切智 知三世等

「若入水時」，你可以變化一下，因爲現在我們都是沐浴，「若沐浴時」也可以，用水洗身的時候也可以，「當願衆生，入一切智，知三世等」。當洗浴的時候，把水形容爲智慧，或者沐浴也好，入水洗也好，沖洗也好，用水洗身體的時候，把世間的塵垢、灰塵洗乾淨。那你就想把我的煩惱洗乾淨，永遠不要再煩惱。

洗浴身體　當願眾生　身心無垢　內外光潔

在洗身的時候，讓身心無垢。我們好多是洗身，從來不洗心，但是你要發願，願眾生洗身的時候也把心洗一洗。心用什麼洗？用佛所教法洗，外邊光潔不行，裡頭還很髒，把裡頭也洗一洗。你在三界之內所積的塵垢，用佛所教授的方法洗你的意念，也就是洗心。身體清淨了，洗完澡很高興的，很舒服，心裡就生起喜悅來了，生歡喜心。或者夏天很熱惱，用涼水沖個涼，不是很舒服？讓身心無垢，身體舒服了，讓你的心也舒服，「內外光潔」。

盛暑炎毒　當願眾生　捨離眾惱　一切皆盡

特別是在夏天，出一身汗，拿水沖沖涼，不是很高興嗎？就是這個涵義。「一切皆盡」，無明塵沙一切煩惱都斷盡，佛所說的一切教法，是讓我們把一切煩惱都洗乾淨。「炎毒」是我們在三界之中很熱惱，煩惱的火比外頭的太陽還熱。當你生煩惱的時候，脾不好，會影響到你的肝，你用水一沖，什麼水呢？法水。把佛所教法形容成水，用法水洗個澡。

暑退涼初　當願眾生　證無上法　究竟清涼

這是說過了七八月份的時候，暑天剛過去，我們現在感覺太涼了，這幾天下大雪更涼了。心裡眞正要清涼的話，得入佛的教法，佛的教法只聞一聞、聽一聽還不能清涼，必須得證得。當十信滿心，〈淨行品〉一完、登初住的時候，你就高興了，叫發心住。這時候發菩提心，再不退，再不墮落三界。信心滿的時候發初住，重新發菩提心，這是斷無明的開始，證得法身。三賢位逐漸的登到初地，究竟清涼了，那時才能得了清淨。

九 習誦旋禮時願

諷誦經時　當願眾生　順佛所說　總持不忘

讀誦大乘經典，或者是懺悔，或者是禮拜，或者是供養。讀大乘經典的時候，要供養，但不用供養很多，一支香也可以，如果連一支香都沒有，用心香供養吧！念個偈讚，用偈讚供養，燃一支香也可以，觀想用法供養，普賢菩薩教我們用法供養，用意念觀想供養，觀想這一支香徧滿法界，使你的願力加大。大乘經典都是佛所教授的，你要把意思總持到，不要忘失。凡是佛所教導的都是教我們怎麼樣去做，怎麼樣去修。順佛所教導，不要忘失佛經上的道理，總持它的道理。「總一切法，持無量義」，不要忘佛所說的道理，這不是指文字。

有位道友曾經跟我這樣說，他念《金剛經》，念了二三十年。我問他，《金剛經》說什麼呢？教我們幹什麼呢？他說自己念的是《金剛經》嗎？《金剛經》就是念《金剛經》嗎？你跟他講不清楚，他認爲自己是對的。經上是告訴你怎麼去做，不是讓你念那個字，你光把字會背，你背了一二十年，究竟叫你幹什麼呢？你讀《彌陀經》、《金剛經》、《觀音經》、《地藏經》，讀哪部經都告訴你，怎麼樣斷煩惱！很多道友讀了很多經，學了很多經，讀了很多論，還不知道怎麼修行。

有些這樣問我，我說你是眞的嗎？還是開玩笑？那你在幹什麼？念佛有念佛的次第嗎？修觀有修觀的次第嗎？你念哪部大乘經，哪部大乘經都告訴你修行的方法，你離開這個還另外去找個什麼方法！《金剛經》告訴你，平日不要執著，不要我相、人相、衆生相、壽者相，怎麼看好你的心，怎麼樣住心，胡思亂想、貪瞋癡的時候，你怎麼降伏它！佛所說的教法，順著佛所說的，完了去做。「總持」是什麼意思呢？「總一切法，持無量義」，佛所說一切法，無量義只是一個道理，什麼道理？了生死、成佛。再發個願，願衆生了生死、成佛。

若得見佛　當願眾生　得無礙眼　見一切佛

「見佛」是見佛的相，見佛的性，佛的性就是我們的性，讓一切人都悟得佛性。悟得佛性，六根都圓融了，無礙眼見一切佛！過去的現在的未來的，一切諸佛，一即一切，見釋迦牟尼佛，就見盧舍那佛，就見毗盧遮那佛，也見阿彌陀佛，也見不動佛。一切佛就是見一尊佛，一即一切。願衆生這樣作，「得無礙眼」，不是你證的，文殊師利菩薩教授我們〈淨行品〉，讓你願他們都得無礙眼，發個願而已。這一百四十一願，天天念，天天作，就是修行，另外還修什麼？你念一遍，照著去作。有時候他說理，有時候又說事，事是爲了顯理，理是爲成事，都是你現在一天所有的生活。

諦觀佛時　當願衆生　皆如普賢　端正嚴好

「諦觀」，當你見了佛像，生了歡喜心，在那兒靜坐觀想佛像，觀想佛像的白毫相光，觀想佛的無見頂相，觀想佛的目，觀想哪一部分都可以！《十六觀經》不是讓我們普偏觀，而是一相一相觀，每一相都圓滿，都像普賢相貌似的，這樣來作觀想。

見佛塔時　當願衆生　尊重如塔　受天人供

我們經常見到塔，像五台山白塔寺的白塔，就是佛的舍利塔。把一切衆生都尊重像佛一樣的，讓一切衆生也尊重一切衆生，都像佛一樣的。我們對塔都是恭敬的，對一切眾生都是恭敬的。

在西藏，西藏的塔很多，特別是嘛呢堆，用石頭站一個嗡嘛呢叭彌吽。路過的人，給他幾個錢說我要站十塊，你給他，你走了，他一定給你站十塊！不會給你站九塊八塊，因爲他怕背因果。他一生就做這個，你給他錢，他也站，不給他錢，他也站，我們看見這些，嘛呢堆就像「嗡嘛呢叭彌吽」一樣的。

或者看見一個塔，圍著塔轉！願一切眾生尊重佛塔，供養塔，不是說你帶什麼東西，而是你心裡起恭敬心。塔，以前就認爲是寺，或者認爲是寺院。凡是塔裡頭都有佛像，都有佛的舍利。凡是作塔要裝藏，佛法僧三寶，佛像法寶，成就僧人的像，都可以裝藏，每位祖師塔裡，都有他一生的事跡，或者他的肉身火化之後了有他的骨灰，印度話叫「舍利」，中國話叫「屍骨」，死後的屍骨就叫「舍利」，把它當成佛看待。

敬心觀塔　當願眾生　諸天及人　所共瞻仰
頂禮於塔　當願眾生　一切天人　無能見頂

瞻仰他的德，瞻仰他的智慧，瞻仰他的法身！見了塔都要頂禮磕頭，任何人都不能見到佛的無見頂相。一切天人無能見頂，不能見到佛的頂相，不是我們這個塑像的頂相，而是佛的無見頂相，三十二相的最後一相是無見頂相。無見頂相是說佛的神通力，他的無見頂相是佛神通力所示現的，佛的神通就是佛的神通力所在，說你見到佛像，見到塔，形容看見頂了，看見這個不是眞的，是假相。佛有一個無見頂相，一切衆生是見不到的，必須成了佛才能見到，成了無見頂相。

右繞於塔　當願衆生　所行無逆　成一切智
繞塔三帀　當願衆生　勤求佛道　心無懈歇

佛弟子一切都向右！右是順佛所行，進了殿，進了法堂，一定向右邊轉。「繞塔三帀」（按：「帀」或作「匝」），繞三匝或者繞七匝，或者無量匝，一匝就是一圈。我們這裡的佛像是緊靠著後邊，印度佛像是在中間，塔也在中間；現在我們佛像有靠背，走不通，這是不合法的。合佛制是佛像在中間，一進來頂完禮，沒頂禮先繞佛三匝，或者繞七匝，之後在中間再給佛磕頭。漢人對這個知道的很少，印度像一定要轉，你看繞塔、繞嘛呢，他都是這麼轉。但是不能從左轉，左轉是逆行，一般是繞三匝，繞七匝、無量匝都可以，這是表示「勤求佛道，心無懈歇」。

學佛想成佛，沒有懈怠，沒有休息的時候，「歇」就是休息的時候，要這樣的常時觀想。

讚佛功德　當願衆生　衆德悉具　稱歎無盡

讚佛相好　當願眾生　成就佛身　證無相法

稱讚佛的功德是讚不完的，諸位道友都念過〈普賢行願品〉，〈普賢行願品〉一開始，普賢菩薩讚歎佛的功德，讚佛的功德想到什麼呢？想到一切眾生，人人都具足佛的功德，這是人人本具的性體，不過沒發挖！稱讚佛，你用世間最好的語言文字，怎麼讚歎都讚歎不完，諸佛跟諸佛讚歎佛的功德都讚歎不完的，別說眾生了。讚佛每一相，願一切眾生，「成就佛身，證無相法」。佛的最好相是什麼相呢？無相。讚佛的時候說，你觀想這樣一個偈子，念經的時候前面都有讚佛的偈頌，大家最熟悉的是「天上天下無如佛，十方世界亦無比，世間所有我盡見，一切無有如佛者。」讚歎佛的偈頌，每部經的前面都有，諸大菩薩讚歎佛的功德，那就太多了，不論念哪部經，前面都有讚歎佛的偈頌。

十　寤寐安息時願

若洗足時　當願眾生　具神足力　所行無礙

從早到晚一天的事情都作完了，要睡覺了！佛在世的時候，一天當中要洗好多遍腳，爲什麼？因爲他赤足，進佛殿要先洗腳。到晚上要睡覺了，安靜下來，要洗腳，乞食回來要洗腳。大家看《金剛經》上說，佛要乞食了，穿上衣，托著鉢乞食去了，回來，吃完飯了，把鉢多羅洗了，也洗過足了，陞座了，自己拿著草往地下一鋪，坐下了。須菩提就過來問，每部經都如是。要想作佛事，大家聚會，先洗洗腳。洗腳也得發願，發什麼願呢？具足神足通，這是形容作任何事情得神力的加持。足是走路的，但是我們把它形容為行道，行道的時候沒有障礙，一直到成佛。一天的事情做完了，洗腳，該睡覺了，洗完腳就再不做事，上床睡覺了。

洗腳的時候得發願了，願一切眾生都得到神足通，所行無礙，讓一切眾生都能知道法的所在，能夠修行。佛在世的時候沒有穿鞋，沒有穿襪子，一天都在洗腳。就像我們一天當中，手要作什麼事，作完事要洗洗手，要打坐了洗洗手，要上殿了洗洗手。佛在世沒有過堂，都是個人乞個人的食，功夫用完了，要休息了，要上床，要發願。

以時寢息 當願眾生 身得安隱 心無動亂

臨睡覺了，還得發願，發什麼願呢？「以時寢息」，常住有常住的規矩，個人作息時間有個人作息時間，願眾生睡覺的時候，老老實實睡覺，「身得安隱（穩）」，心無動亂」，心動亂身不安穩，身要動亂，心就不定。我們道友有沒有失眠的？在家人失眠的多，要吃安眠藥，安眠藥吃久了也不靈了，為什麼睡不著覺？心動亂，身不安。好多在家的道友，愁公司的事，或者人我是非的事，家庭不和的事，要睡覺時一家人吵吵鬧鬧的，倒到床上能睡得著嗎？因爲身不安穩，心在動亂，身不安穩，心就煩惱了，煩惱了也就動亂。

該睡覺就睡覺，該休息時候要休息，當你睡的時候，念這個偈子要觀想，或者觀呼吸也可以，或者念佛。我囑託受三皈的弟子，念「皈依佛、皈依法、皈依僧」，臨睡覺的時候想的就是佛法僧三寶。

睡眠始寤　當願衆生　一切智覺　周顧十方

有的道友能夠一睡就睡了，這是六十歲以前，六十歲以後不行了。七八十歲到九十歲，夜裡要起來好幾次，回來倒下又睡了，那也算心得安穩，這是生理的關係。「周顧十方」是說佛的智慧，以佛的智慧才能周顧十方，他的知覺一恢復，能周顧十方。這個時候要發願，剛一恢復知覺要發願。我們勸一切衆生念佛念法念僧，把二十四小時銜接起來，晝夜不離開佛法僧三寶。

結歎因所成益

佛子。若諸菩薩。如是用心。則獲一切勝妙功德。一切世間。諸天。魔。梵。沙門。婆羅門。乾闥婆。阿脩羅等。及以一切聲聞。緣覺所不能動。

文殊師利菩薩就跟智首菩薩說，「佛子」，是稱讚智首菩薩說的，一切菩薩要行菩薩道，就按這一百四十一願用心，能獲得一切殊勝功德。菩薩一天發這一百四十一願，能得到殊勝妙的功德。「所不能動」，是說行清淨行的菩薩，這些要干擾你的，干擾不到，從不墮二乘，不會退墮，永遠行菩薩道。爲什麼二乘也包括在裡頭呢？二乘不發菩提心，他認爲自己已經成就，他所見到的釋迦牟尼佛，他所跟的老師也就證得如是，他不進入大乘菩薩道。

「沙門」，就是「息滅貪瞋癡，勤修戒定慧。」這整個一百四十一願，十信位菩薩，這一百四十一願不斷，能如是行，具足了，入了信位，都能達到清淨行。這時候要發菩提心，但僅僅發願是不夠的，還要發心。發心之後才能進入修行位，進了修行位才能破無明，破一位無明證一位法身。在《華嚴經》，發菩提心講四十位，三賢位都算。入初住的時候就像佛一樣，能夠說法度衆生，初住的菩薩能化現佛身來度衆生。有這個因，將來一定能成就佛果。我們經常講，「初發心時成正覺」，一發菩提心便成了菩提正覺。初發心跟究竟菩提心，這兩個心哪個難一點？「如是二心初心難」。初發心的這個信心很難，要是發了心、入了住，再發菩提心，一定能夠達到佛果，修行就比較容易了。

這裡講信心堅定，這個信心堅定跟講十信位的信心，不一樣！那是初發心，這個信心是成就的信心位。只要每一位衆生受了三皈，就是菩薩。身雖在俗，心同菩薩，他發心了，跟菩薩一樣的。你一天的身口意三業，能夠止住不行惡，所行皆是善！乃至舉心動念、擡腿邁步，都在一百四十一願裡。

這裡講的第一信就是信心堅定，信佛信到很殊勝，惡念不起。第二信，信十方諸佛，他的心得到不動。第三信，信十方諸佛，佛身的根本智，與我現在的身、現在我的智慧，沒有什麼差異。這個信心很不容易的，這是成就的。爲什麼諸位菩薩能夠在一百億世界示現化身？只有《華嚴經》這樣說，其他的經論不是這樣說的，教義不同故。其他教義得登到初地，三賢位的菩薩和初住就有這個本事，《華嚴經》把無明定成四十位，其他的經論定成十位，登了初地才斷，《華嚴經》定四十位，從十住開始。

第四信，信三賢四聖。我心能行的三賢，就是十住十行十迴向的菩薩，這叫三賢位菩薩，到了十地的菩薩，證了聖果。但是初地菩薩破的一分無明，跟三賢位所破的不一樣。第五信，十方諸佛皆從三昧生，我亦如是，十方一切諸佛都能得到總持陀羅尼門。第五信的菩薩，信十方諸佛都能證得總持陀羅尼，陀羅尼是什麼呢？三昧就是總持三昧，得到一切智、一切種智。第六信，信十方諸佛神通妙用，我亦能得。這是根據《華嚴經》其他品的經文，我們應該有百劫成佛，就是初住的菩薩，能夠利益眾生得到這種神通妙用。第七信，佛的智慧一切種智、究竟智，我已當得，我也得成就。第八信，信佛的大悲，普偏於一切，我亦當得。第九信，信佛的自在，我亦當得。你連這個信心都沒有，怎麼能得到呢？第十信，我自己現在發菩提心，經無量劫，我的德和我的所行，滿位了，跟諸佛齊等。這無量劫也就是我現前一念！我們經常說一念無量劫，無量劫即是一念，這是十信滿心菩薩所得的。

文殊菩薩告訴智首菩薩說，誰若能這樣作、有這樣的信心，能夠依著我所說的淨行，發願利益眾生，一定能成佛。你問我一百一十問，我所能達到的、我所能跟你說的，就是這一百四十一願。

我們能念一念，算不算達到呢？念一願時，你的心就住到那一願！念到一百四十一願時，你的心就注重一百四十一願。當你看見什麼發什麼願，可以自己用智慧編。現在有汽車，那時候沒有，看見汽車，你也可以發願，輪船沒有，你看見輪船也可以發願！大輪船能度好多人，飛機能度好多人，火車能度好多人！你可以把它們比喻爲羊車鹿車大白牛車，都可以如是發願。當信位入的時候，從初住直至于成佛。這一百四十一願，告訴我們這些事。

如果大家不能夠遇事發願，至少可以每天誦一遍。如果能遇事發願，遇著什麼境界就發什麼願，那就最好了。

淨行品 竟

【附錄】

佛子

菩薩在家　當願眾生　知家性空　免其逼迫

「佛子」，就是菩薩，大道心的衆生，稱爲菩薩！你受三皈，就是菩薩。在家的時候，怎麼樣去行菩薩道？怎麼樣認識家庭？對家庭怎麼認識？不要在事相上！在事相上，家庭的逼迫性很多。要知道家庭的體性是空的，若你這樣觀想，可以離開很多逼迫的苦。

但這樣去認識家庭的很少，不是沒有。能不能依照文殊師利菩薩的教導，而認識家的性體是空的？如果認識了，你不會有所留戀。我們有些道友出家之後，經常回家，這樣出家等於沒有出！已經離開了那個逼迫，還要回去追求那個逼迫。

文殊菩薩告訴我們，知道家是空的。從理上講，這是業緣和合的，過去業緣和合的。菩薩在家的時候，知道家庭在理上是不存在的，是空的。你這樣免去它的逼迫，所以出家頓入空門，就是這個涵義。

孝事父母　當願眾生　善事於佛　護養一切

妻子集會　當願眾生　冤親平等　永離貪著

菩薩在家庭之中有父母，他把孝事父母變成「善事於佛，護養一切」，還是孝順父母的意思。以這種觀念、這種思想，出家之後，把佛當成父母。報父母恩、孝順父母，不是讓你回家事養父母，那你在家就好了。而是讓你觀想，觀想讓他們得到出離，不要再在三界輪迴。若孝順父母的話，你出家之後，精進修道，一子得道，九祖升天，家裡九代都能夠得到幸福。在家的時候要孝順父母，因為你是菩薩，歸依三寶了，把佛當成父母，「護養一切」。

如果用世俗的眼光看，佛的教授跟世俗的看法，還是相同的。孝養父母，一定要孝養。怎麼孝養呢？不是關心他們的衣食住行，而是要讓他們得度，超脫三界。用這樣的觀想，以你的道力，把所作的功德，修道所得，迴向給父母。對佛菩薩，能夠當成父母那樣看，觀想要那樣想。

家庭的組織，得先說父母，其次是妻子，對自己的妻子，對一切眾生，要平等平等，不要生貪愛心，不要生執著心，但是這個跟父母不同。佛教不是講不孝，佛教也講孝順。看看社會上不孝順父母的，佛在其他經論教導說，連禽獸都不如。我們看烏鴉，大家都討厭牠，如果早晨第一次碰到烏鴉，在家人認為很倒楣，烏鴉是不幸的象徵。這是錯誤觀點，就世俗的觀點也是不盡相同的。在印度，若看見喜鵲，認爲最倒楣了，說牠是非多的很，嘰嘰喳喳，嘰嘰喳喳；若看見烏鴉，反倒認爲是吉祥的。因爲烏鴉非常孝順父母，烏鴉會反哺，當媽媽生了牠之後，牠成長了，牠媽媽就可以不動了，小烏鴉在外面打食養活牠媽媽，這是第一點。還有，當牠媽媽過世了，小烏鴉永遠守著林子。唐代白居易的詩寫道：「慈烏失其母，經年守故林。」是指原來那個樹林子，牠媽媽死到那裡的，牠不離開，守著樹林，表示孝順。禽獸不如的意思，是說我們現在的人，孝順父母的心就很少了，在家不能孝順父母，出家也不能侍奉佛。

對於妻子，這屬於愛。辭親，對於父母要辭別，得父母許可，才能出家。父母不聽，不能出家，這是佛規定的，父母不聽不能收。你若收他作徒弟，得問問他父母答應不答應，妻子就不然了。

這兩段經文的意思就告訴你，願一切眾生好好侍奉佛，聽佛的教誨，依教奉行。供養佛，護養佛。對妻子，對一切眾生，都把他們看成平等平等，沒有貪著之念，永離貪著，一定要離開貪愛。這是有信位的菩薩。

若得五欲　當願眾生　拔除欲箭　究竟安隱
伎樂聚會　當願眾生　以法自娛　了伎非實

若是在五欲當中，得到五欲境界，這是害，等於中箭一樣，要把這種欲箭拔除，你才能得到安穩。五欲境界使你不安穩！在歡樂場合、音樂場合聚會，那就發願，願眾生以法自娛，學法、學道，了知這些伎（妓）樂都不是實在的，而是虛妄的、有過患的。

若在宮室　當願眾生　入於聖地　永除穢欲

「若在宮室」，在尊貴的帝王之家也發願，「入於聖地」，除掉人間宮殿的穢欲。當你做一件事，都往好處想，想什麼呢？想清淨，這叫〈淨行品〉，你的行動都讓它清淨，離開社會的污染。這是指在家人說的，不是指出家人。出家人是不可以的。

著瓔珞時　當願眾生　捨諸偽飾　到真實處

「著瓔珞時」，願一切眾生，虛偽的裝飾，美容、化裝、裝飾品！菩薩身上還掛珠寶，顯示有錢。這是在家菩薩，不是出家菩薩。這些瓔珞、珠寶都是虛偽的裝飾。「捨諸偽飾」，表示眞實，眞實是什麼？是功德，道業是眞實。

上昇樓閣　當願眾生　昇正法樓　徹見一切

學習正法！因爲前面第一句說，「菩薩在家」，是指三寶弟子，稱「菩薩在家」，不是一般的在家人，一般在家人不會聽你的，沒入佛門，他聽你的嗎？「昇正法樓」，依著佛所教授的、佛所教導的一切正法，你才能明了，才能開智慧，才能徹見一切。

若有所施　當願眾生　一切能捨　心無愛著

「所施」是施捨給別人，幫助別人。施捨所有的財富、物質，幫助別人！那時候心裡沒有貪愛心，沒有執著不捨的心。捨！得！捨世間法、得出世間法，捨染汙法、得清淨法，不是自己，而是願衆生，這是「當願衆生」。自己在行道的時候，遵照佛的教授，作一切事的時候，心裡沒有貪念，願衆生都依照佛的教導去作。

眾會聚集　當願眾生　捨眾聚法　成一切智

「衆會聚集」，許多人聚在一起討論問題，要有智慧，知道一切諸法是和合而成的。和合而成，必有分離，想認得這個分離，得有智慧。在聚會的時候，引導衆生向一切智。

若在厄難　當願眾生　隨意自在　所行無礙

在意念當中，叫你觀照，看開了，放下。觀照「厄難」，把「厄難」當成善因緣，不當成惡緣。當然，一切厄難都是受苦的，觀想苦的性，苦的性，性沒有苦，也沒有樂，這樣轉化厄難。或者方便善巧，稱佛號、稱菩薩名號、禮拜、讀誦大乘，那就把它轉化了。這樣子，在家的菩薩，家庭不能逼迫你，是自己的執著，如果放下了，看破了，家無所繫。

有關厄難的經文，在《大乘大集地藏十輪經》，地藏菩薩說的更多。《地藏十輪經》，盡是苦難，左一個十輪，右一個十輪，左一個十輪，右一個十輪，顯示世間相不是眞實的，要知家性空。空的，你貪著什麼呢？把這段經文對照《心經》，觀自在菩薩照見五蘊皆空。現在我們念這十個偈頌，都是空的。若是空的，就不能逼迫，這些災難、幸福、快樂，都是空的。觀就是你要修。觀，你要這樣作認識，文殊菩薩告訴我們要認識它。觀自在菩薩就是這麼作的，他就觀！觀一切都是空的，照見五蘊皆空，那是指身說，身、家都如是。

在家若有孝子賢孫，家庭和睦，那就很好了。但是這是假的，世間相是無常的，幻滅的。在家孝順父母，你以這個善心來事佛。小時候，父母撫養我們，教授我們知識，怎麼樣在社會上生存，把這些翻爲佛事。佛給我們生長，不是肉身，那是法身，讓我們直至成佛。

佛看一切衆生都如子，佛看一切衆生都如父母，這樣才能生起孝順慈愛之心。

這樣子讓你對佛所教授的方法，從理上相信自己是佛，這是理上。因為你被障礙迷住了，要把障礙除了，垢除了。

這段經文告訴我們，從家庭到社會，乃至於到五欲境界，冤家、親愛者，「冤親平等」。性體上、理上沒有，先要有這麼個信心。你的心，云何住？住在空上，住在性空上。這樣來住，要能住在性空上，這些問題都解決了。

這十一願的願，只是願這樣去做。願，還不是事實！像我們迴向、發願，發願是想，向好的方面做，願成佛度衆生，這只是願成佛度衆生，不是已經成佛度衆生。要把願堅固起來！願就是希望我們去做，做而後滿了願，成就了。

這一段經文就是捨！什麼都要捨棄，連你的心也捨掉，捨掉妄心，得到眞性。一切聚，五欲也好、家庭也好，都是聚，把五欲境界都拔掉。這樣子你的信心才能建立起來，這樣作叫清淨行。

前面告訴我們「善用其心」，這是總說，怎麼樣用心呢？你要這樣來用心，來對待一切客觀現實的事物。

捨居家時　當願衆生　出家無礙　心得解脫

放下了，看破了，去出家了。你先得捨，捨什麼呢？不但捨家庭，所有社會的組合，在人間說，家庭是幸福的，但是你捨掉了，好像很苦的。但事實不是這樣，而是解脫。第一步，解脫家庭的束縛。有些佛教大德這樣講，家是扛枷帶鎖的，犯了罪，那枷給你夾上，夾上就解脫不了。出家就無障礙了，心裡得了解脫，那麼容易啊！不是這麼簡單的。

現在我們比丘、比丘尼兩眾，出家之後，你感覺是無礙嗎？什麼障礙都沒有了嗎？這是要你的心地清淨！出了家，心裡不要罣礙，家已經捨棄掉了，還罣礙家庭。這叫什麼呢？藕斷絲連，藕是斷了，藕的絲還連著。藕斷絲連，你還清淨得了嗎？清淨不了。現在我們很多在家的道友，送兒子去出家，還是拉拉扯扯的。送出家之後，你說他捨不得？他捨他兒子出家了。你說他捨得？經常又想，又去看，讓兒子回家去看他，他又去看他兒子，這叫藕斷絲連。兩途皆喪！在家既不能居家，出家又不能清淨，出家的好處沒得到，在家的享受也沒有，道成不了。出家，第一個要先放下，出家！出家！不要再有罣礙。有罣礙，你的心解脫不了。

現在跟過去不同，過去的出家人，跟家庭不可能再聚會了，都走的很遠。出家了，沒有資訊，那時交通不通達。別說電話，連通信都沒有。我們過去出家的道友，或者幾十個人住在一起，沒有誰看見誰給家裡寫封信。那時當然也沒有電話，沒有這麼方便，打個電話了，家庭的事你完全不知道了，家庭也不曉得你飛到哪去了。只有在拜懺、念經、修道，自己感覺在佛門有所得，迴因向果，祈求父母，那個迴向的效果非常的靈。專心修道的時候，自己有所成就，再給父母迴向，給六親眷屬迴向。好的是善因緣，惡的是惡因緣，不論善因緣、惡因緣，因緣都是罣礙的，防礙正業，防礙你成道。因此，在捨家、出家的時候，一出家心裡就得了解脫，一切看破了，放下了。

入僧伽藍 當願眾生 演說種種 無乖諍法

「僧伽藍」是寺院，或者精舍，也就是行道的處所、說道的處所，都叫「僧伽藍」。你住在僧伽藍，這時候發願，願一切眾生，出家之後，都能演說「無乖諍法」。什麼叫「無乖諍法」呢？與佛所教授的沒有乖錯，沒有諍論。但是這有種種障礙，入了僧伽藍之後，現在出了世俗家，又入了一個家，僧伽藍的家。

到寺廟裡，大眾共住，道風好的，兼精戒律，學習大乘，誦持大乘。在寺廟裡有沒有諍論呢？大家學戒律都知道，佛規定七滅諍法，還是有諍論的，大多數不是在法上諍，而是在生活上爭。常住作羯磨法，分配僧物的時候，那有諍論。分配公不公，想多得一點，人家不給你，那得僧羯磨才能給你做了數。

文殊菩薩教導我們，你入了僧伽藍，願一切眾生，首先發願。每個都是先舉事實，之後發願度眾生。下兩句是正修，你在僧伽藍裡發願，願一切眾生都無乖諍。「乖」是乖違，「諍」是爭論，沒有乖違，沒有爭論，這叫和合眾。和合什麼呢？了生死，得解脫。

詣大小師　當願眾生　巧事師長　習行善法

「大師」是指和尚，「小師」是指同參道友。對師長要善事，善事得有智慧，爲什麼加個「巧」字呢？不乖諍，不違逆，這樣子來習行善法。「善法」是指佛所教授的一切法，並不是你捨了家、到了廟，就是和尚，還不一定，得經過很長的過程。出家之後，還得受戒。

求請出家　當願眾生　得不退法　心無障礙

求請出家的時候，目的是什麼？當願衆生得不退法，讓你心開意解。一出家就有智慧了，有什麼智慧呢？不退法的智慧。對於法不退轉，要精進勇猛，心裡沒有障礙。這是出家的過程。還沒有出家的，捨了居家，要想出家，出家你先得放下，放下就是看破了，看破之後，才能依教奉行。

脫去俗服　當願眾生　勤修善根　捨諸罪軛

到廟裡來，服裝變了，相貌也變了。現在禿子很多，並不是禿子就是和尚。過去可沒有禿子，唐宋元明，不論哪一個朝代，不論男女，中國人都留頭髮，只有出家才剃頭。滿清的時候留辮子，到了民國年間一改革，把頭髮剪短了，但不是剃髮。這是指男衆說的，女衆沒有。剃髮的本身就是毀容，毀你的相貌。過去的時候，沒有頭髮多難看！

剃除鬚髮　當願衆生　永離煩惱　究竟寂滅

過去的男衆留鬍鬚，二十多歲人，鬍子就留很長了；沒有鬍鬚，好像不是男衆。沒鬍鬚，叫「太監」，叫「老公」，因此都留鬍鬚。「剃除鬚髮」，這也是毀容，「剃除鬚髮」這一關，很多人放不下的。「鬚髮」是煩惱，我們稱爲煩惱法，這樣才能得到究竟涅槃，離開煩惱了、解脫了，才能證得佛果。

著袈裟衣　當願衆生　心無所染　具大仙道

正出家時　當願衆生　同佛出家　救護一切

衣服換了，換成袈裟。「袈裟」稱爲「抖擻」，又稱爲「福田」。過去有首古詩，「黃金白玉非爲貴，唯有袈裟披最難。」「袈裟」又叫忍辱衣，柔和忍辱。又叫福田衣，給人家種福田，自己得修。自己不修拿什麼給人家種福田？所以要發願，讓一切衆生，一出家了就清淨了，「心無所染」。對一切世間法，不貪戀不執著，直至成佛。「具大仙道」是菩提道，依這個道走下去，究竟成就。

當你正式落髮的時候，眞正出家時，「正出家時」，正式落髮了，這還不算比丘，還要受三壇大戒。過去受戒不是像我們這樣受戒，倒退五十年的受戒也不是像現在我們這樣受戒。

我自己受戒的時候就很不如法。第一個，我沒有滿二十歲，才十六歲就受戒！不曉得什麼時代興的，可以借歲數。和尚、開堂大師、引禮師，這裡借一歲，那裡借一歲，這是不得戒的，受即不受。後來學戒之後，任何戒堂我都不參加，因爲我沒得戒，也不把自己當比丘對待。誰見了我磕頭，我說頂好別磕頭，就是這個涵義。我的幾個老師也都如是，慈舟老法師學戒的，弘一老法師學戒的，他們不承認自己得戒。蕅益大師認爲，從明朝的開始，三人一壇、或者幾十個人一壇，這種受戒叫不如法，沒有照佛說的如法受戒、得戒。

在西藏，喇嘛受戒是單對一。你今天求受比丘戒，受比丘戒就是比丘戒，受沙彌戒就是受沙彌戒，單對一。沒有十位老師，就是三位，一位羯磨和尚、一位教授和尚、一位和尚。三個人給你一個人受，受的時候，你先得拜懺。自己感覺見到相好了，感覺清淨了，他才給你受。

剃除鬚髮了，離開煩惱，得到寂滅。剃頭、剃髮還是沙彌，等你正出家受戒的時候，這時候發願，同佛出家。

我最初發蒙的是慈舟老法師，我問：「佛最初出家時候誰給他受的戒，誰是他的三師？」慈舟老法師說：「你怎麼問這個呢？」我說：「我受戒要問三師，佛出家的時候最初誰給他受戒？誰給他當三師？」他當然不答覆我。後來我自己也學到，沒法答覆，沒有。

佛在世的時候，要求跟佛出家，佛就說：「善來比丘，鬚髮自落。」「鬚髮自落」不是神通力，一出家了，佛一說善來比丘，頭髮就落了。「鬚髮自落」是自己剃，我是這樣釋解的。我的老師說我是怪物，說我叛逆。因爲我得明白，不明白怎麼解釋？大家想是不是這回事，佛陀創立佛教，並沒有三師七證，十方諸佛來？也沒有！佛出家是自己剃的頭髮。

當正出家的時候，同佛出家都說的心，學華嚴教義的，一切唯心。佛出家的時候是救護一切衆生，同佛出家是救護一切衆生。救護一切衆生，不光是人，一切畜生都在內，都叫衆生。

自歸於佛　當願眾生　紹隆佛種　發無上意
自歸於法　當願眾生　深入經藏　智慧如海
自歸於僧　當願眾生　統理大眾　一切無礙

佛創立佛教之後，出家的手續，得先受三皈，不論受什麼戒，三歸（皈）依爲根本。「自歸依佛」，自己發心依止佛，以佛爲師。當你出家、依止佛、受三皈的時候，「當願衆生，紹隆佛種」，使佛種不斷。弘揚正法，使法不斷，剃髮染衣，使僧不斷，使三寶永遠不斷，相續住世。「紹隆佛種」，你得發成佛的心，「發無上意」，發心成佛。

「自歸依法」，要深入經藏，願一切衆生學佛所教授的方法。經論都是告訴你方法，怎麼樣成佛。因爲你學經了，才能「辯才無礙，智慧如海」，能增長你的智慧。「自歸依僧，當願衆生，統理大衆，一切無礙。」當和尚要統理大衆，表示和合的意思。歸依僧的時候，僧是和合義，大衆相處的時候，都能和合共住，使大衆無諍無礙。

受學戒時　當願衆生　善學於戒　不作衆惡

出家要知道佛法僧的規矩，戒是什麼呢？防非止惡。一切惡、一切錯誤的事不要作，違背佛的教導的事不要作。但是要加個「善」，「受學戒時，當願衆生，善學於戒」。「善」是你要會學，要善學，不要學的怪裡怪氣。

佛法在世間不離世間覺，客觀現實的環境你要隨順。佛教導我們，當你所處的國土，他的法律跟佛所制的戒不合，佛告訴你，要放棄戒律、遵守國家法律，你才能行道，所以必須得善學。有很多小的事物，不要照印度的搬！你這個國土不行，是違法的事，若一定要保持戒律，這個國土就會把你消滅掉。後面有一句，「不作衆惡」，大家反對的事，在這個國土認爲是惡事，那你不能作，作了就是惡。

不止佛教，天主教、基督教、回教，很多外道教也如是。必須得在國法允許之內，違背國家法律了，你作不成，還能行道嗎？生命都保護不住。學戒律的時候，應當這樣理解。

受闍黎教　當願衆生　具足威儀　所行真實
受和尚教　當願衆生　入無生智　到無依處
受具足戒　當願衆生　具諸方便　得最勝法

「受闍黎教」，是教授和尚教授你威儀細行。馬祖建叢林，百丈立清規，在戒堂裡，得先學清規。有的寺廟不注重戒律，注重清規，你違犯了清規不行，他不讓你住了。叢林都要出坡，馬祖是一日不作一日不食，今天沒勞動不吃飯，沒有飯給你吃。

就「和尚種地」這一條，依佛戒，行嗎？刨地是傷害衆生的，把很多蟲子都翻出來了！那你得隨叢林的清規。你跟叢林去講戒條，他不聽你的，人家都出坡你不出坡不行的。和尚都帶頭出坡你不出，你扛個鋤頭去種地吧。我們過去的僧人是自種自食，自己種自己吃。這叫「善學於戒」，千萬別作惡事。受教授和尚的教導，你要學威儀細行。這個牽涉到心，〈淨行品〉說心，不說相。也就是心裡的觀照、心裡的思惟，後面有一句，「所行眞實」，「眞實」是一切所作回歸自心，把一切事都回歸向理，也就是明心，禪宗講的是明心見性。

每間寺廟的和尚就是代表佛。佛教授我們無生智，你的智慧知道一切諸法無生，「智」擱到前面，智知無生。「入無生智」，有智慧了，就知道一切諸法不自生、不他生、不共生、不無因生，也就是因緣所生法。「到無依處」，一切事物都不去執著。

前面講，歸依三寶就是依靠三寶，依止佛、依止法、依止僧。「到無依處」，回歸自心的佛，自心的法，自心的僧。佛跟法結合，就是和合，就是僧。法是自心的心法，佛是覺悟的智慧。佛者覺也，就是前面講的「光明覺」，乃至於「問明」的「明」，這樣子才有資格受具足戒。受了具足戒，眞正名爲僧。這是「具諸方便，得最勝法」，受具足戒了，就具足方便。一切戒律，都是方便，能夠成就佛。

「入僧伽藍」，印度的祇樹給孤獨園，是佛的道場，佛在世的道場就叫「伽藍」。「伽藍」，華言「衆園」，大衆居住的園地，一切達到無諍。「詣大小師」，我們最大的老師，就是佛。說你受了具足戒，具足方便，從開始落髮出家、受具足戒，完成了出家的事業，凡是受了具足戒，披了衣，落了髮，正式爲出家。

在《涅槃第二南經》〈哀歎品〉，佛呵斥比丘，叫「三修比丘」。哪三修比丘呢？一者「汝諸比丘，勿以下心而生知足。汝等今者雖得出家，於此大乘不生貪慕。」剛出家，剛一修行，就是「下心」，認爲自己滿足了，出了家就萬事大吉。佛呵斥說，你雖然出家了，對大乘法不希求，不去求法，說「汝諸比丘，身雖得服袈裟染衣，其心猶未得染大乘清淨之法。汝諸比丘，雖得行乞身經歷多處，初未曾求大乘法食。」汝等比丘，身雖然出了家，披了袈裟，你的心還沒染大乘淨法！看著是出家了，法不具足，不生愛慕，對大乘法不生愛慕。因爲乞食遊方，經歷多處，你還不知道，你所求的食是大乘法食，以大乘法爲食，因爲你要養法身慧命，沒有大乘法你怎麼養呢？

「汝諸比丘，雖除鬚髮，未爲正法除諸結使。」雖除鬚髮，未爲正法，你以爲剃髮染衣了，鬍子剃了、頭髮剃了，認爲是正法。不是的，還沒斷煩惱，沒證菩提，沒除結使。應當怎麼樣做呢？「汝諸比丘，今當眞實教敕汝等，我今現在大衆和合，如來法性眞實不倒。是故汝等，應當精進攝心勇猛摧諸結使。」眞實教敕汝等，汝今現在大衆和合，求如來的妙法，證得如來的法性。沒有顚倒見、認識諸法的眞實性，因此汝等當精進，把你的心收攝在一處，攝心正念，這樣能斷除結使的煩惱。應當斷除無明，認識一切染法的空性，常住妙法。

學戒的時候，最初開始是三皈，三皈就是戒。大家受三皈的時候，三皈老師會給你講的。歸（皈）依佛了，就不能再歸依外道天魔，這就是戒。歸依佛了，不能歸依天魔外道，這是指天魔，人間邪師邪教，不是正教的。歸依法，不要學外道典籍。歸依僧，不要歸依外道邪衆，這就是戒。三皈三結，結的時候就是戒，不能歸依天魔外道，拜鬼神。

從三皈五戒八戒十戒，乃至於比丘比丘尼戒，外道的邪師，外道的邪教，都把它斷除，歸依正法，正法就是三寶。這就是菩薩，歸依三寶的四衆弟子，都是菩薩。若你有病、有煩惱病、有無明病，可以治除這些病，三寶是這樣解釋的，譬如良醫看衆生的病，病中的煩惱病、無明病、貪瞋癡愛的病，都把它們斷了，這是衆生緣念三寶。

乃至於受《優婆塞戒經》、《優婆夷戒經》都是同的。三皈五戒、菩薩戒，出家二衆二百五十戒、三百四十八戒。「受」是領受的意思，領納於心。學就是戒，發願就是戒！戒有止持，有作持，這屬於作持方面的。教授師教授你的威儀，這都是戒。這是修道的道力所生，因爲這樣才能夠「入無生智」，眞正要得戒，要得到無生智。歸依是有依，得戒時就翻「無依」。

總的說戒，沒有這麼多，一個比丘戒，一個菩薩戒。具足菩薩戒了，戒律也就具足了。

我們一般受菩薩戒，頂好是受彌勒菩薩的六重二十八輕。不過，中國大陸跟西藏不同，西藏受的是六重二十八輕，中國大陸受的是梵網戒，十重四十八輕。十重四十八輕，是地上的大菩薩。我們的信心還不具足，地上菩薩才能受持得了，因為一動念就犯戒了。大菩薩證得無生智，他才能持得了，斷了無明，入了法性，才能持得了。彌勒菩薩是為一般菩薩說的，《梵網經》是盧舍那佛給千釋迦說的，千釋迦又給千百億釋迦說的，千百億釋迦又給一切菩薩說的菩薩戒。

大家學的戒律多了，現在我們學《南山部》、《十誦律》、《薩婆多律》跟《廣律》，各各有所不同。不同點是制戒的受持、開緣，有所不同。當結集戒律的時候，就分出兩部！佛一涅槃沒多久，沒有見思惑的大阿羅漢，他們互相結戒，迦葉尊者是為上首，他們隨佛已久，窟內結戒！有些阿羅漢被拒絕在外，他們不服，自己在窟外結戒，也都是阿羅漢，也是斷了見思惑的，那是大眾部。總的意思是同，但在部份意念上有所不同，特別是開緣方面有所不同。他是依個人看問題的看法，特別是戒這樣一個問題。

菩薩戒，十重四十八輕戒，那些戒是心戒，是自己心念的，有好多地方以我們的智慧沒法判斷，這個地方是持戒對？是作逆行對？梵網戒所含的義理很深，該作的你沒作，這個眾生要傷害很多眾生，菩薩你勸他，他不聽，就把他殺了，使他罪做不成，救度那些眾生。但這是逆行，你殺他，不犯殺戒嗎？有很多的貪瞋，他為了度這些衆生，把淫怒癡變成菩薩行。你是凡夫不行，比丘戒絕對不行。在開遮持犯，把戒律學通、學的眞正能夠深入了，很難。如果你持戒持得清清淨淨的不犯，證得阿羅漢果，能斷見思惑。這要多學才能了解清楚，窮其一生的精力都用到學戒上，因爲學戒非常困難。

弘一老法師用十年的光陰，把〈南山三大部〉圈點一下！那個句子怎麼樣處理？逗點、句點都搞不清楚，往往把上句念到下句去，弘一老法師給我們作這個方便！看弘一老法師用這個功力，都要那麼多年！這不像念佛修禪，戒律是非常的龐大。一個戒條裡，殺因、殺緣、殺法、殺業，得入幾緣成犯，如果少一緣，這個戒沒犯根本。特別是分配僧物，作羯磨法非常難。佛在世的時候，這個爭議很大。那時佛還在世！現在分配僧物，乃至於常住一粒米重如須彌山，我看我們每個道友哪個一生說吃飯的時候一粒米沒丟過，一粒米沒掉過、沒拋撒過，恐怕很難了。

因此在修道方面，要讀誦大乘，要讀誦《地藏經》，《地藏經》說你造的五逆十惡罪，要下地獄了，念地藏聖號、念《地藏經》，地藏菩薩把你救免了。〈普賢行願品〉，大家都念了，看看〈普賢行願品〉怎麼說的？五逆十惡，不論什麼罪業，只要念〈普賢行願品〉，普賢菩薩就把你超脫了，救度了。

你必須以心的智慧才能入，這叫讀誦大乘。佛在世的時候，大乘法是弘揚不開的。佛涅槃之後，那些祖師弘揚大乘法。現在泰國、斯里蘭卡，使比丘的行爲清淨就好了！弘揚大乘教義，只有我們東方，我們東土專注大乘，小乘法就弘揚的不是那麼殊勝。特別是唐朝的時候，禪宗特別盛行。

你讀〈淨行品〉，包括大小乘。怎麼包括大小乘呢？你心裡清淨，「當願衆生」，這是最主要的，目的是「當願衆生」。當你做一件事，第一念「當願衆生」。你在度衆生的時候，自己剛學道，還沒有修成功，你也要「當願衆生」，這一點是特殊的。

從〈淨行品〉這一品，到下一品〈賢首品〉，這十二品經文都還在信位，是爲了成就你的信心。

信完了，還要堅持去行，見什麼、發什麼願。把信心成就了，而後才說修行，從信而起修。修的時候、行的時候，就包括解在內。在信的時候，就包括解，解就是理解，理解就是明白。從〈光明覺品〉、〈菩薩問明品〉，到〈淨行品〉，讓你信而解，解而去作，達到成就，一位一位的進修。

國家圖書館出版品預行編目資料
淨行品 / 夢參老和尚主講 ; 方廣編輯部整理.
— 初版. — 臺北市 : 方廣文化, 2017.05
面 ; 公分. —（大方廣佛華嚴經 ; 8）
ISBN 978-986-7078-84-1(精裝）
1.華嚴部
221.22 106006186

大方廣佛華嚴經《八十華嚴講述》

淨行品 第十一

主　　講：夢參老和尚
編輯整理：方廣文化編輯部
封面攝影：仁智
美編設計：隆睿
印　　製：鎏坊工作室
出　　版：方廣文化事業有限公司
住　　址：台北市大安區和平東路
電　　話：02-2392-0003
傳　　真：02-2391-9603
◎地址變更：2024年已搬遷
通訊地址改為106-907
台北青田郵局第120號信箱
（方廣文化）
劃撥帳號：17623463　方廣文化事業有限公司
網　　址：*http://www.fangoan.com.tw*
電子信箱：*fangoan@ms37.hinet.net*
裝　　訂：精益裝訂股份有限公司
出版日期：公元2021年1月　初版2刷
定　　價：新台幣420元 (軟精裝)
經 銷 商：聯合發行股份有限公司
電　　話：02-2917-8022
傳　　真：02-2915-6275
行政院新聞局出版登記證：局版臺業字第六〇九〇號
ISBN：978-986-7078-84-1
No.H214　　*Printed in Taiwan*

方廣文化出版品目錄〈一〉

夢參老和尚系列
書 籍

● 八十華嚴講述

HP01 大乘起信論淺述 (八十華嚴導讀一)
H208 淺說華嚴大意 (八十華嚴導讀二)
H209 世主妙嚴品 (第一至三冊)
H210 如來現相品・普賢三昧品 (第四冊)
H211 世界成就品・華藏世界品・毘盧遮那品 (第五冊)
H212 如來名號品・四聖諦品・光明覺品 (第六冊)
H213 菩薩問明品 (第七冊)
H214 淨行品 (第八冊)
H215 賢首品 (第九冊)
H301 升須彌山頂品・須彌頂上偈讚品・十住品 (第十冊)
H302 梵行品・初發心功德品・明法品 (第十一冊)

● 華 嚴

H203 華嚴經淨行品講述
H324 華嚴經梵行品新講 (增訂版)
H205 華嚴經普賢行願品講述
H206 華嚴經疏論導讀
H255 華嚴經普賢行願品大意
H624 登歡喜地：華嚴經十地品歡喜地淺釋

● 天 台

T305A 妙法蓮華經導讀

● 楞 嚴

LY01 淺說五十種禪定陰魔—《楞嚴經》五十陰魔章
L345 楞嚴經淺釋 (全套三冊)

方廣文化出版品目錄〈二〉

夢參老和尚系列
書 籍

● 地藏三經

地藏經

D506 地藏菩薩本願經講述 (全套三冊)
D516A 淺說地藏經大意

占察經

D509 占察善惡業報經講記 (附HIPS材質占察輪及修行手冊)
D512 占察善惡業報經新講

大乘大集地藏十輪經 D507 (全套六冊)

D507-1 地藏菩薩的止觀法門 (序品 第一冊)
D507-2 地藏菩薩的觀呼吸法門 (十輪品 第二冊)
D507-3 地藏菩薩的戒律法門 (無依行品 第三冊)
D507-4 地藏菩薩的解脫法門 (有依行品 第四冊)
D507-5 地藏菩薩的懺悔法門 (懺悔品 善業道品 第五冊)
D507-6 地藏菩薩的念佛法門 (福田相品 獲益囑累品 第六冊)

● 般 若

B411 般若波羅蜜多心經講述 (合輯本)
B406 金剛經
B409 淺說金剛經大意

● 開 示 錄

S902 修行 (第一集)
Q905 向佛陀學習 (第二集)
Q906 禪・簡單啟示 (第三集)
Q907 正念 (第四集)
Q908 觀照 (第五集)